中国国际问题研究基金会系列丛书

美国与战后世界秩序

——新时期美国何去何从

杨成绪 ◎ 主编　　翟亚菲 ◎ 副主编

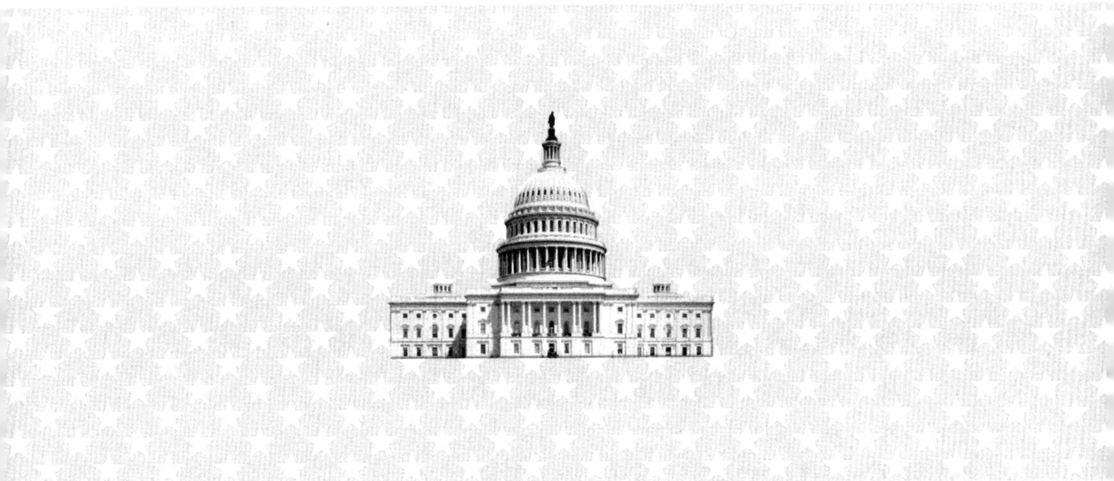

世界知识出版社

图书在版编目（CIP）数据

美国与战后世界秩序：新时期美国何去何从 / 杨成绪主编.
—北京：世界知识出版社，2016. 5
ISBN 978-7-5012-5236-7
Ⅰ.①美… Ⅱ.①杨… Ⅲ.①美国对外政策—研究
Ⅳ.①D871. 20

中国版本图书馆CIP数据核字（2016）第123871号

责任编辑　张迎辉
责任出版　赵　玥

书　　名　美国与战后世界秩序：新时期美国何去何从
Meiguo yu Zhanhou Shijie Zhixu: Xinshiqi Meiguo Hequ Hecong

主　　编　杨成绪

出版发行　世界知识出版社
地址邮编　北京市东城区干面胡同51号（100010）
网　　址　www.ishizhi.cn
电　　话　010-65265923（发行）　010-85119023（邮购）
印　　刷　北京京科印刷有限公司
经　　销　新华书店
开本印张　980×680毫米　1/16　16¼印张
字　　数　220千字
版次印次　2016年7月第一版　2016年7月第一次印刷
标准书号　ISBN 978-7-5012-5236-7
定　　价　35.00元

中美“难免一战”吗?

（序言）

杨成绪

2016年是中美关系进入重大转折的一年吗？在美国大选年中，美国朝野人士不时提出要对中国进行遏制，否则美国将失去在全球和亚太的霸主地位。

这是怎么引起的？在不少中国人看来，十有八九是一些美国人无名的焦虑引起的。

多年来，不少美国传媒和学者一再渲染中美两国难以避免一场战争，早在2001年，美国教授米尔斯汉姆撰写《大国政治悲剧》一书，声称无论哪一个国家在21世纪崛起，取得和美国相等的势力，势必对美国构成威胁。米尔斯汉姆一再预言“中国持续的相对崛起，将会导致巨大的战争风险”，“为防止这种战争的因素，唯一的方法就是中国经济发展放缓”。

继米尔斯汉姆教授的中美难免一战的预言之后，“修昔底德陷阱”之说更是成为国际关系学术界热议的话题。在修昔底德笔下，公元5世纪雅典和斯巴达之战的历史，被套用于今天中美两国战略对峙的现状。不少学者认为，美国作为海洋大国，受到正在从陆地大国走向海洋大国的中国的有力挑战。美国重返亚太，就是为了加强在亚太的领导地位，加紧对中国进行遏制。美国学者研究以往500年历史，断定世界发生过16次权力大转移，其中有12次爆发了战争。不论从历史还是现实来看，在这个世界上，“中美难免一战”之声几乎不绝于耳。

美国为何炒作中国国力很快将超过美国？它自己心中有数。自从中国在2009年超过日本成为世界第二大经济体以来，预计在今后十多年之内，无论以市场汇率计算，还是以购买力平价计算，中国的国内生产总值均将超过美国，位居世界第一。中国经济总量即使超过美国，也并不意味着中国会成为世界第一超级大国。中美两国的经济总量按人均计算，中国是难以超过美国的。而且在地缘政治、科技创新力量、军事实力等方面，比之于中国，美国更是处于优势地位。中国超过美国、取代美国，这种焦虑并无太大的根据。其实美国对这一点，并不是心中无数，但出于策略的考虑和某些利益集团的计谋，他们时常夸大中国的国力，一再渲染中国国力超过美国，将对美国构成“最大的威胁”，说美国已经站在“十字路口”上，或者说，美国已经到了“最后关头”，如果美国再不集中力量遏制中国，防患于未然，将悔之晚矣。

中美是两个在社会制度、价值观和意识形态方面均存在差异的大国，中国始终坚持不同社会制度的国家应坚持和平共处，互不干涉内政。但美国一向认为，中国不走西方自由民主的道路，对美国的世界霸权地位始终是一大隐患。在美国看来，中国只有走向西方自由民主道路，才有前途。有的美国学者甚至认为，中国采取了“韬光养晦”的策略，“欺骗了美国”。美国的中国问题专家、美国国防政策顾问白邦瑞于2015年出版新书《百年马拉松：中国取代美国成为全球超级大国的秘密战略》。他表示，美国40年来一直低估中国的野心，对其抱有不切实际且“一厢情愿”的幻想，误以为中国迟早会“民主化”，演变为美国式的资本主义社会，并融入既有的国际社会秩序。但等到中国壮大为世界第二大经济体，并开始向既有秩序发起挑战时，已经来不及阻止了。因为中国自从采取改革开放政策以来，始终坚持走建设社会主义的道路，从来也没表示过要走西方自由民主的道路。

中美两国在南海地区出现的严重对峙状况，影响了两国关系。两国当然认识到，和则两利，战则两败俱伤。同时也看到，中美两国存在巨大的合作空间，两国在气候问题上的成功合作，说明了中美合作的重大意义。中美两国经济贸易的发展，对两国都是有利的。这几乎是无人可以否认的。尽管两国之间不时地争论，这究竟对谁更有利，但它毕竟是个次要问题。在处理世界重大问题方面，如伊朗核协议、反对恐怖主义以及重大的地区危机等，若没有中美的合作，则难以想象会取得重大的进展。美国动辄以武力威胁，这丝毫也不能动摇中国维护主权独立和领土完整的决心。中美两国军事力量包括核武力在内，相互悬殊很大。但是中国的军事力量不断加强，正在提高第二次核打击的可信度，美国是心中有数的。这对稳定中美关系具有重要的作用。

本书着重解读了美国的霸权主义及为什么美国认为中美关系已经到了“临界点”，或是“十字街头”，全面阐释了中美建设“新型大国关系”的涵义，阐明了中美两国的共同利益和对维护世界和平的重要意义，评论了美国战略重点东移及“亚太再平衡”的真正含义，并对美俄关系、美国“印太战略”、美国的中东和拉美政策进行了剖析，较为全面地分析了美国的对外政策。

期望本书能够充分反映中国的美国问题专家们对美国较为全面的认识。

杨成绪

2016年7月8日

目 录

美国与世界

中美关系

美国与地缘政治

美国与世界

美国与战后国际秩序

杨成绪　王嵎生*

“美国与战后国际秩序”，这是个很大而且相当复杂的问题。一直以来，国际上一些知名学者和政治家都在探讨这个问题，希冀从中获取历史发展的轨迹和经验教训，如实认识我们生活的这个世界和时代的变迁。

美国起始阶段的主导作用和积极贡献

第二次世界大战即将结束之际，为创建一个不同于战前的国际秩序，美国未雨绸缪，大力推动成立联合国、国际货币基金会、世界银行和关贸总协定等国际组织，试图从政治安全、金融和经贸三个方面引领世界。

此时，英、法等欧洲国家实力下降，苏联遭受战争的严重创伤，中国行将陷入内战，唯有美国远离战场，最后参战，保存了最强的实力。

---

* 杨成绪，中国前国际问题研究所所长、中国前驻奥地利大使。王嵎生，中国国际问题研究和学术交流基金会战略研究中心执行主任，中国APEC前高官。

在政治、经济和军事等各个方面，美国均位居首位。因此，它主导启动战后国际秩序的建立，顺理成章。包括联合国在内的这些国际组织的先后成立，标志着战后国际新秩序已初具雏形。《联合国宪章》确认主权平等，反对使用和威胁使用武器，维护任何国家领土完整或政治独立，以及不干涉内政等原则，表明联合国是一个新型的国际组织，具有广泛的代表性，得到反法西斯阵营各国的普遍赞同。这里值得一提的是，美国当时说服苏联和英国，坚持中国也应是创建联合国的五个常任理事国之一。不论当时出于何种动机，都应予以高度评价。

当年，在联合国成立大会上，杜鲁门总统充分肯定了联合国及其宪章的里程碑意义，强调“现代世界必须使用（联合国）这个工具”，并告诫世人说：

“我们大家必须承认——不论我们的力量多么强大——我们必须放弃那种经常为所欲为的极端自由。没有一个国家或区域性的集团，可以或者希望以损害任何别的国家而获得任何特权。假若任何国家愿意保持它自己的安全，它必须准备和愿意同大家共享安全。这是每个国家为获得世界和平必须付出的代价。除非我们大家都愿意付出这个代价，否则没有任何维持世界和平的机构能达到它的目的。”

杜鲁门的这些话，至今仍具有现实意义。在践行《联合国宪章》过程中，大国可以也应该发挥更大作用，甚至某种形式的主导作用，但千万不要“为所欲为”，“妄自称大”，更不能背道而驰。

冷战爆发，美国角色的演变

但好景不长，1946年爆发“冷战”。当年3月，英国首相丘吉尔在富尔顿发表著名的演说，开启了西方国家联合起来对付苏联、反对社会主义社会的冷战，拉开了“铁幕”和东西方两边的对立。次年，杜鲁门总统进一步发展了丘吉尔的“冷战理论”，提出了“杜鲁门主义”。人们一般认为，“杜鲁门主义”是美国外交政策一个新的“急剧转变”。苏联认为，“杜鲁门主义”是美国方面对苏联控制地区及其扩张的一个公开威胁，是对别国内政的干涉。很多学者认为，这是美苏之间“冷战”正式开始的重要标志，是二战后的大国主义典型。

从此，世界便“一分为二”，进而又“一分为三”，即在“铁幕”的两侧，形成了社会主义和资本主义两大阵营和所谓的“东西方对抗”。后来，又出现了“不结盟运动”群体和“三个世界”理论。一方面，它们总体上积极影响和牵制着美苏争霸，另一方面，又成为美苏两大阵营争夺的对象。这一时期，美国在战后国际秩序方面的“积极角色”开始向“负面角色”演变，联合国已成为美国利用的工具。对战后初期构建的国际秩序，两大阵营各自做出不同的解释，采取不同的实践。美苏两大盟主都力图控制自己的盟国，推行自己的国际秩序。两大阵营政治冲突不断，军事紧张对峙，经济贸易很少往来。美苏两个超级大国，经历了美攻苏守、苏攻美守、互有攻守的历史时期。

值得一提的是，这一时期，不仅出现了“三个世界”理论，还有举世瞩目的“和平共处五项原则”和“万隆会议十项原则”。这是冷战时期的一大亮点，是国际秩序与时俱进的发展。它们不仅充分肯定，还大大丰富和发展了《联合国宪章》精神，顺应了时代的诉求。

在这个漫长的历史时期中，美国仍占有优势地位。不少国家唯美国马首是瞻。美苏在联合国内互相投否决票，几乎不分伯仲。但总体而言，美国在政治上具有较大影响，以强大军事力量为后盾，掌控着世界经济命脉，确保美国霸主地位难以撼动。但是，1955年朝鲜战争结束，美国没有打胜这场局部战争。60年代末70年代初，美国陷入越南战争泥潭，又以失败而告终。特别是1971年美元与黄金脱钩，宣告美国一手创建的“布雷顿森林体系”崩溃。从此，美国主导国际秩序的作用已经大大地下降。

与此同时，社会主义阵营历经波、匈、捷事件，内部矛盾逐渐积累。中苏两国控制和反控制的斗争日趋表面化。美国“为了美国的利益”，开始在中美苏大三角关系中和中国接近。这对国际秩序的影响具有重要的意义。1971年，基辛格秘密访华，在他离开北京前，联合国经过多年斗争，在广大发展中国家支持下，终于通过决议，驱逐蒋介石政权的代表，恢复中国在联合国中的合法地位，随后，1972年尼克松总统正式访华，中美关系开始逐步走向正常化。美国和苏联为争夺国际秩序主导权的斗争，由于苏美中大三角关系的变化，美国略胜一筹。1979年,苏联入侵阿富汗，鏖战十年，最终撤出阿富汗，由此走向衰败的道路，终至解体。美国从而又巩固了它在国际秩序中的主导地位。

美国需要一个什么样的世界秩序?

苏联解体后，东欧国家纷纷加入欧盟和北约，世界格局发生急剧变化，美国国力也显著上升，成为唯一的超级大国。这时的美国，几乎得意忘形，用知名专家福山的话来说，“资本主义已经战胜社会主义”，“历史已告终结”。小布什总统甚至公开宣称：美国的权威高于联合国。现在，奥巴马也说，美国“决不当老二”。因此，美国在战略上不断误判形势，东扩西进，传播“美式民主”，策划“颜色革命”，干涉别国内政，挤压俄罗斯和中国的战略空间，“在全世界到处寻找敌人”，而且一再发动战争，以为“美国的价值观就是国际秩序”。

但美国忘记了一个最基本的事实，即世界已经发展到争取“和平与发展为主题”的时代。发展中国家已大面积兴起，用法国和英国前领导人的话来说，现在是“相对大国时代”，这个世界离开中国、印度和巴西这样的国家，什么重大问题也解决不了。世界是世界各国的世界，离开俄罗斯等国也不行。用冷战始作俑者之一的美国驻苏联前大使乔治·凯南的话来说，这个世界绝不会接受一个单一的领导中心，无论是美元还是刺刀，都不能保证成功。

那么，美国现在究竟要一个什么样的世界秩序？它又能要一个什么样的世界秩序？

2009年，“金砖国家”领导人第一次会议声明明确表示：它们共同的战略目标是要建立一个“更加民主和公正的多极世界”，支持联合国的中心地位和作用。它们都希望和要求建立更加公平、公正和合理的国际经济和金融秩序，逐步改变世界银行和国际货币基金组织被老牌发达国家特别是美国主导乃至垄断的现状。他们主张，应提高新兴市场和发展中国家在国际金融机构中的发言权和代表性，以及应建立一个稳定的、可预期的、更加多元化的国际货币体系。

“金砖国家”是当今时代最具影响的发展中国家组织，它与七国集团（G7）同是二十国集团（G20）对话中的主力。从它们的诉求看来：

第一，它们主张“支持联合国的中心地位和作用”。这是当今时代国际秩序的最基本要求，也是美国先贤罗斯福和杜鲁门孜孜以求的国际秩序。美国如能面对现实，为自己找准新的定位，利益汇合点明显存在。拿反恐来说，现在形势日益严峻，美国单个不行，俄罗斯也需要合作。只有联合国发挥主导作用，才能形成一定形式的统一战线，或某种形式的携手合作。

第二，它们要求建立一个“更加民主和公正的多极世界”，希望建立更加公平、公正和合理的国际经济和金融秩序，这也是合情合理的。难道美国还要继续在国际货币基金组织保持“一票否决权”吗？难道中国等新兴经济体不应该增加在国际金融机构中的发言权和代表性吗？这是挡不住的历史趋势。

“金砖国家”组织的这些主张，加上中国关于构建新型大国关系的系列外交创新发展理念，实际上正在形成新时期国际秩序的雏形。简而言之，就是“《联合国宪章》+”，从真正意义上维护战后国际秩序，对其进行必要的改革。这是美国应该也迟早不能不面对的美好前景。

世界秩序面临的挑战与演进

——评基辛格新著《世界秩序》

黄仁伟*

基辛格以历史为起点展开国际秩序观的多样性，即从历史角度分别加以描述，然后转向当代秩序问题。这种多样性首先建立在世界各种文明和制度的不同渊源的基础之上。基辛格列举了欧洲、伊斯兰、伊朗、俄罗斯、印度、中国以及美国本身等各种国际秩序观的历史演进。在此基础上，基辛格提出了一系列修正现存国际秩序的观点和选择。

引言：中美“共同演进”

最近笔者在纽约与基辛格讨论世界体系和亚洲秩序问题。他的思考比《世界秩序》一书中的观点更触及实质，其核心概念是中美“共同演进”（Co-evolution）。要点如下，期与读者共赏。

---

* 黄仁伟，上海社会科学院副院长、上海美国学会会长、上海外国语大学国际关系学院名誉院长。

1. 世界秩序面临哪些挑战。最近基辛格反复考虑、最为忧虑的事情，是当前世界秩序面临的挑战。基辛格认为，19世纪以来世界秩序的中心在欧美，21世纪的世界秩序中心在亚洲。乌克兰危机和中东危机都证明这两个地区难以支撑世界秩序。世界秩序的支撑点在亚洲，其核心是中国崛起后的世界秩序以及中国对世界秩序的态度。亚洲秩序的最大变量是中国在未来20年的持续发展，中国的决定将影响和改变世界。美国必须考虑还有多少时间、多大空间可以维持这个秩序，并需要构思未来的全球秩序。

2. 亚洲秩序的未来前景如何。基辛格提出三种前景：一是美国继续领导亚洲秩序。这个局面目前尚可维持。由于多数亚洲国家既担心“中国威胁”，又担心陷入新旧秩序交替或两种秩序并行的困境之中，仍然需要美国的领导和保护；但是如果美国的维持能力持续下降，亚洲现存秩序可能崩溃。二是美国力量不足，只得依靠美日同盟为基础的亚洲盟国体系制衡中国。但其后果很危险，可能导致美日同盟与中俄同盟对峙的冷战局面。三是美国与中国合作共治的亚洲新秩序。前提是美国在保持其亚洲主导地位的同时，认可中国崛起后的地位，走向中美共同演进（co-evolution）的“太平洋共同体”，这是亚太国家共同参与的开放型秩序。

3. 中美两国如何构建亚洲新秩序。基辛格认为，亚洲秩序问题的核心是中美关系。中美之间应坐下来认真地讨论亚洲秩序，提出各自底线，确定双方核心利益的边界。中美必须不断扩大合作领域，深化合作内容，展现合作成果，才能使亚洲国家对未来秩序有信心。建立亚洲秩序的关键在于确保以和平方式解决争端，美国和中国都希望保持本地区稳定，这是共同建立地区秩序的基础。为了避免本地区出现新的冷战局面，中美双方应改变在安全和经济领域相互排斥的做法，构建中美共同参与的亚太地区多边经济合作机制和安全合作机制。

进入21世纪以来，在全球范围内，国际体系转型逐渐加速，其前景扑朔迷离。在这样一个纷繁复杂的世界中，各种国际秩序观风云际会，不同历史文化价值观的对立、暴力冲突、技术扩散和意识形态之间的对抗是否可控，或者走向秩序崩溃、导致人类的灾难？这些就是该书作者基辛格和他的老友、前国务卿舒尔茨在一次午后咖啡深谈中共同谈及的话题。这次谈话成为基辛格写作《世界秩序》的动力。

基辛格在书中所要讨论的主题正是如何构建一个共同分担责任的世界秩序，需要对国际体系和秩序的根源进行深入思考。

一、基辛格的多面性

任何一本巨著，都如同《红楼梦》那样，不同的读者会从中“见智见仁”。标题简明的《世界秩序》具有同样的魅力，也带给读者同样的迷惑。全书内容的多重性与基辛格本人的多面性，二者在书中熔铸合一。

在离开官场数十年后，91岁高龄的基辛格依然才思敏捷，这是他的第21本著作。这本书既是基辛格60年外交生涯的经验和理念总结，又是400年来国际秩序变迁的历史总结。书中深入揭示近现代以来国际秩序的各个关键篇章，预测中美关系和欧盟未来的长远趋势，总结美国发动伊拉克战争和阿富汗战争的教训，对伊朗核问题、“阿拉伯之春”、乌克兰危机等最新事态全部覆盖，一览无遗。作者的眼光深刻而独到，其观点兼具挑战性和准确性，纵向的历史感和横向的现实感交织，引导读者追随这位战略大师的头脑驰骋天下。

从思维方式上看，基辛格具有同时运用几种研究方法的能力。作为一位历史学家，基辛格以简明深刻的笔触，熟练地挖掘过去，重温西方崛起的历程。他没有列举一长串政策，而是对历史事件进行沉思，找到过去与现在的相似之处。作为一位战略家，他擅长地缘政治的分析方法，以另一种思考方式来找寻各种国际秩序之间的共性，即建立大国均势的困难。作为一位外交家，基辛格又是一位现实主义的大师，从这本书中我们可以读到他对国际秩序的核心概念即权力与合法性的深刻理解。

基辛格一生的实践，就是不断捕捉机遇并改变着世界秩序。他作为当代最杰出的外交家、战略家之一，几十年参与制定核心战略和最高决策（包括担任国家安全助理、国务卿时期），实际上成为国际秩序的“塑造者”之一。打开中美关系的大门、为结束越南战争而展开的巴黎谈判、促成里根和勃列日涅夫的雷克雅未克会谈，这些20世纪外交史上的大事件背后，都有他亲力亲为之功。在20世纪70年代，美国需要喘息的时间和空间时，基辛格大胆调整对华、对苏政策，却受到政敌的猛烈抨击。因此，他在书中又提出新的国际秩序理念：大国之间只有相互尊重，不彼此对抗，拥有共同目标，才会有一个更安全、更美好的世界。

基辛格善于发现旧战略的缺陷，又勇于创造新的战略概念，并以此构成新的战略空间。“可能性外缘”就是他的独创之一。这个概念把世界看作一系列不断变迁的现实倾向，战略家就是要不断适应变化，把可能性变为现实性。基辛格如是说：“你越是靠近可能性外缘，就越冒风险，因为你单枪匹马。”这就是他的成功秘诀，也足以解释他当年秘密访华并取得成功的原因。这也是他在书中列举黎塞留、梅特涅、塔列朗、俾斯麦等欧洲史上著名外交家的原因——他们全都利用一切机会来实现几乎不可能实现的目标。人们可以从这本书中看到基辛格与外交史名人相重叠的身影。

基辛格的语言具有很大的弹性，这既是他擅长外交技巧的表现，又是他分析问题的一种方法。他既可以按照形势变化的风向调整自己的判断，又可以对未来大趋势保持清醒的洞察。他在战略问题上常常保持悲观的现实主义，但是从来不把形势描绘得一团漆黑。有人评论说：“基辛格能够与六个观点截然不同的人会面，然后说服所有六个人，让他们相信面前的这位是真正的基辛格。”正是这种灵活性，使基辛格能够与理念不同的外交界人士找到共同点。希拉里·克林顿在其发表于《纽约时报》的书评中称道基辛格的新作，其实他们各自的外交理念很不相同。基辛格和笔者讨论这本书时也承认，在出版之前，他以为书中的观点只会得到少数人赞同，但现在看来情况比预计的好得多。表面上看，基辛格在理想主义和现实主义之间游刃有余，实际上他是对一个世纪以来影响美国外交政策的左右两派做了一个总结。

列举这位大师的多面特点，还需指出他的核心理念。希拉里·克林顿在其书评中直言："虽然我们对世界和面临的挑战常常看法截然不同，现在和过去也都主张采取不同的对策，但是我们有一种共识，即对美国继续担任领袖、维护自由秩序的信念。"这本书说出了他们的共同担忧，就是美国主导的世界秩序是否还能、如何才能保持下去？这就点出了《世界秩序》的本质，若是忽略这一点，天真的读者就会陷入基辛格布下的"八卦阵"。

二、国际秩序观的多样性

马克·吐温说过：历史不会重演，但却总会像押韵一样惊人地相似。基辛格正是以历史为起点展开国际秩序观的多样性，即从历史角度分别加以描述，然后转向当代秩序问题。

在该书导言和前四章中，基辛格用了全书一半篇幅探讨世界秩序多样性及其起源问题。这种多样性首先建立在世界各种文明和制度的不同渊源的基础之上。基辛格列举了欧洲、伊斯兰、伊朗、俄罗斯、印度、中国以及美国本身等各种国际秩序观的历史演进。在此基础上，基辛格提出了一系列修正现存国际秩序的观点和选择。

观点之一：迄今为止并不存在一个"真正的国际秩序"。在世界历史的大部分时期中，各种文明都曾有过自己的国际秩序定义，把自身视为世界的中心，将自己的原则视为世界的普遍价值。中、印、俄各有其传统和历史，从而产生不同的世界秩序观。古代中国的“天下体系”，把周边看作“夷狄”；罗马帝国则把周围称为“蛮族”，视自己为“世界中心”；二者后来分别成为东方和西方关于世界体系的概念来源。早期的伊斯兰世界认为自己是世界上唯一合法的政治实体，要将其教义扩张到各地以形成世界秩序。中世纪欧洲神权政治体系解体后，开始组成以主权国家为单位的威斯特伐利亚体系，成为近代意义上国际体系的开端。这些古代的世界秩序观在当代世界依然有着深刻的影响。

观点之二：在西方与非西方之间存在着世界秩序观的真正差别，不同国家和地区的文化差异和发展进程必然会影响当代世界秩序。近代以来，非西方国家落后挨打，在国际秩序中始终处于边缘和底层。尽管如此，基辛格提醒人们，“世界广大地区从未赞同西方秩序观，只是默默顺从”。进入21世纪以来，非西方国家尤其是东亚国家更显活力。西方关于民主、人权、国际秩序的理念受到多样化解释的挑战。新兴国家积累巨大权力资源后，不再需要默默顺从，它们不会接受美国秩序，甚至试图在邻近地区试行自己的规则。基辛格警告说，如果不承认这些差异，不承认西方秩序并不具有普遍性，将不可避免地造成灾难性后果。

观点之三：当代世界秩序起源于欧洲威斯特伐利亚体系，其基本规则部分还有效，部分已经过时，应加以修正。基辛格认为，世界秩序的最初基石是由威斯特伐利亚和约奠定的。这个体系有两大特征，一是不寻求彼此强加给对方的宗教原则，不干涉别国的国内秩序，以多样性作为起点，吸收多个社会共同寻求和参与构建国际秩序。二是鼓励冲突各方建立平衡和达成妥协，使彼此敌对的国家根据国际准则和集体监督而实现共存。这两个特征至今仍有重要意义。但是，西方大国正在抛弃前一个特征，试图将西方秩序和意识形态强加给非西方国家；新兴大国又不愿意接受后一个特征，认为这是西方压制它们崛起的借口。威斯特伐利亚体系成为历史，它应当融入当代现实因素而转型为新的国际体系。

观点之四：社会内部变化比外国入侵更深远地改变国际体系，宗教文化的影响使冲突后恢复平衡变得异常困难。历来学术界都把大国对抗、世界大战作为国际秩序变革的根本动力，但是国际体系和秩序变化的深层次原因在于各国内部变化和宗教文化影响。基辛格认为，世界秩序不是大一统的实体，而是受到文化和历史影响的产物。例如，欧洲已经从追求独立的民族国家向欧洲一体化的方向转变，但是欧盟秩序的脆弱性正是因为欧洲从未有过单一、固定的身份认同。又如，2011年“阿拉伯之春”和2014年“伊斯兰国”（ISIS）崛起，沉重打击了在中东建立西方民主秩序的观点，“基地”和“伊斯兰国”等非国家行为体的威胁来自于宗教文化的深刻影响。再如，西方曾经认为，只要消除苏联威胁，西方主导的世界秩序就能安然无恙。但是，受到打击的俄罗斯对西方秩序极为不满，同样抵制和对抗现存秩序。因此，西方国家应当学会尊重非西方国家的文化传统，这是建立世界新秩序的关键。

观点之五：权力与合法性的转移是世界秩序转变的两大要素。基辛格认为，只有实力而缺乏合法性的体系，只能自我毁灭；仅仅主张道德而缺乏执行力的秩序，也只能自我解散。按照这个观点，随着权力在新老大国之间转移，合法性也将随之转移。如果当代国际体系不能反映这种转移，那么它既不具备实力，也缺乏合法性。基辛格在书中多次提及，国际体系应反映现实的变化，主导体系的大国应为体系转型而做出切合实际的让步，而不是从道德标准出发维持现存秩序不变。因此，世界新秩序的基础在于在权力和合法性之间建立新的平衡。国际秩序的多样性体现在这种权力和合法性的过渡性上。基辛格关于在权力与价值观之间维持平衡的国际秩序观，比纯粹的理想主义更有助于形成一个较为稳定的国际秩序。

观点之六：国家是全球秩序的根本基石，秩序比自由更为重要。基辛格认为，秩序和自由是相互依赖的。建立长期平衡的重要性远远超出迎合选民的短期让步。他说过：“如果一种选择是正义和无序，另一种选择是秩序和非正义，我始终都会选择后者。”基辛格的这个观点，显然首先是维护西方主导的秩序，但是又不同于把价值观置于秩序之上。

读者不应当拘泥于抽象的“正义”和“秩序”概念，应从当代世界的深刻变化中来理解。由于“颜色革命”、网络新媒体等因素出现，秩序和自由这两个概念受到颠覆，世界变得更加无政府主义。以“正义”外衣出现的破坏力量不断增强，威胁到人类健康发展的正常秩序。这种破坏力量，既有西方支持的所谓“民主化”，也有非西方的“原教旨主义”。基辛格主张“秩序”先于、高于“自由”，不是通过干涉别国内部事务，而是通过“力量的总平衡”来实现国际秩序的稳定，实际上就是“大国合作治理下的秩序”。

总之，在基辛格看来，国际秩序正在陷入多样性悖论的困境，受到来自各个方面的挑战。欧美要求各国都遵守西方价值观，但是支撑这种价值观的物质基础相当脆弱。欧洲在一体化进程中步履维艰；美国则难以发挥“世界领袖”的平衡作用；中国、印度正在崛起，但是在国际秩序中尚未获得相应的地位；俄罗斯尚未从苏联解体的阵痛中痊愈，又添新的创伤；宗教激进主义者正在从“基地”恐怖主义转向哈里发统治下的“另类秩序”。基辛格试图为解体中的国际秩序提供某种黏合剂，大国合作和尊重多样性是其有价值的两帖处方。

三、美国秩序观及其面临的挑战

基辛格在书中用了两章的篇幅追溯美国霸权的形成过程，并以此为重点展开美国的国际秩序观。他把美国霸权归结为“为全人类而行动”的口号，同时又承认这是一个“令人既爱又恨的超级大国”。美国的世界秩序观在某种意义上说就是美国霸权观。美国霸权秩序的两重性特征就是将其扩张主义和世界秩序结合起来，以“普世价值”和“多党政治”作为其道义制高点，把国家利益和大国均势作为其战略支点，由此形成“美国治下和平”的世界秩序结构。

基辛格在书中不无自豪地详述了美国霸权秩序的形成过程。美国的军事实力和经济实力是其维持世界秩序的两大支柱。美国曾经创造了60%的世界GDP，至今仍拥有1/4的世界经济总量；其军费开支相当于其他10个大国之和；美元主导的全球金融市场体系，以及其领先于各国的技术创新优势……这些硬实力至今仍首屈一指。美国利用世界现代史上的各个关键事件成为全球超级大国。特别是抓住两次世界大战和冷战提供的历史机遇，将19世纪西半球战略转变为20世纪全球战略，其核心目标就是塑造和维护美国主导的世界秩序。在革命和战争交织的二战后世界中，美国提供经济、外交、军事等领域的国际公共品，建立大国均势，包括战后欧洲和日本的重建、对新兴国家的经济援助、鼓励中国融入世界贸易体系、引导两次世界科技革命，等等。战后美国先后进行五场重大局部战争和数百次军事行动，包括朝鲜战争、越南战争、海湾战争、伊拉克战争和阿富汗战争等，为此付出了巨大代价。

美国的软实力融合其传统价值、历史经验和理想主义。其一，美国从殖民地时期起形成的自由主义传统是新教精神与人文精神的结合，其吸引各国移民的文化开放性和不同于旧大陆的美国模式示范性，即是所谓的“美国特色”，而美国的这一建国历程，在历史上被称为“天定命运”，以此证明美国的秩序观就是世界的秩序观。其二，从老罗斯福、威尔逊到小罗斯福的外交实践，实际上是美国构建国际秩序的经验积累阶段，20世纪30年代大萧条、二次大战、福利国家等历史性变革以及威尔逊的集体安全理念、小罗斯福的联合国设计等，构成了美国主导世界秩序的精神遗产。其三，随着美国上升为世界霸权国，以“普世价值”作为国际秩序核心和外交政策原则，其总目标是建立以西方民主制度为基础的国际秩序。如何向外投射美国的价值观并在各国加以复制，被标榜为美国的“核心国家利益”。

美国的软实力演绎成为一种宗教式的理想主义：世界似乎可以集体性地“弃恶从善”，外交政策是一种“伸张正义”的斗争。二战后，一代又一代美国领导人都在传播这个错觉。冷战结束后更是登峰造极，

“9·11”事件更加强化美国国际秩序观的意识形态因素。美国舆论鼓吹“普世价值”的十字军东征精神，将美国置于意识形态的虚拟威胁之下。如小布什所说，“美国的自由生存取决于其他国家的自由成功”。

以意识形态为轴心的国际秩序观与基辛格的力量—合法性平衡的国际秩序观差别甚大。当代美国的硬实力相对下降，软实力目标却在不断扩大，二者之间的巨大缺口难以支撑“一超独霸”的旧秩序。美国陷入外交和军事、现实主义和理想主义、力量和合法性的两难困境。美国“普世性”原则和美国治理模式在其他国家，特别是在发展中国家缺乏可操作性和合法性，加剧了美国霸权与世界其他部分之间的紧张关系。

挑战之一是，美国的世界秩序观越来越难以得到其他国家的支持。基辛格承认，当代美国的国际秩序观已难以得到大部分国家的拥护，即使是欧洲盟国也经常与美国产生歧见。这与20世纪以来美国承担“世界警察”的历史惯例相背离。当美国的“普世价值”原则与他国利益发生矛盾时，美国的秩序和规则就表现为双重标准。美国越是将其价值观和制度模式强加于别国，国际秩序就越加混乱。“阿拉伯之春”的灾难性后果证明了这一点，美国人开始怀疑在国外提倡“民主”是否真的有助于美国利益。

挑战之二是，美国维持世界秩序的主导能力暴露其局限性。苏联解体后，美国一度认为“美国单极世界秩序”已经确立。但是，美国力量和利益最大化过了顶点之后，优势差距就会逐渐缩小到零，物质力量不足和政治智慧失灵就会暴露出来。基辛格认为，冷战的胜利具有模糊性和局限性，美国并未完全实现其战略目标。美国领导世界秩序的能力和道义越来越受到质疑。仓促应对危机、过分冒险投入、不计后果撤出和匆匆打发了事，导致恶性循环，形势每况愈下。长此以往将造成地缘力量失衡，酿成更多军事冲突，世界将更加失序。

挑战之三是，美国两大党的孤立主义者正在迫使美国放弃其在世界舞台上的传统角色。基辛格认为，孤立主义和种族中心主义是不同国家和平共处的障碍，阻碍着美国在世界秩序中发挥领导作用。美国的干预行为往往以普遍原则为开端，以美国内部反对、社会撕裂而告终。二战后美国打了五场热战，每次都引起国内深刻分歧。承担国际责任的前提是国内支持。当美国陷入困境、撤离战场、减少卷入时，孤立主义更容易被舆论所接受。

挑战之四是，美国外交政策必须摆脱战略僵化的影响，展开新一轮战略调整。一是确定其优先目标，回答新的问题，寻找新的动力，获得新的支持。二是重新评估美国式世界秩序的适应性，更新军事实力，重建国家优势。三是把道义制高点与战略要素结合，计算其他深层次战略因素，包括不同文化背景和地缘政治的差别，充分考虑对手的战略目标和资源配置。四是重塑世界秩序即某种程度的“去美国化”，在不放弃美国价值观基本内涵的前提下，使美国的世界秩序观较少利己性和威胁性，从而得到更多国家的认同。基辛格认为，如果美国不能实现上述战略更新，美国的国际秩序观就难以获得合法性和有效性。

美国是否能够实现这种战略转变？基辛格的回答是肯定的。美国外交的历史就是一个不断应对挑战、不断调整战略的过程。从老罗斯福走向太平洋开始，美国的历届总统都是在建构世界秩序的过程中应对一系列挑战，在美国的世界秩序目标与其能力有限性之间不断进行再平衡。当前这次世界秩序调整是美国目标和能力的又一次再平衡，却不同于奥巴马的“战略再平衡”。基辛格认为，调整的结果将使美国的理想主义更务实，美国的实用主义更具有长远目标，从而使美国承担维护世界秩序的更大责任。

四、亚洲秩序与中美秩序观的互动

基辛格在书中第五、第六章集中研究亚洲秩序的多样性和中国崛起对亚洲秩序的影响。由于这两章与中国的关系紧密，不得不费些笔墨加以展开。

基辛格把亚洲秩序的核心问题归结为“对抗还是伙伴”，他对亚洲秩序的观察深度似乎不及对世界秩序和美国秩序观的思考。因为他的观察是建立在西方的亚洲观基础上，而不是从亚洲国家本身的文化传统和利益相关性出发来判断的。基辛格认为，亚洲秩序呈现出“次区域”的多样性特点。亚洲国家分成东亚、东南亚、南亚、中亚等次区域，每个区域内的民族、语言、宗教、社会、文化结构不同。历史上的东亚秩序是朝贡体系，它由一个中央王朝和一大批较小政治实体组成，由此形成的亚洲外交，其特点是大国保护下的番邦和附庸，实际上具有很大的弹性空间。以国家利益为基础的外交政策在亚洲占据主导地位。大部分亚洲国家独立后，奉行主权独立和不干涉原则。西方认为亚洲国家过多关注国家利益，关心人权不足。亚洲地区秩序包含着深刻的美国因素和大国均势。亚洲地区秩序中一直存在着美国因素，美国为了防止出现权力真空和倾斜，尽力保持亚洲若干地区大国竞争的均势结构。

在历史和现实的结合中，基辛格又指出21世纪亚洲地区秩序的新特点：其一，一批新兴国家崛起引发各国内部强烈的民族主义认同；其二，曾经被西方中断的传统文化复兴，加大了亚洲国家之间的文化差异；其三，高度关注国家主权与核心利益的同时，非零和合作的地区机制也在发展；其四，引入现代技术的军备竞赛正在展开，增加了误判和冲突的概率；其五，亚洲秩序对世界秩序具有结构性的挑战意义，它测试着跨太平洋伙伴关系能否建立。

在此背景下，基辛格对中国与现存国际秩序的互动关系展开战略分析。

首先，历史上中国的秩序观并不挑战西方的秩序观。在基辛格看来，在亚洲各国中，中国的国际秩序观距离西方最远。中国拥有悠久的历史传统，其文化深刻影响着世界，所具有的大国地位使其很难全面接受西方秩序观。中国从秦统一到清朝一直持有一种天下秩序观，以自己为中央王国，以中华文化启蒙各国。周边国家只能效仿中华文化的形式，而不能进入中华文化的本质核心。中国的古老观点把世界秩序视为一种君临天下的朝贡体系，其功能不是为了强化中国的经济利益和军事实力，只是确认番邦地位、处理蛮夷事务的一种仪式。以此为基础，中国的秩序观是非进攻性的，即使是万里长城也是防御性的。中国人追求的是文化主导的心理优势，军事行动也只是为了“教训”邻国，以保持其尊严。中国不是一个宗教社会，它的主体对外来宗教采取尊重而不失皈依的态度，二者从不混淆。中国人认为，外国人只能成为朋友，难以成为家里人。中华文化对待外来文化的态度都是逐步将它们“华夏化”。从五胡乱华，到蒙元、满清入主中原，最终连他们的祖先发祥地都被“汉化”，变为中国的一部分。中国并不输出制度，而是吸引别国前来学习其制度。近代以来，西方企图改变中国。中国人对西方文化的态度具有两重性，接受启蒙和拒绝抵制并存。在西方炮火和鸦片的胁迫下，中国最终接受了国家主权观念。由于中国拥有其生存所需要的各种优越条件，包括传统优势、比较优势和后发优势，这些条件集合起来，使中国的世界秩序观与欧洲多样性平等国家组成的秩序观显著不同。中国本身是某种世界秩序，或者是更大的世界秩序的一部分。

其次，改革开放以来，中国在不断融入而不是挑战现存国际秩序。基辛格在书中分析了中国对现存国际秩序的双重心态：一方面，邓小平的改革开放和“中国特色社会主义”，使中国进入国际体系并接受现存世界秩序的规则，在一代人的时间里把中国提升到世界经济第二位。另一方面，中国怀着既爱又恨的历史记忆进入国际体系。在一定程度上，它被迫接受国际“游戏规则”和“责任”。它并没有参与制定规则，因而期待自己成为规则制订者，并或迟或早地修订这些规则。中国一面等待着变革到来，一面在国际秩序中日趋活跃。它具有成为世界最大经济体的潜力，并承担起越来越大的国际责任。1949年以来中国已经更替了五代领导人，每代领导人都代表那一代中国人的需求，反映中国参与乃至塑造世界事务的演变过程。中国新一代领导人都受过现代高等教育，这意味着中国精英开始受到中华文明、革命传统和西方文化的三重影响，他们在国际秩序观上与世界各国的共同点正在不断增加而不是减少。基辛格的判断是：21世纪中国崛起是一种古代文明与现代国际体系的结合，是“天下体系”与技术现代化的结合。随着技术和贸易的渗透，相互对立的制度将越来越接近，并不是一种世界秩序规则压倒另一种。

其三，中美两国国际秩序观存在差异但同时也具有共同点，堪称“殊途同归”。问题的关键是中国如何对待当代世界秩序，特别是如何看待它与美国的关系。基辛格在书中详细列举了中美双方的异同。中美两国同为世界秩序不可或缺的支柱，二者对国际体系都怀有爱恨兼有的心态，对此体系设计的判断不同却又承担着各自义务。中国作为一个主要大国，在21世纪世界体系中将发挥史无前例的作用，但在这方面缺乏经验。美国在如何与这样一个大国保持长久关系方面，也缺乏经验。中国与美国有着相仿的幅员、影响力、经济规模，却有着不同的国内秩序模式。中美两国的文化与政治背景有着重大的差别：美国的政治哲学是实用主义，中国则是从理念出发；美国从未有过强大的邻国威胁，中国在其边界以外始终存在强敌；美国认为每个问题都应有解决办法，中国人认为每个老问题的解决都是新问题的开始；美国人追求对当前环境的直接反应和结果，中国人则集中关注渐进式变革；美国人习惯于对可运作项目制定具体议程以解决问题，中国人习惯于提出总原则和引导问题进程；中国人的思维方式是共产主义理想和传统中国文化价值的结合，而美国人对这二者都很陌生。历史上相互隔离的中国与美国，只是到最近若干年才进入一个共同的国际体系。中国认为，中国是例外的，在很大程度上在这个体系中受到遏制。美国也认为自己是例外的，但在这个秩序中传播其价值观。这两个大国都在进行根本的国内调整，不论二者成为敌手，还是成为新型伙伴，都会对21世纪世界秩序起到重要的塑造作用。

其四，中美两国都在避免战略冲突，共同推进“新型大国关系”。中美对于国际秩序的看法从对抗转向结交，始于1971年基辛格秘密访华。当时美国尽力改善中美关系并使之好于美苏关系，这本身就是重新定义美国的国际秩序观。一方面，这个战略调整使苏联陷入腹背受敌的困境；另一方面，中美双方的地缘政治需要超过双方对意识形态纯洁性的要求。经过40年的发展，中美之间在国际秩序观方面的共同点是增加而不是减少了。由于中国迅速崛起，国际舆论常常把21世纪初的中国比拟为20世纪初的德国，怀疑美国与中国能否避免历史悲剧重演。基辛格作为来自德国的移民，对此历史疑问尤为关注。他认为，“新型大国关系”的双方可能都是出于策略考虑，但这是避免历史重演的唯一出路。其要点一是在于中美双方都应吸取一战前的历史教训，防止由于不断增长的怀疑气氛和偶发事件而导致灾难性后果。中美双方有思想的战略家们都在援引历史经验和行为模式来避免可能发生的未来冲突。他们已经认识到，当时欧洲领导人无法区别策略与战略，在军事计划诱导下走向安全陷阱。二是中美两国领导人都公开承认双方具有共同利益并在太平洋地区构建战略伙伴关系。这是保持力量平衡、减少军事威胁的一种方式。但是至今这种意向还没有在一致方向上与明确步骤相匹配。尽管在中国网络上许多评论认为美国已经走向衰落，但是中国领导人认为美国在可预见的将来仍将保持重要的领导力。三是中国和美国都在致力于构建一个建设性的世界秩序，关键在于双方都不可能取得独一无二的世界领导者地位，如同美国在苏联解体、冷战结束后所拥有的那种单极地位。“新型大国关系”虽然不能消除所有敌对面，但是可以大幅度降低冲突危险。最重要的是，它可以使中美两国领导人获得建设性合作的经验，并且把两国社会带进一个更加和平的世界秩序。基辛格所理解的“新型大国关系”是大国均势和伙伴关系的结合，伙伴关系理念应成为亚洲均势的核心要素，并具有前所未有的重要性。虽然这与中国所提出的“不对抗不冲突、相互尊重、合作共赢”十六字原则不尽相同，但是他对这个全新概念的思考确实具有战略价值，有可能改变过分依赖美国同盟体系的旧思维。

如果说基辛格对中美两国的国际秩序观只看到合作面，而遗忘其竞争乃至冲突面，就不是基辛格这位悲观现实主义大师的本色了。他在书中不乏展开中美之间可能对国际秩序走向的不同选择，以及由此产生的危险前景。从更长远的观点看，守成大国与崛起大国之间的紧张关系不可避免。基辛格援引哈佛大学的一项研究表明，世界近现代史上15次新旧大国交替的案例，10次都是以战争为结局。避免这种历史惯性，必须排除一系列巨大的障碍。例如：中美之间缺乏战略互信甚至深深怀疑对方的战略意图，在中国方面，把许多美国行为都看成旨在抵消中国的崛起，试图把中国永远置于二流国家的地位；在美国方面，则担心中国不断增长的实力将系统地削弱美国的主导优势和国家安全，旨在其周边地区不断扩大军事和经济主导权并最终实现其霸权。又如：利用军事力量来追逐核心国家利益，几乎是所有大国战略的必备部分。双方都会由于另一方的军事防御计划而加深彼此的战略猜疑，即使是“正常”维护国家利益也会被归入“最坏可能性”，双方都防止因单方面部署和意外事件而陷入军备竞赛，还会由于地区安全秩序和第三方挑战而卷入更严重的危机，如朝鲜半岛、台湾海峡、中日对抗、南海争端等。基辛格指出，纯军事方式的东亚平衡很可能导致比一战前更为强硬的盟国集团对抗。军事因素不应被当作唯一的、甚至是主要的平衡定义者。在冷战时期，双方分界线由军方划定；在当代，这种分界线不应主要由军事部署来决定。如果美国坚持在亚洲推行“民主政治”和“普世价值”，也会强化中美之间的紧张关系。基辛格建议，美国应在战略考虑中调整人权问题的优先顺序，尽管不可能完全将它放弃。即使两种观点难以妥协，双方领导人也有义务防止这种分歧滑向战略对抗。

中美两国在国际秩序观上的异同和互动，是当今世界秩序演进中最为核心的问题之一。基辛格对于国际秩序的战略调整和思维创新，有助于缓解乃至消弭双方的战略分歧，使亚洲秩序和世界秩序的转型保持在稳定、渐进的轨道上。基辛格更为具体的设想是：能否保持和平取决于各自在实现目标的过程中的克制程度，并有能力将竞争限定在政治外交领域。这是“不对抗不冲突”底线思维的另一种表述。类似观点还有许多：基辛格提出的国际秩序观多样性与中国提出的多极化世界；基辛格提出的国际体系调整与中国提出的改革国际旧秩序；基辛格提出的国家作为国际秩序基石与中国提出的不干涉内政和国家主权完整；基辛格提出的降低价值观战略内涵与中国提出的不以意识形态画线；基辛格提出的军事因素不是亚太战略定义与中国提出的构建开放型亚洲安全体系，等等。如果中美之间对国际秩序观达成更多共识，中美新型大国关系就可以获得稳定的框架结构，进而为构建中美利益共同体乃至人类命运共同体奠定基础。

在我看来，这是基辛格新著《世界秩序》的真正价值所在，也是这位战略大师的过人之处。但愿不仅是中国读者，美国读者也能够发现和理解基辛格的“其言也善”。

（本文原载于《文汇报》2015年1月16日）

世界要读懂美国，美国更要读懂世界

——献给奥巴马的“猴年礼物”

王嵎生

随着美国大选序幕的拉开，美国国内，特别是新保守主义理想家们对奥巴马外交的指责也明显增加，批评其任内外交上的“摇摇摆摆”、“少作为”、“不作为”和“软弱”，等等。其实，奥巴马真是有点“冤枉”，有时我不禁对他有点“同情”：很多事，他非不为也，是不能也。关于美国必须有“主导权”、“制定规则权”、“决不做老二”，以及还要“领导世界100年”，等等，他说得还少吗？但那又怎样？小布什可谓“强势”总统，甚至说美国权威“高于联合国”，结果又怎样？形势不饶人啊。

四年前，我曾写了两副对联送给美国，实际上是两幅漫画。为了更逼真、更符合实际，几经修改，现在似乎比较成熟，特借媒体奉送给美国和关心美国及世界形势的朋友们参考。总体上看来，美国现在是：“无可奈何花渐落，情不自禁苦争春，力不从心”；对中国则是：“无可奈何要合作，情不自禁图遏制，两面下注”。

近一年多来的国际形势和美国的外交实践在很大程度上说明，我没有瞎说。实际上，美国有一些明智的专家学者也同意我的看法。他们提出：美国“何苦全世界到处寻找敌人”？他们认为，中美能否摆脱对抗风险，“从根本上来说，美国必须重新思考对主导权的定位”。美国一位专家说得好:“世界正在变化——中国兴起无疑是这种变化中的一部分——这些变化让美国有些紧张、害怕。我们比较习惯于我们是世界上最强大的国家。但现在美国在力量对比中变弱了。人们将此归罪于领导层，以为如有强势领导，也许可以重返最强大的时候。这实际上是做不到的。”这些话可以说是“语重心长”，是在帮助美国寻找一个新的世界定位。但可惜，美国要“建立美国统治下的世界和平”的愿望太强烈，一直在“让浮云遮望眼”，没能读懂时代的变迁，总是“有一股如传教士般的冲动，希望以自己的形象为模板改变其他国家”。

其实，这个世界并不像美国想象的那样，更不是“到处都是敌人”。世界潮流不可阻挡，顺之者昌，逆之者衰。发展中国家大批兴起已是不争的事实，新兴经济体对世界经济增长的贡献已超过50%。正如一位欧洲前领导人所说，现在任何重大问题，没有中国、印度和巴西这样的国家参加，都不可能解决。

环顾全球，世界各国普遍都读懂了美国，没有几个国家不想或不愿同美国搞好关系。G20集团内与G7对话的主力“金砖五国”，都希望同美国合作。俄罗斯在叙利亚反恐，也一再向美国伸出合作之手。中国更是这样。关键是美国没有读懂这个世界，没有为自己在这个新的世界找到一个合适的定位，仍然自不量力，违背杜鲁门总统的遗训而“我行我素”。

中国一直站在历史唯物主义高度，从现实主义需要出发，不断向美国释放善意，希望两国相互依存关系能更舒服一些。近几年来，中国做了大量的争取工作，也有相应的“互让”和“措施”，希望中美“新型大国关系”能逐步建立起来。由于中国的主动，也由于美国与中国“无可奈何要合作”的处境，近一两年来，中美关系在经济、军事、人文等方面显然取得了来之不易的发展。但美国仍然心灵较为脆弱，念念不忘所谓中国将挑战其霸权地位，一直在对中国“两面下注”，而且近年来的“负面下注”明显增加，在南海等问题上不断对中国放狠话，进行搅局，并伴有挑衅行为。近日美国太平洋司令所谓“个人意见”的讲话就是明证。

美国本也可以像英国那样同中国发展“朝气蓬勃”的关系，中美在经贸领域也是你中有我、我中有你，相互依存度相当高。问题出在哪儿？这不仅是“利相交”的问题。英国懂得时代的变迁，美国不懂。英国上院议员梅格纳德·德赛说得好：美国，应学会享受（相对）衰落……快点转身，享受在下坡过程中的风景吧！

猴年到来，人们不禁都在问：英国、欧洲，以及加、澳等美国众多盟友都在开创与中国合作的新局面，为什么美国不能？美国新保守主义理想家们认为，这是中国对美国的“牵制战略”造成的。其实不然，这主要是在给美国提个醒：如何读懂时代的变迁和国际力量对比的变化；如何读懂中国，也读懂自己，为自己寻找一个新的定位。“苦争春”前途堪忧，搞不好是要摔跤的。

美国例外论是美国霸权主义对外政策的思想基础

钱文荣*

2013年9月12日俄罗斯总统普京在美国《纽约时报》发表题为“解决叙利亚问题的另一种方式”的文章，批评美国的“例外论”，立即遭到美国官方和一些高官、媒体专栏作家的反驳，为“美国例外论”（又译“美国例外主义”）进行辩解。美国国会众议院议长博纳甚至说他“受到了侮辱”。这究竟是怎么回事？

美国白宫发言人和一些反驳文章，主要的辩解是说美国的“民主、自由”价值观就是“例外的，独一无二的”，却压根儿回避了普京文章批评的要害。普京的文章是针对奥巴马9月10日就叙利亚问题向全国发表的讲话而撰写的，因为奥巴马在这篇讲话中首先使用了“美国例外论”这一说法。他说：为了美国的理想、原则和国家安全，“我们必须（对叙利亚）采取行动”，“这就是使美国与众不同之处，就是我们的例外之处”。针对奥巴马的这种“美国例外论”思想，普京在文章中批评了美国在对外政策中使“军事干预别国内部冲突已成为美国的家常便饭”，动辄使用“残暴的武力”。正是在这个背景下，普京指出：“无

* 钱文荣，新华社世界问题研究中心研究员、中国联合国协会常务理事、中国人民外交学会理事、亚太安全合作理事会中国委员会成员、中国国际问题研究基金会美国研究中心常务执行主任。

论出于何种动机，鼓励国民把自己看作与众不同的群体是非常危险的。”可见，普京批评的是美国对外政策中的“美国例外论”，而不是美国国内的政治制度和价值观。每一个国家的公民为自己国家的制度、价值观和文化传统而感到骄傲和自豪，这是无可非议的。但是，任何一个国家都无权利用政治、经济和军事优势把自己的政治制度和价值观强加给其他国家和民族，动辄使用武力干涉他国内政，制造政权更迭。这是美国自己参与制定的《联合国宪章》的原则和精神所不允许的，也是国际社会所不能接受的，这对任何国家都没有例外。

但是，多少年来，美国政府一直对它的公民自小学起就灌输这种“美国例外论”思想。美国的历史教科书，把侵吞别国领土说成是上帝赋予了美国推广自由和民主的义务。他们把入侵古巴、菲律宾、波多黎各和关岛说成是为了把他们从旧的世界帝国主义统治下“解放出来”。同样，小布什总统2003年把他发动的入侵伊拉克战争也说成是为了“解放伊拉克人民”。可见“美国例外论”的思想深入到了美国人的灵魂，美国历任总统又把它变成了国家政策。但多数总统在他们的讲话中从不直接使用“美国例外论”这个词来宣扬自己的理念和政策，唯独奥巴马总统是例外。早在2009年的一次记者招待会上，奥巴马就公开说：“我深信美国例外主义。”美国《外交政策》杂志披露说，虽然美国历任总统都有“美国例外论”思想和政策，但“在过去82年里，奥巴马是唯一一位直接使用‘美国例外论’一词的总统”。白俄罗斯总统卢卡申科10月2日在俄罗斯《晨报》上发表批驳“美国例外论”的文章，他这样写道：“奥巴马让我感到震惊。美国黑人不久前还是奴隶，如今却宣称自己拥有某种特权。我从未想过这样一个出身贫苦阶层的人会在全世界推行这种理论。这是不能容忍的，是极端危险的。”卢卡申科的批评虽然尖锐，但值得奥巴马总统反思！

在美国发表的一些反驳普京的文章中，有些作者竟然故意说“美国例外论”一词是斯大林“创造的”，美国参议员麦凯恩也是这么公开辩解的。他们这么说大概是要把普京与斯大林捆绑在一起，借以贬损普京。斯大林确实曾在1929年驳斥“美国例外论”思想时用过这个词，然而，“美国例外论”并不是斯大林创造的，而是早在1831年由地地道道的美国人亚力西斯·托克维里（Alexis de Tocqueville）创造的，这在美国的百科全书中写得明明白白。“美国例外论”的思想早在美国建国时就产生了。它源于美国的清教主义。美国清教徒们“相信上帝与其有约，并选择他们领导地球上其他国家”。清教徒领袖之一约翰·温思罗普说：“我们将成为世界山巅之城，所有人的目光都在注视着我们。”可见，美国人从一开始就认为自己与众不同。因此，“美国例外论”也就很自然地成为对外政策的思想源泉，并在此基础上又孕育了指导美国对外扩张的“天命论”思想。两个多世纪以来，这种意识形态已成为美国对外推行帝国——霸权主义政策的辩护词和思想基础。二次大战后，美国成了真正的全球性大国，“美国例外论”迅速膨胀。冷战的结束在美国人眼里被看作是美国的“胜利”，更助长了政治精英头脑中的“全球必胜主义”（基辛格语），认为美国的实力已无可匹敌，把自己看作可以主宰一切的世界霸主和警察，可以无视一切国际法为所欲为。在过去短短23年内，美国先后发动了五场大规模的局部战争——海湾战争、科索沃战争、阿富汗战争、伊拉克战争和利比亚战争，此外还发动了两次较小规模的战争——海地战争和索马里战争。平均每隔三年半就要进行一场战争。美国领导人发动这些霸权主义和干涉主义战争的思想基础就是“美国例外论”。

纵观冷战结束以来美国霸权主义外交政策中“美国例外论”的表现，有以下几个特征：

1. 抛开联合国安理会采取单边主义行动。科索沃战争和伊拉克战争都是在没有联合国安理会授权的情况下擅自采取的非法战争行动。当年小布什在发动战争之前曾说：“如果联合国不同意对伊拉克动武，那联合国就变成无足轻重的了。”这次在俄罗斯提出让叙利亚交出化学武器的建议之前，奥巴马也坚称：“即使联合国不同意，美国也要采取行动。”

2．滥用联合国安理会决议，擅自扩大动武范围，以达到政权更迭、扩大势力范围的目的。奥巴马政府利用施压和欺骗手段，诱使阿拉伯联盟某些成员国出面要求联合国允许在利比亚设立禁飞区以阻止利比亚政府军用机进行空袭，来保护利比亚平民。可是，这一提案在安理会获得通过后，美国与他的欧洲盟国就滥用该决议的授权，对利比亚进行狂轰滥炸，其中包括医院、学校、新闻单位等民用目标，到战争结束时有五万多人因此死亡（反对派当局宣布的数字），比安理会通过设立禁飞区决议之前的400多人的死亡数字多了125倍。美国等西方国家的军队甚至针对利比亚领导人的住处采取斩首行动，最终达到了推翻利比亚政府的目的。在这场战争中，美国政府还无视联合国的权威，擅自决定拥有战争指挥权，随后又擅自把战争指挥权交给北约。在整个利比亚战争过程中，联合国的作用被完全忽视，南非等国的斡旋努力均遭拒绝。1991年春天，伊拉克的萨达姆政府突然入侵科威特违反了《联合国宪章》，在美国等国的提议下，安理会通过了678号决议，“授权同科威特政府合作的会员国”，“可以使用一切必要手段，维护并执行安全理事会第660号决议以及随后的所有有关决议”。按照该决议，虽然授权使用包括武力在内的一切手段，但其目的是“恢复该地区的国际和平与安全”，也就是第660号决议要求的“迫使伊拉克离开科威特”，“撤至其于1990年8月1日（即伊拉克军队入侵科威特之前）所在的地点”。但美国伙同英国等却借机发动了一场大规模的局部战争，在把伊拉克军队赶出科威特之后发动了对伊拉克境内的进攻，进行了长达42天的地毯式轰炸，导致大约10万伊拉克人死亡。战争爆发后，马格里布五国、印度和伊朗等国先后提出各种和平建议均遭美国拒绝。安理会也未能开成一次会议。尤其不能容忍的是，按照678号决议的要求，参与军事行动的国家必须把进展情况“随时通报安理会”。然而，在整个战争过程中，秘书长和安理会均未收到一次通报。时任秘书长德奎利亚尔在记者招待会上说：“我所知道的战况也都是从新闻媒体上获得的。”因此，他在离任前的最后一个《联合国工作报告》中提出，今后安理会通过授权动武决议时要建立监督机制，以防止决议被滥用。

3. 一旦安理会决议未能满足美国的要求，美国国会又会一次又一次地通过增加安理会决议之外的单方面制裁法案，擅自增加制裁项目和力度，而且将制裁延伸到针对任何与伊朗有石油贸易、金融关系的国家、公司和个人。这些年来中国一些与伊朗有正常关系的公司深受其害。美国这种单方面的制裁做法缺乏法理依据，严重违反《联合国宪章》，在联合国安理会关于伊朗核问题的历次决议中找不到根据，‘联合国安理会从没有禁止任何国家同伊朗进行石油贸易，也没有勒令任何国家完全中断与伊朗的金融合作。美国这种做法实质还是在行使老殖民主义者的治外法权，是借国内法推行国际霸权和强权政治。

4. 打着促进民主旗号干涉别国内政。冷战结束后，美国先后在东欧、中亚和东南亚一些国家发动了所谓的“颜色革命”，制造动乱和策划政权更迭。

5. 利用网络等现代技术肆无忌惮地监控包括美国盟国在内的各国政治、外交、经济和军事情况，甚至监控一些国家领导人的谈话和行动。如今美国仍拒绝向一些被监控的国家领导人和政府澄清和道歉。

6. 在反恐中不仅实行双重标准，而且利用无人机任意侵犯他国领空，杀害无辜平民。据伦敦一家调查机构“BIJ”披露，自2004年至2011年10月，美国无人机在巴基斯坦境内实施了300次轰炸，其中248次是奥巴马执政以来实施的。在这些袭击中共有386名平民被害，其中173名为儿童。另据路透社报道，2012年和2013年至今，美国继续在巴基斯坦境内进行了48次和17次无人机轰炸，其中仅一次就杀害了50人，其中49人为平民，恐怖分子仅一人。巴基斯坦政府一再要求美国停止无人机袭击，但美国不予理睬，根本不把巴基斯坦的国家主权和平民的生命放在眼里。

7. 在经济外交方面，美国违背自己倡导的“贸易和投资自由化”，大搞保护主义，动辄对他国采取反补贴、反倾销制裁措施。奥巴马在2010年初的《国情咨文》中竟然宣扬他上台第一年内对中国的贸易制裁“比上届政府多了一倍”。在金融领域，美国政府大搞量化宽松政策，把自己制造的金融危机和经济危机转嫁给其他国家，以邻为壑，严重影响了新兴国家和广大发展中国家的经济发展。

不管人们对普京和卢卡申科个人及他们的政策如何评介，上述一系列事实都表明，他们两人对美国对外政策中的“美国例外论”的批评无疑是正确的。

（本文原载于《和平与发展》2013年第6期）

附录：美国超级实力的日渐衰落*

斯蒂芬·金泽**

迈入21世纪15年之后，美国显然面对着一个充满新威胁的时代。有些威胁是政治和军事上的，最严重的是心理上的。

在这个世纪中，美国不会再像20世纪那样主导世界。如果美国人能顺应这个现实，就有希望实现全球稳定。如果我们拒绝，如果我们不接受自身实力的相对衰落，那么沮丧情绪可能会促使我们以自我毁灭的方式四处出击。

国家随着时间的推移而兴起和衰落是自然而然的事。存在最久的国

---

* 本文是美国《波士顿环球报》网站于2016年1月10日刊登的文章。

** 斯蒂芬·金泽，美国布朗大学沃森国际问题研究所高级研究员。

家（比如中国和伊朗）凭借的是顺应历史潮流。美国人缺乏这方面的经验。对我们来说，潮水始终是高涨的。在20世纪，我们的实力稳步增长，我们习惯于掌管世界。未来，我们无法再掌管世界。我们的历史没能帮助我们为全球地位的这一变化做好准备，尤其是在心理上没有做好准备。

我们最强有力的武器是军事实力，而在这个新世界里，军事实力的价值将会不断降低。在各国之间建立同盟是获取全球实力的关键，而我们尚未形成这种能力。要想在21世纪蓬勃发展，美国需要一整套新手段。最重要的是，我们必须承认一个现实，那就是我们在世界上的作用正在发生变化。

丧失实力总是令人悲伤的，竞选政治也会形成障碍。候选人竞相承诺更高额的军事预算和更无情的战争，他们助长了令人欢欣鼓舞的幻想，让人以为“美国世纪”会永远持续下去。

我们不可能忽视新世界日渐形成的迹象：中东的一个恐怖集团攻城略地，使我们不得不意识到，尽管我们军力强大，但如果没有当地伙伴的帮助，我们就不可能将之铲除；俄罗斯公然与我们对抗；作为长期看美国脸色行事的北约盟友土耳其对我们的请求置若罔闻，自行其是；沙特阿拉伯甚至没有征求我们的意见就发动了一场战争。

最具挑战性的是我们与中国之间正在变化的关系。最迟到本世纪中期，美国人将要面对一个我们从未料到的现实：面对一个比美国人口更多、更富裕、在历史上更强大的对手。中国最近在太平洋展开试探，我们的回应是军事性的。这表明我们的对华政策还囿于20世纪的“我们对抗他们”的范式。如果我们奉行这样的政策，那么长远的赢家很可能是他们，而不是我们。在本世纪中后期，美国将无法在中国边界周边的冲突中战胜中国，这也许会令美国人感到难以理解或接受。

本世纪最重大的安全挑战是全球性挑战，包括恐怖主义和气候变化，只有各国携手行动才能加以应对。然而，美国很少需要加入关系平等的同盟，我们习惯于对伙伴发号施令。在新时代，我们必须说服他们，迁就他们的利益。这要求我们必须愿意妥协，而我们并不习惯这样做。

大战往往爆发于构造性的地缘政治变化发生之时，也就是新兴国家挑战长期占据主导地位的大国之时。触发冲突的不是挑战者，而是主导国，因为后者担心会失去优势地位。古希腊历史学家修昔底德认为这是伯罗奔尼撒战争爆发的原因："是雅典的崛起以及由此给斯巴达造成的恐惧使得战争无可避免。"

美国不应该惧怕其他大国的崛起。我们顺应世界的变化，就会降低爆发冲突的可能性。随着其他国家变得更加富裕和强大，我们的相对实力当然会衰落。这种历史的必然性也许是一种恩赐：多极世界本身就比单一大国掌管的世界更稳定。美国具备持续实现国家繁荣所需的手段。如果我们能够完成心理过渡，接受这个我们不再主导的世界，这繁荣就是我们的。

中美关系

美国正站在战略机遇的十字路口

——兼论“中美建立新型大国关系的可能性”

王嵎生

一、美国会错失第三次战略机遇期吗？

很多年来，中国方面一直在探讨中国的战略机遇期，以及如何维护、争取，并使之持续。现在，人们的问题是：美国有没有战略机遇期问题？笔者以为，不仅有，而且已丧失两次。

第一次是在冷战结束后，即20世纪90年代，美国本可利用苏联解体的机会，顺应和平与发展的时代诉求，引领“不搞对抗”与“合作共赢”的全球秩序。但它沉醉于“对自己制度优越性的迷思”，独霸天下的私心太重，在欧洲和亚太地区东扩西进，到处伸手，对俄罗斯不依不饶，非要“踏上一只脚，让它永世不得翻身”。结果呢？本想同美国合作、甚至“走美国道路”的俄罗斯觉醒了、翻身了，正在重新迈向强盛的大国之路；北约东扩也不得不止步；在亚太地区，“亚洲北约”更是没有市场，早已是“明日黄花”。

第二次是“9·11”事件后，美国也本可以利用国际上广泛的同情，引领全世界合作反恐，把21世纪带入比较有安全感的时代。但美国过分迷信自己的军力，企图“挟天子以令诸侯”，“反恐谋霸”，奉行单边主义和双重标准，发动了两场战争，而且到处搞“颜色革命”。他们自诩“得胜”了，但谁都知道“惨胜如败啊”！

现在，美国又面临新的战略机遇期。奥巴马能否抓住新的机遇，抑或再次失去，关键在于他和美国领导人能否审时度势，看清时代的变迁和国际力量对比的变化，找准自己新的定位，以及奉行什么样的国际战略。

二、时代变迁的客观条件构成美国新的战略机遇期

首先，现在已不是帝国主义和殖民主义时代，也不是革命与战争年代，而是以和平与发展为主题的时代；经济全球化（包括科技、信息和投资）不以人们主观意志为转移地迅速发展。在这样的大环境下，任何国家，即使是美国这样的超级大国，也很难独善其身。正像中国和美国某些领导人说过的那样，需要“同舟共济”、“共克时艰”、“合作共赢”。“金砖国家”和G20在不同程度上都认同了这一点。美国2008年爆发的金融危机也证明了这一点。

第二，发展中国家的大批兴起不同于历史上帝国的兴衰，它们并没有蓄意挑战老牌发达国家，也没有要求重新瓜分世界和划分势力范围。它们要求的不过是一个更加公平合理的国际政治和经济新秩序，按照联合国宪章办事。用上海合作组织的话来说，就是“尊重多样文明，谋求共同发展”。

第三，美国新保守主义理想家们心目中的“战略对手”或“潜在敌人”，如中国和俄罗斯等，并无意与美国过不去。相反，它们都希望与美国合作，共同应对世界性大问题，合作治理世界。中国领导人早已向美国提出：要努力把中美关系塑造成21世纪新型大国关系。两国关于决心“共同努力建设相互尊重、互利共赢的合作伙伴关系”的新定

位，既是双方从对抗到握手再到合作和互利的积极表述，也是中国向美国释放的善意和期盼。俄罗斯领导人也明确表示，“俄美没有任何理由要重启冷战”，提醒美国“应学会在平等、利益平衡和相互尊重的基础上与其他国家打交道”。这些话也是俄罗斯对美国的期盼，而不是什么敌视。

第四，美国企图“借力”对付中国的国家，除日本和菲律宾等个别国家外，东盟国家普遍不愿“选边站”。印度领导人说得很明确：印度要同时发展同中国和美国的关系。印尼总统还说，现在由单一国家来管理世界是不合适的。

客观条件显然是正面的、比较有利的。问题是奥巴马和美国领导人能否正视历史和现实，重新定位自己，从而调整现行战略和相关政策。

三、美国正处在战略十字路口，何去何从？

近一两年来，人们高兴地（不是“幸灾乐祸”地）注意到，美国国内出现了一些“好兆头”。

2011年年末至2012年年初，美国一些主流媒体就连续发表文章，大谈“春风得意的美国时代已经终结”，说什么“美国自1945年以来一直就是世界头号大国”，在这个世界上“独占鳌头”，“风光无限”，“美国的文书和意志就是世界的法律”。可是现在，美国人站在“高山之巅”，却感到有“些许寂寞”和“忧心忡忡”，觉得那些黄金年代似乎已渐行渐远，需要重新认识世界和自己。

这种现象和思考在两年多以前就已经如此集中表现，这是冷战结束后从来没有过的。有关文章都是美国一些“顶级专家”撰写的，他们并非是在无病呻吟，而是在反思和总结经验，在探寻如何维护美国霸权地位永续和“资本主义的再生”。

2013年，奥巴马第二任期伊始，他的国务卿和国防部长就声称，“我们不能对世界发号施令，但我们必须参与世界（事务）”，“美国在世界的角色……已经成为参与世界（的国家）”。克里在访华期间还表示，美国期待一个强健、正常而又特殊的中美关系。奥巴马2013年在会见中国新任大使崔天凯时也说，美中两国关系已进入新的阶段，面临新的机遇；美方愿与中方一道，致力于建设新型的大国关系。

这些话，如果对比奥巴马在其第一任期开头时所说的豪言壮语（强调他要“重塑美国在世界的领导地位”），以及第二年他誓言“美国决不做老二”的场景，人们就不难看到微妙的变化。其实，随着时代变迁进程的加速发展和国际力量对比难以逆转的变化，美国有识之士（包括某些领导人）不得不思考：美国怎么办？顺应时代潮流，还是继续逆潮流而动？以笔者之见，美国目前正处于战略十字路口，或曰：正处在痛苦的“量变过程中”。人们期盼美国领导人头脑清醒，面对现实，不要再失去新的战略机遇。问题是：美国能“享受（相对）衰落”吗？

2012年8月，英国上院议员梅格纳德·德赛教授发表了一篇引人注目的文章，题目是《美国，应享受衰落》。作者特意提到冷战时期美国国务卿艾奇逊的一句名言：“虽然英国早已不再享有‘日不落帝国’的美誉，但它却没有在国际大舞台上重新找到自己的位置。”作者颇有感慨地说，“现在，就像英国在二战后的情况一样，美国正面临着相似的挑战”，因此，这句话还是奉还美国吧；“让美国人思考本国的未来再恰当不过了，它有助于美国人重新定义自己在世界上的位置”；或许，美国应当向英国学习，从容优雅地“享受衰落”。作者最后还饶有风趣地说：“美国，请不要再挣扎保住世界第一的位置。快点转身，享受你在下坡过程中的风景吧！”作者似乎无意于伤害或讽刺美国，而是语重心长地提醒美国注意历史的经验。

不过，这些话美国新保守主义理想家们是听不进去的。奥巴马及其团队也难以真的听进去。大量的事实表明，美国领导人一心想的仍然是“美国统治下的世界和平”，他们虽然“无可奈何要收缩”，实际上还是

“情不自禁要伸手”，到处搞“颜色革命”，推行“新干涉主义”。最有代表性的言论，当数美国新任国家安全事务助理赖斯。2013年6月她被任命后，还没上任就迫不及待地宣称：“我期待与总统您，以及卓越的国安团队密切合作，以保护美国，推进美国的全球领导地位，并推广美国人所珍惜的价值观。”美国新任太平洋空军司令赫伯特·卡莱尔上将（绰号“鹰”），也扬言美国要在亚太盟国建基地网，派精锐战机组织包围圈，像包围苏联一样包围中国。

遗憾的是，霸权有意，现实无情。美国现在虽然仍旧是超级大国，但早已不是原来意义上的超级大国了。用通俗的话来说，“它的指挥棒不灵了”，昔日“美国的文书和意志就是世界的法律”已成“明日黄花”。就拿美国的“后院”来说，“美洲国家组织”秘书长由谁担任，在过去几十年中，美国说一不二，现在美国推荐的人选却一再被否决。伊朗被美国戴上了“邪恶轴心”国家的帽子，但美国一手扶持起来的阿富汗和伊拉克领导人与伊朗领导人相互称兄道弟，见面时还热烈拥抱。联合国秘书长潘基文也不顾美国的反对，出席了在伊朗召开的不结盟国家峰会。这方面的事例人们可以举出无数个，美国自己也心知肚明。这正是为什么美国近年来玩弄“巧实力”、不断强调要“借力”日本和菲律宾等“中等国家”的原因所在；也是美国对中国虽然“情不自禁要遏制”，但又“无可奈何要合作”的根本原因。这是美国自身很难解决的一对矛盾，也充分表明，美国不能“享受衰落”，也很难“享受衰落”。

其实，在时代变迁的快速进程中，国家综合国力的消长此起彼伏，是很正常的现象。什么“美国例外论”，美国可以“霸权永续”，等等，实际上是自欺欺人。现在时代不同了，环顾全球正在兴起的大国，它们并没有要与美国“分庭抗礼”。在亚太地区，中国也没有反对美国的存在，只是希望它多发挥一点正面和积极的作用而已。美国领导人如果有一颗平常心，尊重历史（包括开罗宣言和波茨坦公告对日本作为法西斯战败国的有关规定和约束），尊重美国领导人一手推动制定的《联合国宪章》精神，以及新世纪时代变迁的现实，好好听一听上述专家学者的肺腑之言，那将是美国的福音，也是渴望和平与发展的人们的愿望。美国完全可以“享受衰落”，享受“在下坡过程中的风景”，那么未来它或许仍然是全球最强大的国家之一。

四、中美建立“新型大国关系”可能吗？

奥巴马竞选连任和习近平当选中国新领导人后，国际舆论十分关注，议论纷纷：中美关系今后究竟会怎样？是在摩擦中逐步走向缓和，还是走向对抗？“两国共治”（所谓G2）不行，“两国共商”（所谓C2）行不行？两国能否建立“新型大国关系”？

俗话说，识时务者为俊杰。时代潮流不可阻挡，顺之者昌。中国新领导人习近平访美时提出:要把中美关系塑造成21世纪新型大国关系。这是中国领导人站在历史唯物主义高度的外交大战略，也是中国向美国释放的善意和期盼。几十年来，中美两国从交手对抗到握手，再到一定程度的携手合作，来之不易。如果美国领导人有足够的智慧顺应时代潮流，两国目前“不舒服的相互依存关系”，就可能逐步地“舒服一点”，向构建“新型大国关系”的大方向迈进。

首先，时代不同了，时代的诉求和国家的战略目标当然也不同了。在帝国主义和殖民主义时代，当一个处于“老大”地位的国家衰落、另一个处于“老二”或“老三”地位的国家异军突起，后者势必要向前者挑战，要求重新划分势力范围，取而代之，从而引起矛盾、冲突和对抗，乃至战争。现在世界处于以和平与发展为主题的时代，美国可以宣称它“决不做老二”，但环顾全球，大批兴起的发展中大国，有哪一个向美国挑战、要求取而代之和充当“老大”呢？中国没有，我看印度和巴西等国也没有。它们要求的无非是“平等相待”，以及更加公平合理的国际政治经济新秩序。中国更是旗帜鲜明地主张“构建和谐世界”，

“尊重多样文明，谋求共同发展”。明乎此，美国何不以“老大”的身份在世界和平、发展与合作方面多做积极贡献？

第二，中美在经济方面的相互依存度已越来越深，这是老牌大国之间从未有过的。中美建交33年来，双边贸易额增长180多倍，2012年已经达到4466亿美元，2013年有望突破5000亿美元。近10年来，美国对华出口增长468%，中国已经成为美国增长最快的出口市场。双方都不应，也不能无视这一事实。“和”与“合”，则互利共赢；“斗”与“压”，势必两败俱伤。

第三，早在上世纪末，克林顿总统就曾主张要同中国“共同致力于建立面向21世纪的建设性战略伙伴关系”。后来小布什把它“否了”，但形势逼人，不久仍不得不调整，主张两国要建立积极合作关系。奥巴马上台以来，两国关系又有了新的定位和表述：双方决心共同努力建设“相互尊重、互利共赢的合作伙伴关系”；两国元首均认为，一个更加强有力的中美关系不仅符合两国人民的根本利益，也有利于整个亚太地区乃至全世界。一直以来，中国领导人都把这些看成是庄严的国际承诺，而且在两国各种矛盾和摩擦中，都尽力以此为大局处理。美国方面虽然不时有些负面行为，有悖于此大局，但总体看来，心中也还不能没有这个大局。双方都在不同程度上注意管控分歧。

由于这些基本原因，展望中美关系前景，应该可以比较乐观，建立新型大国关系并非没有可能。

但同时难度极大。原因当然是多方面的，有陈旧历史观的影响，有文化和社会制度的差异，有实际利益的碰撞，也有价值观的不协调，但最根本的，恐怕还是冷战思维和霸权战略在作祟。

美国政治分析家约瑟夫·奈说得好：相信冲突不可避免的想法，本身就是冲突的根源，“我们现在若是把中国当成敌人，我们可能就为自己树立了一个敌人。”这话最早是冲着克林顿政府说的，我看现在仍然适用。出于善意，2000年年底，即小布什上台前夕，在华盛顿举行的中美日第二轨道对话期间，我曾强调，美国只有把中国“如实地当作伙伴”，至少是潜在的合作伙伴，才能真正避免制造一个敌人而交一个朋友。我这并非是无的放矢。美国新保守主义理想家们一直把中国看成是潜在、甚至现实的“战略对手”，与中美两国关系定位的精神背道而驰。

2009年1月12日，在北京纪念中美建交30周年活动的一次会议上，美国大选期间曾担任奥巴马外交事务顾问的战略家布热津斯基强调说，中美之间建设性的相互依存是全球政治和经济稳定的重要根源，“美中之间的关系必须真正是一种与美欧、美日关系类似的全面的全球伙伴关系”；中国所强调的“和谐”可以成为美中峰会一个有益的起始点。最近，他又进一步指出，只有美中都姿态明确地“不去寻求霸权”，并且“接受对方在全球事务中扮演中心角色的事实”，两国关系才能持久稳定。布热津斯基是针对中美能否建立新型大国关系而言的，也是为了美国的根本利益。在这方面（不去寻求霸权），中国有困难吗？没有。美国呢？有！

当然，美国的某些错误政策行为是由于多方面的诉求，中国不妨以平常心处之，心中有数就行了，不必过度或简单解读，以免不必要地冲击两国构建新型大国关系的努力。但有些事美国做得太过分、太霸道，我们也要让美国人明白，那是不现实的，也行不通。

美国领导人口口声声说，只要中国“遵守国际规则”，做“负责任的大国”，美中关系就会好，就会稳定，甚至成为伙伴。问题是，什么是“国际规则”？二战后，美国已故总统罗斯福和杜鲁门亲自主导制定的《联合国宪章》宗旨和精神，已是公认的、最具权威的“国际规则”，处于国际中心地位。但美国领导人小布什却说，美国的权威“高于联合国”。他是这么说的，美国历届政府实际上也是这么做的。难道要中国摒弃《联合国宪章》而去遵守美国的所谓“国际规则”吗？美国领导人说，某某国家总统已“失去合法性”，应实行“政权更迭”，难道中国也应该“跟进”才算“负责任大国”吗？显然，这是不可能的。

美国战略重心东移，一再强调需要“亚太军事再平衡”。中国人听了很纳闷：亚太地区军事力量什么时候“平衡”过？一直以来都是美国占绝对优势。美国实际上并不是要什么真正意义上的“平衡”，而是“怕平衡”，怕失去绝对优势地位从而削弱干涉别国内政的能力。美国之所以不断宣传“中国反介入”力量增强，“危险地打破了亚太地区的力量平衡”，也是出于同一原因。说白了，就是中国综合军力增强了，美国在台湾等问题上干涉（介入）中国内政和侵犯中国领土主权的力量就相对削弱了。美国“不甘心”，所以要实现“再平衡”，保持它的绝对优势。

这一类的事例不胜枚举。因此可以非常明确地说，构建中美“新型大国关系”，矛盾的主要方面在美国，“球”在美国方面。只要美国与中国相向而行，是大有希望的。反之，可能还是“非友非敌”的局面，是“不舒服的相互依存关系”，甚至时不时发生对抗。这是中国非常不愿看到的。

美国应“重新思考”什么？

——蓝普顿的“临界点”和小布什的“战略十字路口”

王嵎生

美国学者蓝普顿日前说，美中关系目前正走向“临界点”，他对此深表忧虑。一石激起千层浪，国际上对此议论纷纷，但美国突出宣传的主旋律是：中美关系已发生“质的变化”，进入到“制定规则”和“体系”之争的领域，美已锁定中国为战略对手，美国必须强力防止中国与美形成“分庭抗礼”局面，向中国施压。当然，也有健康、积极的声音，蓝普顿本人就提出：从根本上说，美国必须重新思考对“主导权”的定位。也有不少人认为，美国应认清形势，面对现实，寻求与中国合作，避免持续对抗。但这一切都被“占了上风”了。

这种“负面下注”明显增加的现象，让中美原本就“不舒服的相互依存关系”更加舒服不起来。对此，美国政府并非全无顾忌，它对中国仍然在“两面下注”。最近，负责东亚事务的美国助理国务卿拉塞尔又出面“示好”，说他并不认为中美关系处于“临界点”，相反，中美关系有着非常坚实的基础和非常光明的未来。

为什么会这样？这是全世界都在关心的问题，包括中美两国人民在内。回答可能是各色各样的，但如果放在“时代变迁”的放大镜下观察，人们不难找到正确的答案。

苏联解体后，美国大喜过望，以为“多米诺骨牌”的下一个就是中国了。它“一超独霸”，变着花样搞“亚洲北约”，但一直未能如愿以偿。中国没有倒下，相反，成了人类社会一支新的生力军。中国的迅速发展，助推了时代变迁的“量变进程”，加快了国际力量对比历史性的变化，以及世界多极化的大趋势。美国战略重心东移、亚太战略再平衡，以及“美国决不做老二”、美国还要“领导世界一百年”，等等，都是在这一大背景下出现的。它打出这些旗号，并不表明它的强大，而是反映了它内心的虚弱、焦虑和不安。怀着“霸权永续”心态，戴着陈旧历史观的眼睛，看什么都不顺眼，总感觉有人要来抢它的“第一把交椅”。

其实，中国顺应和平、发展与合作的时代潮流，一直在向美国释放善意，希望共同构建新型大国关系，不冲突、不对抗、合作共赢、相互关照和尊重彼此的核心利益，让两国不舒服的相互依存关系逐步舒服起来。美国所谓的“战略再平衡”，实际上是要“平衡”到它继续占绝对优势地位的状态，任何新兴力量的出现，都被其视为是对这一状态的挑战，它都要遏制和打压。中国无意于把美国势力排挤出太平洋，只是希望它能多发挥一点积极作用。但中国能因此就不提高自己的综合国力和军力了吗？就不做真正的国际“利益攸关方”了吗？这显然是不可能的。中国做不到，印度、巴西和世界其他国家也做不到。

小布什任总统期间，曾多次把中国列为“处于战略十字路口”的国家（俄罗斯和印度也曾“光荣”地榜上有名），质疑中国是否能向着美国指引的方向走。现在看来，不是中国、俄罗斯和印度处于战略十字路口，而是美国自己。它心情不定，傲慢且慌乱不安。作为唯一的超级大国，它仍在“情不自禁苦争春”，不知如何是好。

其实，美国并不缺乏有识之士和战略家。这些人都有美国领导世界的情结，拥护美国的“普世价值观”。但他们头脑比较清醒，比较务实。近20年来，他们不断对世界形势和美国政策走向提出不同意见。

早在克林顿时期，95岁的资深外交官乔治·凯南就说过，目前“整个趋势是把我们自己看成政治开明的中心，而且是世界其他很大部分的导师。我认为这是没有想清楚，虚荣自负，并不可取”。他强调指出：无限期地把别国政府的功能接收过来，按照美国自己的方式，而不是按照当地的传统办事，是不行的；“这个星球绝不会由任何一个单独的政治中心来统治”，“不论美元还是刺刀都不能保证成功”；“美国最好把对领导世界的可能性的梦想和愿望缩小一点”。凯南是冷战时期“遏制”政策的倡导者，他反思后的言论很有代表性。无独有偶，十几年后，时任印尼总统的苏西洛在东亚一次峰会上也当着奥巴马的面强调，现在由单一国家管理世界是“不合适的”。几年前，时任法国总统的萨科奇和英国首相布朗也说过，现在是“相对大国时代”，世界任何重大问题离开中国、印度和巴西等发展中大国，都不可能解决。

奥巴马上台后，2011年岁末至2012年年初，美国一些主流媒体总结新世纪头十年的经验，也曾连续发表文章，大谈“春风得意的美国时代已经终结”，说美国自1945年以来一直在这个世界上“独占鳌头”，“风光无限”，“美国的文书和意志就是世界的法律”；可是现在，美国人站在“高山之巅”，却感到有“些许寂寞”和“忧心忡忡”，觉得那些黄金的年代似乎已渐行渐远，需要重新认识世界和自己。

这些反思并不是偶然的。随着国际大局势的变化，美国“智库观点”也在悄悄发生调整和改变。其中比较引人注目的，如美籍日本人福山、新保守主义代表人物米尔斯海默、卡彭特，以及美国亲密盟国澳大利亚前总理陆克文等。他们的基本立场并未改变，对新兴经济体，特别是发展中大国，都存在一定程度的傲慢与偏见。但他们在不同程度上都感到：如今的世道变了，美国的指挥棒不那么灵了；美国需要为自己寻找一个新的定位；承认所谓“北京共识”也有可取之处。这些变化目前虽然还处在“量变”过程，但十分引人注目。

近来，美国进一步试图强化在亚太的主导权和军事存在，频频在南海问题上搅浑水、挑是非、拉偏架、撂狠话。美国部分媒体和知名学者，包括前总统里根的特别助理道格·班多都在担心美国“步入险境”，批评美国政府插手南海问题，奉劝奥巴马在主权争端上“置身事外”，不要继续挑衅中国，火上浇油，以免引火烧身；认为遏制中国是不可能的，驾驭中国的想法早已过时；应该公平对待中国，与中国合作。

现在不是中美“各让一步”的问题，而是美国何去何从。中国无意与美国“一争天下”，明确主张“一花不是春，孤雁难成行”；希望与美国合作共赢。最近中国军委副主席范长龙访美时也对美国说：“望远能知风浪小，凌空始觉海波平。”这也是中国顾全中美关系大局的由衷之言。问题的关键在于：美国是否愿意认真倾听意见，做一个“善解人意”和“欣赏世纪风情”的超级大国，而不是相反。

（本文原载于2015年6月16日环球网）

美国应学会“享受合作”

王嵎生

奥巴马亚洲四国行已结束好多天了，但美国国内外评论仍延绵不断，说什么的都有。有人认为他“成功地”显示了美国作为“老大”的权威性；有人认为他表现软弱，被日本“耍了”；有人认为他步入了“遏制（中国）陷阱”的险境，看似主动，实则被动，中国（因素）“如影随形”。

最令人感兴趣的是，美国主流媒体一再宣传，奥巴马既想对抗中国，又想讨好中国，一直在盟国和中国之间“走钢丝”。奥巴马本人和美国一些相关高级官员一方面对中国放狠话，强调美国要确保国际规则和准则得到遵守，“包括在海上的争端”，同时又不断辩解说，美国的目标“不是对抗中国”，“不是遏制中国”，做出一副向中国释放“善意”的姿态。这种现象，在中美关系史上还从来没有过，看似矛盾，实则是美国的“两面下注”在新形势下的反映，也是美国“亚太再平衡”战略的需要。

美国要维护和巩固它占绝对优势的所谓“战略平衡”，势必要千方百计排除它心目中的各种“负能量”。在美国新保守主义理想家们的眼里，中国显然是“假想敌”，首当其冲。因此，它情不自禁地要遏制和包围中国；要“借力”盟国，特别是日本，给中国制造麻烦。但中美经济上的相互依存关系日益加深，重大国际安全问题的解决也离不开中国，它又无可奈何要寻求同中国的合作。

懂得赌博的人都知道，“两面下注”是特定情况下的一种权宜之计，是很难坚持下去的，风险也大。美国目前的“两面下注”，实际上并不是一半对一半，而是60%—70%对30%—40%，甚至是80%对20%，重点下在日本和盟国方面，同时期盼对中国下的“小注”，也能收到“大红利”，诱使中国遵守它所谓的“国际规则和准则”。这首先是一厢情愿，误判形势和中国独立自主的外交定力。其次是把原本是“正能量”（可以成为合作伙伴，甚至朋友）的中国当作“负能量”，结果可能造成美国专家约瑟夫·奈说的，自己“制造了一个敌人”。第三，把一心想重走军国主义道路的日本当作“正能量”，其恶果不言自明，有过珍珠港事件和太平洋战争经验的美国民众心里十分清楚，日本现在“借力”美国，有朝一日很可能变成伤害美国的“负能量”。中国不是容易被“忽悠”的国家，美国呢？千万不要被日本耍了！

时代变迁和国际力量对比的变化，是不以人们主观意志为转移的。美国一些比较务实的高层人士也承认，现在美国已“不能对世界发号施令”。英国上院议员梅格纳德·德赛教授也用调侃的语言建议美国应学习英国，“享受衰落”。我倒是建议，美国应该顺应时代潮流“享受合作”。

中国已提出中美共同构建“新型大国关系”，这是经过认真思考而释放的善意，并且一直在努力。奥巴马总统也多次表示，美方愿与中方一道，致力于建设新型的大国关系。既然如此，美国何不在中美关系方面增加“正面下注”，让中美现在“不那么舒服的相互依存关系”舒服一点，从而逐步成为真正的“合作伙伴”，“享受合作”共赢的美酒，而不是后悔莫及的苦酒。

对2016年美国大选年中美关系的若干思考

杨成绪

2016年是美国大选年，美国朝野因中国崛起而焦虑不安，有人提出美国应及时遏制中国，否则将失去在亚太和全球的霸主地位；也有人表示，中国国内危机重重，难以超美；更有不少学者和前政要担心中美关系恶化，不利于世界和平和稳定，他们主张中美双方采取措施，以防出现两国对抗的局面。2016年，中美关系将经受严峻考验。

美国总统奥巴马在结束其总统任期前，政治上进一步内向，致力于改善本国民生，保证经济稳定发展；对外则力保对国际事务的主导权，掌控制定国际规则的首倡权；反对国际恐怖主义，重视维护美国国内安全；少干预，尽量不出兵，避免陷入中东战争的漩涡中。

2015年是中美关系处于十字路口的关键一年。不少美国知名学者纷纷撰文和发表演说，认为中国正在超越美国，势不可挡。如若美国再不做出决策，坚决遏制强势崛起的中国，将最终失去其唯一超级大国的地位，再也无法在国际事务中发挥主导作用。2016年是美国大选年，中美关系将经受严峻的考验。

一、中美专家学者对近年中美关系及两国对外政策的不同论述

美国前大使布莱克维尔和罗伯特在美国《国家利益杂志》撰文称：过去30年的经济成功使中国累积了强大的实力，成为亚洲的最新主导者。由于历史、战略文化和国内政治等方面的深刻差异，美中对未来亚洲的势力均衡有着截然相反、互不相容的看法，因此美国有必要从根本上改变对华战略。

中国的对美大战略十分清晰——取代美国成为亚洲的头号战略角色；削弱美国的地区同盟体系；削弱亚洲国家对美国的信心；运用经济力量拉拢亚洲国家向中国的地缘政治靠拢；提升军事实力，以强化对美国武装干预的威慑；使人们对美国的经济模式产生怀疑；确保美国的民主价值观不会削弱中共对权力的掌控；避免今后十年与美发生重大冲突。而美国的大战略长期以来主要着眼于获得并维持对对手的优势。但面对不断崛起的中国，美国却未能运用好这一战略。华盛顿亟须在亚洲采取新的行动方案，制衡中国力量的上升，不再协助其崛起。①

2015年7月初，美国的中国问题专家陆伯彬教授更进一步指出，美国国内正在进行的讨论，主要反映了美各界对2009年以来中国明显而持续的外交强势的广泛关切。这种外交强势对地区稳定和美国亚太同盟体系构成影响。迄今为止，没有足够的迹象表明中国准备放缓攻势。因此人们主要讨论的是，美国应如何同中国打交道，以牵制其在地区的雄心。在这场讨论中，没有多少人认为是美国导致了地区局势的不稳定和中国对外政策的变化，也没有多少人把主要精力用于强调美中相互适应

---

① 参见《美国国家利益》2015年4月13日。

的重要性。[①]

也有学者认为，中美两国矛盾加剧，责任在于双方均采取不利于对方的政策。2015年5月13日，中国问题专家蓝普顿教授在亚特兰大演说时称：自2010年以来，中美关系发生了戏剧性变化，打破了平衡的临界点。其一，美国精英不再认为中国的改革近期朝积极方向发展。其二，美国对中国国际地位的提高未给予正面反应，反而强调重返亚洲，致使中国更加相信美日联合亚洲盟国对其加以围堵。其三，中美在军事、外交等领域的竞争日趋激烈。其四，受各自国内政治因素和利益集团影响，中美都力图将本国内部问题产生的根源归咎于对方。蓝普顿教授担心中美两国的主要矛盾可能发生变化，而这将导致双方关系性质的变化。

质疑中国发展前景的美国学者当属华盛顿大学教授沈大伟。早在2015年初，他即在《华尔街日报》上撰文宣称："中共统治的最后阶段已经开始。"沈大伟对近年来中国内政外交的发展十分失望，认为中国外交强硬，对内镇压自由派，很难和美国社会政治趋同，美不应高估中国的发展。20世纪80年代，日本曾被预言将成为世界第一，但此后不久，日本便陷入30年停滞期。如今更应清醒地质疑中国成为世界第一的前景。

二、不希望中美冲突加剧，影响世界和亚太平衡

美国哈佛大学教授约瑟夫·奈应《中国社会科学报》邀请，发表了专访谈话。奈表示，他在20世纪90年代曾预测过中国的崛起以及其可能会引发冲突，然而，如今他觉得这不可能。尽管一些分析家断言中国

① 参见《世界知识》2015年第15期。

不会和平崛起，还有人将这种情境类比为一战期间德国工业超过英国，但是，正如修昔底德所警告过的，相信冲突不可避免，往往就是最终造成冲突的主要原因。奈力主美国和中国是既竞争又合作的关系，两国应当加强合作，共同处理一些全球问题，如何避免出现混乱无序的合作状况是关键所在。

美国前安全顾问基辛格提出：美国与中国会共建亚洲新秩序，前提是美国保持其在该地区的主导地位，同时认可中国崛起后的位置。亚洲秩序问题的核心是中美关系。中美应坐下来认真讨论亚洲秩序，提出各自底线，确定双方核心利益的边界。两国必须不断扩大合作领域，深化合作内涵，展现合作成果，如此方能使亚洲国家对未来秩序抱有信心。建立亚洲秩序的关键在于确保以和平方式解决争端，美国和中国都希望保持本地区稳定，这是共同建立地区秩序的基础。为避免本地区出现新的冷战局面，中美双方应改变在安全和经济领域相互排斥的做法，构建两国共同参与的亚太地区多边经济合作机制和安全合作机制。

澳大利亚前总理陆克文预见未来整个印度洋—太平洋地区的战略与经济格局以及更广阔范围的世界秩序均将取决于中美关系的未来变数，而这也将从根本上持续地影响其他重要的全球事务。陆克文客观地论述了中国怀疑美国等西方国家对它的战略意图并将之概括为孤立中国、遏制中国、削弱中国、从内部分化中国和破坏中国的领导层等五个方面。他并没有阐明美国等西方国家对中国的战略意图，而是将重点置于建议中美两国采取邓小平在中国实行改革时倡导的“摸着石头过河”的做法，探索如何建立中美之间的战略合作与互信。

更有不少美国学者主张美国政府应始终遵照历届政府奉行的建设性接触政策。蓝普顿建议美国应重新思考对“主导权”的定位。迈克尔·斯温认为美国在西太平洋的优势地位是“不可持续的”，力主美中相互适应国内外形势的变化，寻求建立平等的力量对比关系，降低冲突的风险和增加合作的机会。

三、美国对中国兴起的态度

美国各界有不少人长期认为，一个新兴大国的崛起必然挑战现存大国的领导地位，彼此间的不信任会最终导致一场战争。美国一方面认为中国赶超美国即将成为现实；一方面又认为中国难以克服国内存在的种种问题，终有一天将会崩溃。长期以来，美国深信中国实行市场经济以后，随着经济的不断发展，其政治制度势必改变，中国将因此成为与美国同样的“自由民主国家”。但是，随着近年来中国经济超越日本，又向位居世界第一的美国逼近，世界各地普遍出现有关西方模式正走向衰落，中国模式对发展中国家是否可行的议论，这使美国处于不知如何应对的窘境。对中美关系发展的前景，美国有乐观者，也有悲观者，更有不少人不知所措。中美经济关系的不断发展成为维持两国关系的重要因素，但对此充满疑虑的也大有人在。中美都拥有相互威慑对方的战略核武器，虽然这种力量并不平衡，中国仍处于弱势，但已具备了威慑美国的初步力量。中美经济上的相互依存，核战略的相互威慑能否促使两国寻求加强合作，增强互信，防止对抗和冲突加剧，避免走向战争的前景，这是中美两国，也是全世界关心的重大问题。

中美难以避免一场战争，这一“进攻性现实主义的国际政治理论”如幽灵一般始终在美国国际政治学术界、舆论界及美国政治精英的头脑上空徘徊。如今，该理论在美国最具影响力的代表莫过于米尔斯海默。他早在2001年撰写的《大国政治的悲剧》一书中即强调，无论哪一个国家在21世纪崛起，取得和美国相等的实力，都会对美国构成威胁。米尔斯海默认为：中国将是21世纪兴起的大国，必然挑战美国的全球霸权地位，危及美国的安全。中国将比美国在20世纪面临的任何一个霸权国家更为强大、更加危险。

2009年10月，在奥斯陆和平研究所的研讨会上，米尔斯海默再次预言“中国持续的相对崛起将会导致巨大的战争风险”，“为防止这种战争风险的因素，唯一的方法就是中国经济发展放缓”。美国很快就需要放弃其对华接触战略，防止中国经济的崛起。2002年，米尔斯海默在接受记者采访时便力主要联合日本、越南、韩国、印度和俄罗斯共同遏制中国。米尔斯海默固然早已设想中国有可能成为地区霸权国家，甚至超过美国，但是，他没有预料到的是，在不到20年的时间内，中国的国民生产总值已经超过日本，位居世界第二。[①]

近年来，随着中美关系出现的种种矛盾，“修昔底德陷阱”之说成为国际关系学术界热议的话题。修昔底德系古希腊历史学家，其成名之作《伯罗奔尼撒战争史》论述了公元五世纪，海洋国家雅典和陆地国家斯巴达之间的战争。在修昔底德笔下，雅典崛起为古希腊文明的中心，引起斯巴达的极大疑虑与恐慌。此时，斯巴达主宰古希腊已有一个世纪之久。斯巴达采取种种措施压制雅典，双方从对立到谋求改善关系，加强相互之间的信任，但最终未能冰释前嫌，导致了一场战争。近年来，随着中国的崛起，国际学术界有不少学者认为，美国是海洋大国，有着全球性的影响。中国是陆地大国，伴随其国力的增强，正在不断向海洋扩展，这势必触犯美国的利益。美国重返亚太，目的是围堵中国，防止它的影响力进一步扩大。美国哈佛大学设立了“修昔底德项目”，其结论认为，以往500年间发生的世界权力大转移共计为16次，其中有12次爆发了战争。在美国学者看来，中国的崛起挑战了美国在亚洲和世界的主导地位，这是当今“修昔底德陷阱”说得以产生的最为主要的原因。

中国并不认同美国的这一看法。美国有不少人对中国改革开放以来取得的巨大成就始终抱有怀疑，充满敌意。事实上，早在2000年美国大选期间，小布什即表示，美国面对的主要威胁是崛起的中国。只是在

① [美]约翰·米尔斯海默著，王义桅、唐小松译:《大国政治的悲剧》，上海人民出版社，2008年，第十章。

2001年“9·11”事件之后，美国调整了全球战略，以反恐为其重点。阿富汗战争和伊拉克战争使之身陷战争泥潭达十余年之久，但它将欧洲、亚洲和中东波斯湾视为其最重要的战略基点，这一全球战略美国始终没有改变过。美国决定从阿富汗和伊拉克撤军后，便将其战略目标聚焦于亚太，集中力量对付中国。

这自然并不意味着中美两国必然走向对抗。美国一再声明它并不把中国看作敌人，也不能说，目前美国政策的出发点必然会导致中美两国重蹈“修昔底德陷阱”的覆辙。

四、中国的崛起对美国是福还是祸

从经济总量看，继2009年超过日本成为世界第二大经济体后，中国的经济总量稳步攀升，2014年达到64万亿元人民币，折合10.4万亿美元，占世界份额的13.3%，比2010年提高4.1个百分点。2011—2014年，中国经济对世界经济增长的贡献率超过1/4。

此外，中国的人均GDP也稳步提高。2014年，中国人均GDP为46629元，扣除价格上涨因素，比2010年增长33.6%，年均实际增长7.5%。按照世界银行的数据，中国人均国民总收入由2010年的4300美元提高至2014年的7380美元，在上中等收入国家中的位次不断提升。

改革开放30多年来，中国经济迅猛发展，举世瞩目。1986年中美两国经济差距最大时，美国的GDP为中国的15倍以上；28年后的2014年，美国的GDP是中国的1.7倍。1991年中日两国经济差距最大时，日本的GDP为中国的8.3倍。2014年，中国的GDP是日本的2倍以上。

今后十多年内，无论以市场汇率计，抑或以购买力平价计，中国的国内生产总值均将超过美国，位居世界第一。

2009年，中国成为世界最大的出口国；同年，中国超越美国，成为全球制造业第一大国。2011年，中国制造业增加值增至2.3万亿美元，占世界比重达20.8%；而美国的上述数据分别为1.86万亿美元和16.6%。2013年，中国成为全球第一贸易大国和第二大进口国。

中国是世界上128个国家的最大贸易伙伴，超过美国的76个国家。2013年，中国是仅次于美国的全球第二大直接投资目的地。来自中国的直接投资总量排名世界第三，仅次于美国和日本。2030年，中国的对外资本流出总量将占全球的40%，超过美国与欧洲的总和。[①]

中国对全球经济增长的贡献大于美国，目前为美国的1.5倍。虽然未来中国经济增长有所放缓，但据估计，到2025年，中国经济对全球经济增长的贡献仍能达到1/3，其份额远超其他任何国家。

中国的外汇储备远多于美国。中国外汇储备自2006年以来已连续七年稳居世界首位，至2013年底达到3.88万亿美元，美国同期为4485亿美元。目前美国是全球最大的债务国，而中国是全球最大的债权国。

然而，中美两国人均国内生产总值的差距依然巨大。中国在制造业、经济竞争力、科技创新力等方面仍远远落后于美国。2014年，中国的国内生产总值为10.3万亿美元，人均7581美元，居世界第79位；同年，美国的国内生产总值为17.4万亿美元，人均56700美元，居世界第13位。美国的人均产值大于中国7倍以上。

中国和美国在科技创新领域始终存在巨大差距。美国具备将科研成果和关键技术转化为产品的完善体制和机制。美国鼓励持续发展科技创新能力，掌握着一批关键技术。据统计，按照2011年的相关数据进行综合比较，在全世界科技指数排名中，美国位居前列，中国名列第18位。

中国是制造业大国，但不是强国，工业竞争力在全球价值链中处于中端或中低端环节。中国出口的高科技产品尽管多于美国等发达国家，

① 参见陆克文于2014年10月1日，在华盛顿特区美国国际战略中心兹比格涅夫·布热津斯基学会成立仪式上，以“习近平治下中美关系的可能未来”为题发表的讲话。

但出口高技术产品的附加值和收益远远低于美国，且生产的多为低附加值的部件，美国仍然掌握核心业务，占据国际分工和产业链的最高点。

中国的竞争力处于中游或中上游，而美国基本上名列前茅。洛桑国际发展管理学院的“世界竞争力排名榜”显示，中国在2013年名列第21位，而美国除2009年外，始终高居榜首。[①]

30年来，中美之间的差距确实缩小了很多，但两国的各种差距依然存在。这不仅反映在人均国内生产总值中，且更多地体现于国家的整体经济、科技、国防、创新和金融等领域。而更为重要的是，尽管中美两国领土面积较为接近，但中国人口多达13亿以上，美国则仅为3亿多，随着中国经济的发展，势必面临难以想象的困难。尤其是从地缘政治的角度看，中国显然远逊于美国。美国是横跨大西洋和太平洋的超级大国，通过两大洋和欧洲、亚洲建立了密切的关系。从地理环境上看，它北依加拿大，南临墨西哥，处于进可攻、退可守的十分有利的位置，而中国处于亚洲中心地带，周边与20多个国家为邻，既有友好交往的历史，也有相互争斗交恶的过去。特别是与不少周边国家尚存在领土争端，这对中国形成很大的牵制。2015年11月，基辛格在北京的一次会议上说，美国从来没有强大的邻国，安全感很强，中国从不缺乏强大的邻国，经常面对外来的侵略和威胁。

随着经济的迅速发展，中国加快了赶超美国的速度，引起了美国各界的疑虑和担忧，“中国威胁论”在美国比以往任何时候都有市场。美国前财政部部长劳伦斯·萨默斯撰文称“全球对于抱何种目标看待中国的发展缺乏共识”，提出究竟是乐见中国经济上取得成功，还是从经济上遏制和削弱中国，从而降低中国对全球造成威胁的能力，这是一个重大问题。他担心美国主导建立跨太平洋伙伴关系（TPP）的目的在于提升美国相对于中国的竞争力，并将削弱中国在决定全球规则中的影响力。美国未参与亚投行，美国国会未批准中国在国际货币基金组织的投

① 甄炳禧:《从大衰退到新增长》，首都经济贸易大学出版社，2015年，第342–349页。

票权问题，很难说是什么吉祥之兆。[1]

随着中国实力的加强，美国不断渲染“中国威胁论”，而中国实力的增强给美国、给世界带来的巨大经济利益则往往被忽视。这可能是美国舆论界和学术界时下流行的一股思潮。

中国经济的发展无疑符合中美两国的基本利益。美国商务部2015年11月4日公布的数字显示，当年1到9月，中美货物贸易额达到4416亿美元，中国超过加拿大，首次成为美国最大的贸易伙伴。中美双方均认为，两国经济贸易的持续发展是维护中美关系的“压舱石”，无论“中国威胁论”在美国多么甚嚣尘上，中美两国在对待重大国际问题，如气候变暖、核不扩散及一些地区和平问题上，始终存在着共同利益，这是双方在处理彼此关系时不能不考虑的重要因素。

五、意识形态价值观的异同与争论

美国始终视民主自由为立国之本，并以传教士的精神到处布道，希望影响全球，建立一个具有与美国等西方国家相同的社会制度、意识形态和价值观，甚至全盘接受西方传统文化观念的“大一统世界”。

同样，美国对华政策的一项重要内容，是寄希望于中国随着改革开放的深入，也会走与美国相同的社会政治制度之路。中国通过不断的发展，其经济不仅位居世界第二，并且正在赶超美国，但中国的社会制度并未如美国所期望的那样发生改变，这引起美国的极度失望。所谓中美关系已经到了“临界点”，其中最重要的一点，就是美国对中国从满怀希望、不断失望，直到终极绝望的地步。按照美国的说法，“美国对中

① [美]劳伦斯·萨默斯:《美国应该充分理解中国崛起的现实》，英国《金融时报》2015年11月11日。

国的看法已经出现本质性的变化”。

美国的中国问题专家、美国国防政策顾问白邦瑞于2015年出版新书《百年马拉松：中国取代美国成为全球超级大国的秘密战略》。他表示，美国40年来一直低估中国的野心，对其抱有不切实际且一厢情愿的幻想，误以为中国迟早会“民主化”，演变为美国式的资本主义社会，并融入既有的国际社会秩序，但等到中国壮大为世界第二大经济体，并开始向既有秩序发起挑战时，已经来不及阻止了。

事实上，随着中国的崛起，对中国模式的研究已成为世界各国的一个重要课题。进入21世纪以来，“9·11”恐怖袭击、阿富汗战争、伊拉克战争、从欧亚到中亚北非的“颜色革命”，所造成的结果是美国的衰落、广大亚非地区人民生灵涂炭、经济陷入停滞不前的困境。数以百万计的难民逃亡欧洲。在这种情况之下，中国却在稳步发展，其奥妙何在？今天的中国，不是昔日的苏联，中国不想挑战美欧体制。新加坡国立大学李光耀公共政策学院院长马凯硕撰文称，与以往的苏联领导人不同，中国领导人没有证明共产主义优越性的打算，他们的想法很简单，只是想复兴中华文明。①

“历史终结论”作者弗朗西斯·福山在2014年说过，中国构成了对“历史的终结”这一观点最重要的挑战。“如果中国能成功化解各种压力，并且在下一阶段继续保持强大和稳定的状态，那么我认为，中国确实成为自由民主制以外的一个真正的替代性选择。”诚然，福山对此深表怀疑。他说，从长远来看，这种体制是否可持续，他是抱有很大怀疑的。但无论如何，福山仍然看到今日的中国社会具有其他发展中国家难以具备的优势，世界上有不少人期望中国持续发展，避免不少国家沿着穷途末路走下去。他认为，只要中国经济持续发展，人民生活水平不断提高，中国保持一个稳定的社会是可能的。但是，一旦中国经济遭受挫折，生产下滑，人民生活水平下降，中国能否经受住这一变化，还有待

① 《如果中国成为全球头号强国会怎么样》，新加坡《海峡时报》网站，2015年4月24日。

观察。福山的这一看法表明了世界各国学者正在探讨中国模式的特点。至于中国模式之所以存在的内部原因，它对各国是否有借鉴作用，这些将在经历一个漫长的观察和研究过程后得到诠释。

中美之间对不同意识形态、价值观、社会制度和文化传统的争论将持续下去。普通民众只是希望这种争论不会给两国的基本利益带来严重损害，时间和实践将做出最好的判断。

六、确保中美相互之间的核威慑

中美之间保证互不使用核武器攻击对方，这是稳定双方关系的重要因素。在联合国安理会五个常任理事国中，美、俄是两个最为强大的核国家。与之相比，英、法、中三国只拥有少量核武器，力量差异悬殊。

斯德哥尔摩国际和平研究所的《2013年鉴》称，2012年，美国拥有7700枚核弹头，俄罗斯拥有8500枚，英国、法国和中国所拥有核弹头分别为275枚、300枚和150枚。

中国一向恪守自己的承诺:（1）中国不首先使用核武器,（2）中国的核能力将保持在维护国家安全所需的最低水平。

众所周知，美苏两个核大国在冷战期间处于确保相互摧毁状态。不论何者先动手，都无法消除对方第二次打击的能力，在这一情形下，美苏双方均具有相互确保摧毁对方的能力，从而消除双方先发制人的动机，避免了一场核战争。如何持续保持这一状况，如何确保核军备竞赛的稳定性，显得至关重要。

中美两国的核力量始终处于对比悬殊的状态。中国保证不首先使用核武器，在占据核军备道义高地的同时，面对美国的进攻性核武战略，处于不利的位置。因此，中国始终没有公布自己拥有的核武器数量。毋庸讳言，尽管在中美核非对称关系中，中国处于较弱的一方，但是中国具有第二次核打击能力，这将在一定程度上减少美国对中国实施核打击的可能。中国正在开发新型核武器，确保不断强化具备第二次核打击能力的可信度。

中美两国在防止核扩散、反对核恐怖活动以及维护核安全、核安保方面面临共同威胁，有着良好的合作关系，中国期望和美国保持核战略稳定性，这始终是中国追求的前景。

中国和美国难免一战绝不是中美两国人民的共同愿望。迄今为止，只是美国舆论界和学术界以耸人听闻的方式大声鼓噪，意在影响本国决策层，使之对中国施行强硬的政策。中美之间有着相互依存的经济贸易关系，从国内生产总值绝对量来看，中国有可能超过美国，但是，就中美两国整体实力而言，中国依然处于劣势。“中国威胁论”在今天来说，有可能增加对中国的几分疑虑，但不会改变现实世界的基本状况。中美之间的价值观、社会制度、意识形态差异在可以预见的未来，不会产生任何足以影响大局的变化。中美经贸往来的日益密切是维护两国关系的“压舱石”。保证中美核威慑的稳定性，无疑也是维持双方关系的一个“稳定器”。

2016年是美国大选年，中美关系将经受严峻的考验。鉴于中美长期交往过程中风波不断，两国将保持畅通的渠道，加强彼此沟通，迎难而上，承认分歧，防止对抗加剧，真正为保障双方的根本利益而有所作为。

中美关系真的存在“修昔底德陷阱”吗？

陈永*

近年来，每当中美发生争吵，国内便会展开热议：中美如何避免跌入或者怎样跳出“修昔底德陷阱”？笔者认为，所谓中美关系的“修昔底德陷阱”只是艾利森通过简单历史类比而对中美关系进行的粗浅而过度的解读，实际上经不起推敲，也没有现实意义。

“修昔底德陷阱”之说滥觞于哈佛大学肯尼迪政治学院创院院长格雷厄姆·艾利森于2012年在英国《金融时报》的撰文。在文中，他以斯巴达和雅典宿命般的伯罗奔尼撒战争隐喻中美关系的未来走向——崛起国必然会挑战主导国，后者也必然回应挑战，这样战争就不可避免。此后，他以此提醒美国人警惕中美爆发战争的风险，并预言中美大战可能会在2014年爆发。

显然，艾利森预言并未成真。但是，他提出的“修昔底德陷阱”在一定程度上塑造了世界舆论——学界、媒体、公众对中美关系的习惯性认识。

其实，稍作分析便不难发现，艾利森只不过是通过简单粗略的历史对比论证“修昔底德陷阱”，论据苍白无力，这种说法本身能否成立都

* 陈永，北京大学国际关系学院博士研究生。

非常值得怀疑，更遑论被用来描述当前的中美关系。

第一，由于《伯罗奔尼撒战争史》的英译本比较粗略，艾利森很可能误解了修昔底德的原意。

艾利森将斯巴达和雅典走向战争的过程概括为：雅典的崛起和由此引起的斯巴达的恐惧使得战争不可避免。具体来说，雅典迅速崛起震惊了伯罗奔尼撒半岛的霸主斯巴达，斯巴达恐惧领导地位受到挑战，对雅典崛起做出战略反应。威胁和反威胁产生了竞争、对抗和最后的冲突。

熊文驰根据古希腊文将修昔底德的观点译为“我认为，最真实的、也是最没有说到的原因是，雅典人变得非常强大，以及由此斯巴达人产生的恐惧，使得战争必然爆发”。据此，他指出斯巴达并非从一开始就对雅典崛起心怀恐惧，更大程度上，崛起后的雅典因其不明智的战略打破了与斯巴达之间的海陆均衡才引爆霸权战争。这一观察更符合修昔底德记述的斯巴达和雅典关系的演变。

因而，霸权决战并非不可避免，它之所以发生，在更大程度上是不明智战略的恶果，而不宜简单归因为实力增长导致的恐惧。

第二，艾利森对近代以来权力转移历史的认识并不准确，因此建立在其上的“修昔底德陷阱”说难以成立。

为了佐证中国“将在下一个十年修正”美国主导的国际秩序的观点，艾利森称美国通过战争威胁迫使英德两国接受其在美洲大陆的主导地位。真实情况远非如此简单——以美国调停英国与委内瑞拉边界危机为例，英国将野心勃勃的德国视为更紧迫的威胁，才在自身利益得到充分照顾的情况下，默认了美国的主导地位。

此外，艾利森声称历史上存在的权力和平转移是因为参与竞争的大国对自身政策和社会态度进行了重大调整。对此，詹姆斯·霍姆斯质疑：“一战”前英国面临德国、美国和日本三个对手，美国的经济实力强于德国并在拉丁美洲排斥英国影响，日本在远东与英国也不乏争执。美国和日本均未进行态度和政策的重大调整。但是，英国为何单独与德国陷入“修昔底德陷阱”？艾利森对这一关键性问题一直未作回应。

第三，所谓中美关系的“修昔底德陷阱”说因忽略历史发展、罔顾当今世界现状而缺乏现实意义。

一方面，当今世界与修昔底德时代远隔数千年，国际关系规则和竞争方式等均发生了根本改变。全球经济一体化的深化发展与核武器的出现基本上排除了大国发动大规模战争以实现战略目标的可能性，21世纪的国际体系因此更具有稳定性。

另一方面，人们对战争的态度发生了巨大变化。古希腊人总体上认为战争是命中注定的；一战前，大多数欧洲人不仅没意识到战争会造成巨大破坏，甚至认为一场大战对于社会是健康和有益的锻炼。然而，这种乐观态度在一战的废墟中灰飞烟灭。艾利森用历史上的大国战争类比当前中美关系显然忽视了当今国际政治的现实——各国政府和人民对战争的深重恐惧和对和平的极度渴望。

此外，中美关系的“修昔底德陷阱”存在的前提是中国将挑战美国主导的国际秩序，这并不符合中国等“金砖国家”要求建立更加公正合理的国际秩序，以及中国当下谋求和平发展的实质意图。

综上可见，所谓霸权战争宿命论与中美关系的“修昔底德陷阱”说并非真实存在。然而，值得我们注意的是，一旦任由这种错误认知塑造世界舆论，使其成为一种共识，就很有可能对中美关系乃至世界局势产生极大的负面影响。因此，我们不仅要从学理上批驳“修昔底德陷阱”说，更应严防中美关系为这一谬论所绑架，继而殃及未来互利共赢的合作发展模式。

（本文原发表于2015年7月27日国际在线网站）

中美对新型大国关系的认知差异及中国对美政策

王缉思　仵胜奇*

中美应当共同致力于构建新型大国关系，是2012年年初以来，由中国领导人提出、美国领导人当时做出回应的重大议题，两国领导人就此达成了如下基本共识：21世纪的中美关系必须避免大国对抗和零和博弈的历史覆辙，切实走出一条新路。按照中方的说法，发展中美新型大国关系，就是“不冲突、不对抗、相互尊重、互利共赢”；按照美方的说法，就是要打破“崛起国与守成国必然冲突”的历史魔咒，建立基于“务实合作和建设性处理分歧”的大国关系新模式。

何谓“新型大国关系”？怎么界定它的基本内涵？如何落实这一基本共识？由于中美存在不同的文化传统、价值观念和利益取向，双方对新型大国关系的理解和期待不尽相同。

---

* 王缉思，北京大学国际战略研究院院长，北京大学国际关系学院教授，兼任中华美国学会荣誉会长、中国外交部外交政策咨询委员会委员等。仵胜奇，北京大学国际关系学院博士后，北京外国语大学专用英语学院讲师。

一、概念与意义分歧

中美同意共同致力于构建新型大国关系，但是对如何界定这一概念及其内涵的认知存在分歧。中方强调其原则性，认为相互尊重是增加互信、管控分歧、开展合作、共创双赢、引领未来的基础；而美方强调其功能性，要求解决美方关切的具体问题，认为只有务实合作，建设性地处理分歧，才能双赢。

国家主席习近平2013年6月8日在习奥“庄园会晤”时用三句话做了概括：一是不冲突，不对抗。就是要客观看待彼此的战略意图，坚持做伙伴，不做对手；通过对话合作、而非对抗冲突的方式，妥善处理矛盾和分歧。二是相互尊重。就是要尊重各自选择的社会制度和发展道路，尊重彼此核心利益和重大关切，求同存异，包容互鉴，共同进步。三是合作共赢。就是要摒弃零和思维，在追求自身利益时兼顾对方利益，在寻求自身发展时促进共同发展，不断深化利益交融格局。[①]习近平的概括突出了三个基本原则，一是不用对抗的方式解决矛盾分歧，二是相互尊重各自社会制度和发展道路，三是强调以合作促共同发展。

2013年9月20日，外交部部长王毅访美期间在美知名智库布鲁金斯学会发表《如何构建中美新型大国关系》演讲，阐发了习近平主席关于构建中美新型大国关系的内涵。王毅说，不冲突不对抗，是必要前提。做出这一政策宣示，就是要顺应全球化潮流，改变对中美关系的负面预期，解决两国之间的战略互不信，构建对中美关系前景的正面信心。相互尊重，是基本原则。只有相互尊重对方人民选择的制度与道

① 《习近平概括中美新型大国关系：不冲突、不对抗，相互尊重，合作共赢》，《新京报》2013年6月10日，http://news.xinhuanet.com/world/2013-06/10/c-116107914_1html。

路，相互尊重彼此的核心利益与关切，才能求同存异，进而聚同化异，实现两国和谐相处。合作共赢，是必由之路。中美只有始终坚持合作，不断加强合作，才能实现共赢，而这个共赢，不仅是中美的共赢，还应当是世界各国的共赢。①

2014年11月12日，习近平在北京同对中国进行国事访问的美国总统奥巴马会谈时，对中美构建新型大国关系做出进一步阐释：一是加强高层沟通和交往，增进战略互信；二是在相互尊重的基础上处理两国关系；三是深化各个领域交流合作；四是以建设性方式管控分歧和敏感问题；五是在亚太地区开展包容协作；六是共同应对各种地区和全球性挑战。②

2015年9月25日，习近平在对美国进行国事访问期间，出席美国总统奥巴马为他举行的欢迎仪式。习近平在致辞中用六个字凝练地概括了新型大国关系的内涵：和平、尊重、合作。他表示，中美要坚持构建新型大国关系的正确方向，使和平、尊重、合作始终成为中美关系的主旋律，确保两国关系沿着健康稳定的轨道不断向前发展。③

对于中国领导人关于两国建立新型大国关系的倡议，奥巴马政府起初给予了正面回应。对于中方提出的三个基本原则，美国选择性地予以回应。奥巴马政府认同不冲突、不对抗原则。例如，奥巴马本人在给2012年在北京举行的第四轮中美战略与经济对话的书面致辞中说，美中可以向世界证明，两国关系的未来不会重蹈历史覆辙，两国可以携手应对21世纪面临的严峻经济和安全挑战，为发展持久信任、长期稳定、充满希望的美中关系奠定坚实基础。奥巴马连任后，总统国家安全事务助理多尼隆2013年3月11日在纽约亚洲协会发表讲话指出，奥巴马政

① 《王毅在美国布鲁金斯学会就中美关系发表演讲》，《中新网》，2013年9月21日，http://nb.ifeng.com/gngi/detail_2013_09/21/1244584_0.shtml。

② 《习近平强调从6个重点方向推进中美新型大国关系建设》，新华网，2014年11月12日，http://news.xinhuanet.com/2014-11/12/c_1113220972.htm。

③ 《习近平在美国总统奥巴马举行的欢迎仪式上的致辞（全文）》，中国外交部网站，2015年9月26日，http://www.fmprc.gov.cn/web/ziliao_674904/zyjh_674906/t1300765.shtml。

府不同意中美注定要发生冲突的观点，认为构建更好的中美关系是有可能的，中美元首都支持构建中美新型大国关系的目标。[①]

在2013年6月8日习奥“庄园会晤”记者会中，奥巴马表示，美国愿意与中国构建新型大国关系。中国继续和平发展符合美国利益。美中合作而不对抗，就更有可能实现各自安全和繁荣的目标，也有助于双方共同应对许多全球挑战。[②]9月6日奥巴马在圣彼得堡“20国集团领导人”峰会期间同习近平会见时表示，美中同意致力于建立基于务实合作、建设性处理分歧的大国关系新模式。美国欢迎中国继续和平崛起，希望中国能够在维护亚太乃至世界的稳定、繁荣中扮演负责任的角色。[③]9月19日，美国国务卿克里同来访的中国外交部长王毅在会谈前共同会见记者时说，中美有必要避免陷入将彼此视为战略对手的陷阱。[④]

然而美方并没有正面回应中方提出的相互尊重的原则。对于合作共赢，美方强调要求中方解决美方关切的具体问题。例如，多尼隆在2013年3月11日亚洲协会讲话中聚焦中美军事对话、经济关系和网络安全领域三大议题。多尼隆说，随着中国军事现代化步伐加快，中国在亚洲不断扩大的军事存在可能会增加美中在西太平洋地区发生军事摩擦或误判的风险。因此，双方需深化军事对话，应对双边军事关系中存在的不安全因素和潜在的竞争。在经济领域，多尼隆要求中国改变出口型

① Tom Donilon, “The United States and the Asia-Pacific in 2013”, remarks at the Asia Society, New York, March 11, 2013.

② 《从跨越太平洋的握手到跨越太平洋的合作：中国国家主席习近平同美国总统奥巴马安纳伯格庄园会晤》，《人民日报》2013年6月11日，http://cpc.people.com.cn/2013/0611/c64094-21812719.html。

③ Remarks by President Obama and President Xi of the People’s Republic of China Before Bilateral Meeting, G20 Summit Site, St. Petersburg, Russia, September 6, 2013, http://www.whitehouse.gov/photos-and-video/video/2013/09/06/president-obama-bilateral-meeting-president-xi-china#transcript.

④ John Kerry, Remarks With Chinese Foreign Minister Wang Yi Before Their Meeting, Benjamin Franklin Room, Washington D. C., September 19, 2013, http://www.state.gov/secretary/remarks/2013/09/214419.htm.

经济发展模式，共促国际金融稳定，应对气候变化和能源安全等全球挑战。在网络安全领域，多尼隆强调所谓来自中国的网络商业窃密问题。多尼隆在中美元首“庄园会晤”后召开的记者会上重申了上述立场，并增加了朝核议题。①

2013年11月20日，新任白宫国家安全事务助理苏珊·赖斯在乔治城大学外交学院就美国亚洲政策发表演讲。在谈到中美关系时，赖斯开宗明义地指出，美国愿意同中国“实施新型大国关系”，即管理不可避免的竞争，同时在亚洲和其他地区双方利益趋同的领域深入开展合作，特别是朝核问题、伊核问题、阿富汗稳定、苏丹冲突等议题。赖斯也希望在法治、人权、宗教自由、民主原则、东海争端、南海争端等议题上同中国开展对话。②12月4日，美国副总统拜登访华，主要聚焦中美经贸合作，同时讨论能源安全、气候变化、食品安全和东海防控识别区等议题。③2014年1月14日，美国国务卿克里来访，重点关注气候变化、能源合作、朝核问题等问题。访华期间，中美发表了《气候变化联合声明》，克里也于当天参观北京康明斯—福田联合企业，肯定中美在气候变化和新能源领域合作取得的成绩。④

① Tom Donilon, Press Briefing by National Security Advisor Tom Donilon, June 08, 2013, http://www.whitehouse.gov/photos-and-video/2013/06/08/press-briefing-national-security-advisor-tom-donilon#transcript.

② Susan E. Rice, "America's Future in Asia" , Remarks as prepared for delivery by National Security Advisor Susan E. Rice, Office of the Press Secretary, The White House, November 21, 2013, http://www.whitehouse.gov/the-press-office/2013/11/21/remarks-prepared-delivery-national-security-advisor-susan-e-rice.

③ Press Briefing by Senior Administration Officials on the Fact Sheet on Strengthening-U.S.-China Economic Relations, Aboard Air Force Two, En Route to Seoul, South Korea, December 5, 2013, http://www.Whitehouse.gov/the-press-office/2013/12/05/press-briefing-senior-administration-officials-fact-sheet-strengthening.

④ U.S.-China Joint Statement on Climate Change, Media Note, Office of the Spokesperson, Washington D.C., February 15, 2014, http://www.state.gov/r/pa/prs/2014/02/221686.html; John Kerry, Secretary of State, Remarks at Cummins-Foton Joint Venture Plant, Beijing, China, February 15, 2014, http://www.state.gov/secretary/remarks/2014/02/221687.html.

尽管美国政府仍然认同中方提出的“构建中美新型大国关系”的部分原则，但是，自从中国在2013年11月23日宣布设立东海防空识别区后，美国高层对这一概念的回应开始发生微妙的变化。虽然美国官方仍继续使用“在中美利益相通的领域开展合作、建设性管理分歧”这样的表述，但已开始弱化甚至不再使用“新型大国关系的模式”这样概括性的语言。

2014年2月28日，白宫国家安全委员会亚太事务高级主任麦艾文在布鲁金斯学会召开的“中美青年领袖对话会”上演讲时指出，美方构建“新型大国关系”就是“避免崛起大国和守成大国之间发生冲突”。为此，双方“一要扩大合作和协调，二要管理分歧”。但他坦承，“这是一件困难的事情”。麦艾文说，中方一些人认为，要实现“新型大国关系”的目标，美国就必须接受、顺应中国的核心利益。但是，美国人的看法不同。他认为，中方在发展中美关系过程中“过于强调核心利益”，“在这个问题上花了太多的时间”。他说，美方的看法是，中美应该少谈一些“核心利益”，多关注“共同利益”，共同应对地区和全球挑战，如气候变化、核不扩散、全球（经济）增长，能源安全等。[1]从麦艾文的讲话可以看出，美方已经开始在试图弱化“新型大国关系”这一概念。

2014年7月9日，美国国务卿克里在北京参加第六轮中美战略与经济对话时表示，他听到中方反复强调中美“新型大国关系”概念，但是，“构建新型关系不应停留在口头，而要落实到行动上。新型关系的确立取决于双方共同做出的选择”。克里说，“奥巴马总统以及在场的每一位美国官员都不认为中美对抗不可避免。美中合作，双方获益，这也正是我们致力于构建新型大国关系的原因所在”。克里表示，构建新型大国关系的要义在于“在双方有共同利益的领域开展合作，同时建设性地

① Evan Medeiros, “35 YEARS OF U.S.-CHINA RELATIONS: Diplomacy, Culture and Soft Power”, The Brooking Institution, March 28, 2014, pp.60-61, http://www.brookings.edu/~/media/events/2014/3/28-us-china-relations/032814brookingschina_edit.pdf.

管理分歧”[①]。

从麦艾文和克里的讲话可以看出，美方对于新型大国关系这个概念的接受越来越勉强。到了2014年11月，克里在约翰斯·霍普金斯大学就中美关系发表演讲和其后的奥巴马访华中，美国已经不再正面回应“新型大国关系”这个提法。但是，美方关于中美关系本质的界定并未因此而改变。

例如，2014年11月4日，美国国务卿克里在约翰斯·霍普金斯大学高级国际问题研究院就中美关系发表演讲，只字未提“中美新型大国关系”这个概念。他说，美国对华政策实际上是基于以下两个支柱：一是建设性地管理分歧，二是在双方利益一致的地方展开建设性的协调。[②]11月中旬，奥巴马对中国进行了国事访问，并参加了在北京举行的亚太经合组织领导人非正式峰会。在访问期间，奥巴马同习近平举行了联合记者会。在记者会上，奥巴马详细谈论了中美在广泛议题上的合作和存在的分歧，但他并未沿用“庄园会晤”时使用过的“新型大国关系”的提法。[③]在2015年9月习近平访美、11月底中美元首巴黎会晤等重要场合，奥巴马只谈具体合作和管控分歧，但对于中方提出“构建新型大国关系”的倡议并未做出正面回应。

2015年9月21日，美国国家安全事务顾问苏珊·赖斯就中美关系在乔治·华盛顿大学发表演讲。在演讲中，赖斯强调，美国将采取措施同中国发展“富有成效的合作关系，最大限度地扩大彼此在拥有共同利益的领域开展合作，同时直面和管理彼此的分歧”。虽然赖斯将中美合

---

① John Kerry, Remarks at the Six-Round of U.S.-China Strategic & Economic Dialogue at Diaoyutai State Guesthouse, Beijing, July 9, 2014, http://www.state.gov/secretary/remarks/2014/07/228910.htm.

② John Kerry, “Remarks on U.S.-China Relations”, Johns Hopkins School of Advanced International Studies, Washington D.C., November 4, 2014, http://www.state.gov/secretary/remarks/2014/11/233705.htm.

③ Remarks of President Obama and President Xi Jinping in Joint Press Conference, November 12, 2014, https://www.whitehouse.gov/the-press-office/2014/11/12/remarks-president-obama-and-president-xi-jinping-joint-press-conference.

作称为“美国亚太战略的中心支柱”，但也强调，即使在双方发生分歧、美国对华强硬的时候，美国也拒绝接受“中美必然发生冲突”的陈词滥调和不愿作为的说辞。这些观点本质上延续了美国政府一贯的立场，即不冲突不对抗，在双方利益一致的领域开展合作，建设性地管控分歧。但赖斯并未使用“新型大国关系”的表述。①

2015年9月25日，奥巴马同在美国进行国事访问的中国国家主席习近平在白宫玫瑰园举行联合记者会，奥巴马在讲话中重申了美国欢迎一个和平、稳定、在国际事务中扮演负责任角色的中国的崛起。他强调，美国致力于扩大中美合作，坦率、建设性地应对分歧。他在讲话中细数中美合作在诸多领域中取得的成绩，但他仍未提到“新型大国关系”。②11月30日中美元首在巴黎出席“联合国气候大会”期间举行了双边会谈。在双边会谈前召开的联合记者会上，奥巴马感谢中方在应对气候变化议题上给予美国的合作。同时，他表示，双方在南海问题和网络安全问题上进行了坦率的讨论，双方团队也找到了建设性应对这些紧张关系的途径。如同9月一样，他未正面回应中方强调的“构建中美新型大国关系”的提法。③

美国在2012年年初到2013年年底勉强接过“新型大国关系”的提法，原因是美方基本认同中方提出的“不冲突不对抗”的原则，同时也希望在应对地区热点和全球挑战中获得中国更为积极的合作。但是，随着美国对中国战略意图的认知发生变化，中美战略竞争和具体摩擦上

---

① Susuan E. Rice, “Remarks on the U.S.–China Relationship at George Washington University”, Office of the Press Secretary, The White House, September 21, 2015, http://www.whitehouse.gov/the-press-office/20150921/national-security-advisor-susan-e-rice-prepared-remarks-us-china.

② The White House, Remarks of President Obama and President Xi of People’s Republic of China at Joint Press Conference, Rose Garden, The White House, Washington D.C., September 25, 2015, https://www.whitehouse.gov/the-press-office/2015/09/25/remarks-president-obama-and-president-xi-peoples-republic-china-joint.

③ The White House, Remarks by President Obama and President Xi of China Before Bilateral Meeting, Paris France, November 30, 2015, https://www.whitehouse.gov/the-press-office/2015/11/30/remarks-president-obama-and-president-xi-china-bilateral-meeting.

升，美方的态度发生了明显变化。自2014年年初至2016年年初，美国学界、政界就对华政策发生了大辩论。在这场大辩论中，虽然也有一些理性的声音，但是主流的观点是看轻、看衰中美关系，对中美关系的未来充满忧虑。当然，认为中美必有一战的学者也属于少数派。①

二、责任分歧

中美同意致力于构建新型大国关系，但对于谁应该采取主动、谁是构建新型大国关系的主要障碍，理解不同。中方学者认为构建新型大国关系的主要障碍在美方，而美方学者则认为中方应承担更大责任。

中方学者对美国的不满主要体现在以下三个方面：第一，认为美国没有平等对待中国，对中国的主权、安全、发展等核心利益不够尊重。②美国干涉中国内政，在涉台、涉藏、涉疆、网络安全等问题上损害中国利益，破坏中国国内稳定。③中国却从来没有做过有损美国核心

① Harry Harding, "Has U.S. China Policy Failed?", *The Washington Quarterly*, Fall 2015, pp.95–122.

② David M. Lampton, "A Tipping Point in U.S.–China Relations is Upon Us", US–China Perception Monitor, May 11, 2015, http://www.uscnpm.org/2015/05/11/a-tipping-point-in-us-china-relations-is-upon-us; Kevin Ludd, "U.S.–China 21: The Future of U.S.–China Relations Under Xi Jinping, Toward a New Framework of Constructive Realism for a Common Purpose", Belfer Center for Science and International Affairs, Harvard Kennedy School, April 2015; Robert D. Blackwill and Ashley Tellis, "Revising U.S. Grand Strategy Toward China", Council on Foreign Relations, March 2015; Jeffrey Bader, "Changing China Policy: Are we in search of enemies?", John L. Thornton China Center at the Brookings Institution, June 2015; Lyle J. Goldstein, *Meeting China Halfway: How to Diffuse the Emerging US-China Rivalry*, Washington D.C.: Georgetown University Press, 2015; Henry M. Paulson, Jr., *Dealing with China: An Insider Unmasks the New Economic Superpower*, New York: Twelve, Hachette Book Group, 2015; Thomas Christensen, *The China Challenge: Shaping the Choices of a Rising Power*, New York: W. W. Norton & Company, 2015; 钱文荣：《构建中美新型大国关系必须克服的几个障碍》，《和平与发展》2013年第6期，第13页。

③ 袁征：《中美关系中的网络安全问题》，《和平与发展》2013年第4期，第14页。

利益和重大关切的事情。[1]

第二，认为中美战略互信严重缺失主要责任在美国。美国一方面在调整亚太军事部署，强化同盟体系，推进亚太反导体系，推行海空一体战，以应对未来可能出现的军事冲突；另一方面支持和纵容日本打破限制、提升行动能力，以制衡日益强大的中国并帮助美国分担全球霸权成本。这些动向都将导致西太平洋地区军事冲突风险上升。[2]

第三，认为美国推动的“亚太战略再平衡”在相当程度上剑指中国。例如，美国推行“跨太平洋伙伴关系协定”就是要同中国争夺亚太地区贸易规则的制定权，构建排斥中国的亚太贸易体系。美国总统奥巴马2016年1月12日在国会发表国情咨文中的表态似乎印证了一些中国学者的担心。奥巴马说，美国同日本、澳大利亚等12个国家成功达成TPP贸易协定意味着“中国不是那个地区贸易规则的制定者，我们才是”[3]。

奥巴马政府强化亚太军事同盟和安全伙伴关系，宣布在2020年前将美国60%的军事力量部署到亚太地区，强势介入南海争端，挑战中国主权，不仅挑战中国主张的“九段线”[4]，甚至先后派军舰闯入中国南沙渚碧礁和西沙中建岛12海里范围内，更加深了中国一些学者对美国试图“围堵”甚至“遏制”中国的担忧。

---

① 钱文荣:《构建中美新型大国关系必须克服的几个障碍》,《和平与发展》2013年第6期，第14页；崔天凯、庞含兆:《新时期中国外交全局中的中美关系——兼论中美共建新型大国关系》,《中国国际战略评论（2012）》，世界知识出版社，2012年6月，第5页。

② 中国现代国际关系研究院:《国际战略与安全形势评估》，时事出版社，2014年2月，第330页。

③ The White House, “Obama’s State of the Union Address: Remarks of President Obama, as Prepared for Delivery State of the Union Address”, January 12, 2016, https://www.whitehouse.gov/the-press-office/2016/01/12/remarks-president-barack-obama-%E2%80%93-prepared-delivery-state-union-address.

④ Daniel Russel, “Maritime Disputes in East Asia”, Testimony before the House Committee on Foreign Affairs Subordinate Committee on Asia and Pacific, Washington D.C., February 5, 2014, http://www.state.gov/p/eap/rls/rm/2014/02/221293.htm.

美国国防部长阿什顿·卡特2016年1月22日在出席瑞士达沃斯经济论坛分会时就南海问题发表看法，“美国将在南中国海国际法许可的任何地区飞越和航行。我不在乎别人怎么做，美国海军将继续以往的做法，美国空军也会随后跟进。”[①]美国太平洋舰队司令哈里·哈里斯2016年1月27日在美国战略与国际研究中心发表讲话时表示，“自由航行是美国的一个基本原则，美国在南中国海的行动不仅会继续，而且会更加复杂。”[②]1月30日，美国海军柯蒂斯·威尔伯号导弹驱逐舰驶入中国西沙群岛中建岛区域12海里，这更印证了一些中国学者对美国深度介入南海纠纷、严重挑战中国主权利益的担忧。

不少美国学者对建立中美新型大国的可行性持怀疑态度，认为它“概念不清”，或认为中方既然提出了这个命题，就应当多做实事。有些学者甚至认为，中国提出这个倡议的目的就是向美国施压，要求美国做出更多让步。

例如，布鲁金斯学会东北亚研究中心主任卜睿哲说，在这种大国关系新模式中，包含一套包罗万象的基本原则，那更符合中国的偏好，而通过在具体议题上的互动来汲取经验教训，更符合美国的愿望。[③]乔治·华盛顿大学教授沈大伟认为，中美双方不能沉溺于“漂亮、空洞的口号”，而要实实在在管理好双边关系。[④]

① Ashley Carter, “Remarks by Secretary of Defense Ash Carter in Plenary Session at the World Economic Forum in Davos, Switzerland” , January 22, 2016, http://www.defense.gov/News/News-Transcripts/Transcript-View/Article/644253/remarks-by-secretary-of-defense-ash-carter-in-plenary-session-at-the-world-econ.

② John Grady, “PACOM CO Harris: More U.S. South China Sea Freedom of Navigation Missions Are Coming” , Jan 27, 2016, http://news.usni.org/2016/01/27/pacom-co-harris-more-u-s-south-china-sea-freedom-of-navigation-missions-are-coming.

③ Richard Bush, “US-China New Pattern of Great-Power Relations” , *PacNet*, Number 40A, Pacific Forum CSIS, Honolulu, Hawaii, June 12, 2013.

④ David Shambaugh, “Prospects for a ‘New Type of Major-Power Relationship’ ” , *China Focus*, March 7, 2013, http://www.chinafocus.com/foreign-policy/prospects-for-a-new-type-of-major-power-relationship/.

美中经济与安全审查委员会外交与能源事务专家凯特琳·坎贝尔、资深军事与安全事务专家克雷格·默里认为，中美新型关系的这种“模糊”界定，有利于中国达到如下目的：一是同美方建立沟通渠道，提高管控危机的能力；二是给美国施压，要美国尊重中国的“核心利益”，即支持中国的政治体制和国家安全、中国的主权和领土完整、中国的经济和社会发展；三是要求美国停止在中国声称的专属经济区里开展情报侦查和水温勘察行动，减少对台军售，放松2000年美国《国防授权法》限制的对华军事合作领域。①

美国海军战争学院教授迈克尔·蔡斯声称，中方提出实现中美新型大国关系表明，北京要求华盛顿基本按照北京提出的条件来顺应北京的利益——很明显不是通过相互调整来实现。②詹姆斯敦基金会《中国简报》编辑彼得·马蒂斯称，如果美国接受中国有关构建新型大国关系的提议，那美国就不得不放弃对台承诺，放弃争取人权，放宽对华敏感技术出口，调整美日、美韩同盟，停止支持通过联合国海洋法来解决南海争端等。他质疑多尼隆在2013年亚洲协会讲话中接受中国提出的构建新型大国关系的做法是否值得。在他看来，多尼隆向中国承诺过多，是“失策”，像是一个“坏主意”。③

美国企业研究所亚洲部主任卜大年（Daniel Blumenthal）在《外交政策》中撰文，强烈反对美国接受“中美新型大国关系”这一概念，称“习近平提出新型大国关系从中国自身来看无可厚非，但是，如果美国接受这一概念，便是奥巴马政府的愚蠢之举”。他认为，美国无法确定中国是否会在崛起的过程中秉持和平的理念，这一概念“只是中国安抚

① Caitlin Campbell and Craig Murray, “China Seeks a ‘New Type of Major-Country Relationship’ with the United States”, U.S.-China Economic and Security Review Commission, Staff Research Backgrounder, June 25, 2013.

② Michael Chase, “China’s Search for a ‘New Type of Great Power Relationship’”, *China Brief*, Volume 12, Issue 17, September 7, 2012, http://www.jamestown.org/uploads/media/cb_09_04.pdf.

③ Peter Mattis, “Nothing New About China’s New Concept”, *The National Interest*, June 7, 2013, http://nationalinterest.org/commentary/nothing-new-about-chinas-new-concept-8559?page1.

美国的举措”。他认为中美关系是“旧式的大国关系，两国关系不需要新的概念框架”[①]。

三、侧重点分歧

在具体议题上，中美强调的侧重点不同。中方强调的领域是反“台独”、对台售武、美军抵近侦察、藏独、疆独、人权等涉及中国内政的问题和钓鱼岛、南海岛屿等周边安全问题；美方关注的是中国军力增长、朝鲜和伊朗核问题、气候变化、海上通道、知识产权、市场准入、服务贸易等领域。

习近平主席于2013年1月28日在第18届中共中央政治局一次集体学习时指出，中国要坚持走和平发展道路，但绝不能放弃正当权益，任何外国不要指望中国会拿自己的核心利益做交易，不要指望中国会吞下损害中国主权、安全、发展利益的苦果。外交部发言人秦刚也表示，中国设立国家安全委员会，就是要协调各部力量，震慑和打击恐怖分子、分裂分子、极端宗教分子以及那些威胁和破坏中国国家安全的势力。

中国军事现代化，特别是中国军费快速增长和军事力量快速提升，是美国政府和军方多年来一直关注的话题。在2012年1月，美国防部发表了《维持美国全球领导地位：21世纪美国国防优先任务》的防务战略指针报告。报告称：“从长远来看，中国崛起为地区大国将可能以不同形式影响美国的经济与安全。像中国、伊朗这样的国家将继续追求以非对称手段对抗我们的力量投送能力。”[②]2013年5月美国防部长办公室

① Daniel Blumenthal, “Old Type Great Power Relationship”, *Foreign Policy*, February 11, 2015, http://foreignpolicy.com/2015/02/11/old-type-great-power-relations.

② U. S. Department of Defense, Sustaining U.S. Global Leadership: Priorities for 21st Century Defense, January 2012, pp.4–5, http://archive.defense.gov/news/Defense_Strategic_Guidance.pdf.

发布的《2013年中国军力与安全发展态势》报告指出，“中国在不断增强的军事能力和战略决策方面缺乏透明，这也引起了周边地区对中国意图的担忧。在缺乏更大透明度的情况下，随着中国人民解放军现代化步伐的推进，这些担忧很可能会增强。”①

2014年3月4日美国防部发表的2014版《四年防务评估报告》认为，“亚太地区越来越成为全球商业、政治和安全事务的中心。该地区的国防支出也在继续上升。随着地区各国不断发展军事和安全能力，由长期存在的领土争端和对自然资源的声索引起的风险将增加，最终导致破坏性的竞争或者发生冲突，改变地区和平、稳定、繁荣的发展趋势。特别需要指出的是，中国的军事现代化全面快速发展，同时关于中国的军事能力和意图，中国领导人却缺乏相对的透明和公开。”②

在朝鲜半岛的和平与安全问题上，中方在反对朝鲜拥核的同时，也希望看到朝鲜国内政局保持稳定，而美国关注的首先是核武器和导弹武器问题，其次是朝鲜对韩国的“挑衅”问题，第三是朝鲜内部政治突变引发动乱。一些美国人在等待朝鲜“内爆”，认为只有朝鲜“改换政权”，才能最终解决朝核问题。特别是在2016年1月6日朝鲜宣布“成功进行氢弹试验”后，美国对华压力增大。国务卿克里于1月27日访问北京，希望中方加大对朝制裁力度。③美国把中方对朝政策是否调整视为构建新型大国关系的“试金石”之一。

① Office of the Secretary of Defense, *Annual Report to Congress: Military and Security Developments Involving the People's Republic of China 2013*, p.16.

② U.S. Department of Defense, *Quadrennial Defense Review 2014*, March 4, 2014, p.26.

③ John Kerry, “Press Availability With Chinese Foreign Minister Wang Yi”, Beijing, China, January 27, 2016, http://www.state.gov/secretary/remarks/2016/01/251708.htm.

四、在“相互尊重”问题上的分歧

构建中美新型大国关系，两国间最大的分歧集中在“相互尊重”这个问题上。国家主席习近平在习奥“庄园会晤”时强调，相互尊重就是要尊重各自选择的社会制度和发展道路，尊重彼此的核心利益和重大关切，求同存异，包容互鉴，共同进步。对于中方这个提议，美未予正面回应，这反映出两国在文化传统、价值观念和利益取向方面的巨大差异。

在中方的政治话语体系中，相互尊重是国际关系的基本准则，是和平共处五项原则的首要内容；国家间只有相互尊重，互不干涉内政，平等相待，才能和平共处。

时任国务委员戴秉国2010年12月在《坚持走和平发展道路》一文中更明确指出，中国的核心利益有三层含义：一是国体、政体和政治稳定，即共产党的领导、社会主义制度、中国特色社会主义道路；二是中国的主权安全、领土完整、国家统一；三是中国经济社会可持续发展的基本保障。戴秉国强调，这些利益是不容侵犯和破坏的。

2011年，中国发表的和平发展白皮书也把“中国宪法确立的国家政治制度和社会大局稳定”纳入坚定维护的国家核心利益范畴之中。从这个意义上看，中方在对美关系中一贯强调的“相互尊重”原则，首先是要求美方尊重中国的国体和政体，即共产党在国内的领导地位及政治秩序。中美关系中涉及中国核心利益的主要敏感问题，包括台湾、涉藏、涉疆、人权等，都可以联系到“国体和政体”上去。中国对国际问题的看法和政策，也主要是从维护国内政治的长治久安出发的，对美政策尤其如此。

在美方看来，尽管国家之间应该相互尊重，但是“相互尊重”这类表述并不是传统国际法和西方政治和国家关系中常用的规范性概念。同时，由于美国在自身的国体、政体、政治稳定、国家统一、领土完整等问题上，都没有感受到中国的威胁，所以在这些方面的“相互尊重”对美国意义不大。如果接受中方“相互尊重”的表述，美国强调的“人权高于主权”、“人道主义干涉”等就丧失了“道德高度”，而让中国单方受益。因此，美方出于各种原因，包括对中方重大关切的不理解、美国国内政治的牵制、意识形态的偏见等，从未明确说明对中国政治制度、国内秩序、发展道路的尊重。

反观美国对“新型大国关系”的界定和期待，都关系到它的全球“领导地位”和它所极力维护的现存国际政治经济秩序。在谈到构建新型大国关系的时候，美国总是表示，希望中方一是在朝核、伊朗核、反恐等美国视为重大利益的国际安全问题上同美方合作，二是在金融稳定（其中关键是美元的霸权地位）、气候变化等全球治理问题上照顾美方的关切。

美国人担心的主要问题是中国以其正在形成的巨大实力和世界影响，挑战美国地位及其倡导的国际秩序。美国把主要关切聚焦到“崛起大国同守成大国避免对抗”（即避免陷入“修昔底德陷阱”）的议题上，原因盖出于此。

中国对国际政治经济秩序的看法，从20世纪90年代的“建立新秩序”，逐渐过渡到当前的“积极推动国际政治经济秩序朝着更加公正合理的方向发展”，是一个重大的变化，显示出中国对融入国际社会的决心和信心。事实上，中方已经反复向美方说明了对美国世界地位和现存国际秩序的看法，并通过实际行动建设性地参与了全球治理与新形势下国际规则的制订。但是，中国从未明确阐述同美国在国际秩序方面的共同点和分歧是什么，也不会明确说明“一个繁荣而强大的美国符合中国的利益”。

五、中美认知差距的背景原因

第一，中国主张多极化，美国欲继续“领导世界”。

中美对于构建新型大国关系的认知差异首先源于对世界格局发展趋势的不同判断。中国政府认为，世界多极化是国际格局的发展趋势。当今世界，随着经济全球化深入发展，新兴市场国家和发展中国家整体实力增强，国际力量对比朝着有利于维护世界和平的方向发展。①

中方学者也将世界分成西方与新兴市场两大“集群”，认为目前两大力量的发展进入相持阶段，双方竞合博弈呈“集群化”、“高端化”趋势，博弈格局逐渐成形，即西方同“规则联盟”联手应对新兴大国崛起。虽然西方国家经济企稳回升，新兴经济体和发展中国家赶超放缓，但“东升西降”趋势并未扭转。②

美国官方极少使用“多极化”的概念，它强调美国的领导地位。美方亦不承认多极化有利于世界和平与稳定。许多美国学者声称，正是因为近代欧洲列强称雄时期和两次世界大战前的“多极化”，才使战争频发，国际秩序混乱。美国历届政府都强调美国国力并未衰落，21世纪的美国仍然是世界第一强国。

更重要的是，从美国军方的角度来看，冷战后美国国家安全战略的中心任务就是阻止世界任何地区出现足以挑战美国实力的国家。1992年《纽约时报》披露的由时任国防部副部长保罗·沃尔福威茨（Paul

---

① 胡锦涛:《坚定不移沿着中国特色社会主义道路前进，为全面建设小康社会而奋斗》，《十八大报告（辅导读本）》，人民出版社，2012年11月，第47页。

② 中国现代国际关系研究院:《国际战略与安全形势评估》，时事出版社，2014年2月，第6页。

Wolfwitz）主持起草的《防务计划指南》对此有明确阐述。[①]无独有偶，2016年1月19日，战略与国家研究中心发布了美国国防部委托撰写的研究报告《亚太再平衡2025：能力、存在感、合作伙伴》，也明确阐述了这一点。报告指出，有史以来，美国在亚太地区有三大核心利益，一是保护美国人民和美国盟友的安全，二是扩大经贸机会，三是支持普世民主价值观念。为保障这些利益，美国领导人的首要任务是阻止在亚洲出现任何会威胁美国在太平洋地区利益的敌意霸权国的崛起。这个地缘战略目标指导着20世纪上半叶日本崛起时美国的对日政策和冷战期间苏联崛起时美国的对苏政策。中国的"胁迫性"行为，特别是在海上争议地区的活动，再次促使美国考虑是否需要担心亚洲出现的"敌意霸权国"。但是，报告也坦承，华盛顿在冷战期间采取的"遏制政策"对当今的中国"既不可行，也不恰当"。由于中国既有增强地区和国际秩序的潜力，也有损害这种秩序的潜力，所以，对待中国的崛起，华盛顿需要综合运用"接触、威慑和安抚"[②]（engagement, deterrence, and reassurance）。

第二，中美对于新兴大国（特别是"金砖五国"）崛起的看法不同。中方主流学者认为，当今新兴大国"群体崛起"，西方力量则相对下降。这个判断中的潜台词是"新兴国家"是一支可以凝聚实力并同西方抗衡的力量，有意无意地将当今世界分为发达国家和发展中国家、西方世界和新兴大国两大块。

美国官方承认，出于共同的利益诉求，新兴国家之间在诸多议题上开展合作实属必然。但新兴大国的崛起并不一定意味着国际格局发生重

---

① Patrick E. Tyler, "US Strategy Plan Calls for Insuring No Rivals Develop", *The New York Times*, March 8, 1992, http://www.nytimes.com/1992/03/08/world/us-strategy-plan-calls-for-insuring-no-rivals-develop.html?pagewanted=all.

② Michael Green, et al, "Asia-Pacific Rebalance 2025: Capabilities, Presence, and Partners, An Independent Review of U.S. Defense Strategy in Asia pacific", Center for Strategic & International Studies, January 2016, http://csis.org/files/publication/160119_Green_AsiaPacificRebalance2025_Web_0.pdf.

大甚至质的变化。“金砖五国”不是一个具有凝聚力的整体，各成员国之间政治制度、社会文化、经济发展水平差异较大，经济层面的竞争比较突出，各国之间联系是松散的，甚至呈分散化。此外，印度、巴西和南非都采用了西方民主制，俄罗斯也处在政治转型中，因此“金砖国家”的崛起未必是对中国有利、对美国不利的。①

美国看待当今国际格局的视角也是“两分法”，但它的“两分法”是“民主”国家与“非民主”国家的区别。世界民主化虽然出现挫折，某些国家甚至倒退，但总趋势并未逆转。美国主流舆论认为，俄罗斯虽然受到西方的诟病，但在表层的价值观念上同西方接近。俄罗斯对中国的快速发展也有戒心。美国对俄罗斯的政治经济发展前景并不看好，同中国对俄罗斯重新崛起的期待迥然不同。

第三，美国一些专家学者在新一轮对华政策辩论中对中共十八大以来的内外政策发表了更多的负面看法，这些看法主要体现在政治改革、经济改革、外交政策和军力发展方面。美国知名中国问题专家何汉理在梳理了近两年来美国学界对华政策辩论后得出的结论是：从2014年年初以来，对中美关系发展持悲观态度的看法比前几年增加了。主张对华强硬的立场受到更多的关注，主张顺应中国的立场在学界、企业界和政策圈的影响力在下降。现在很少有人在谈论同中国发展“建设性的战略关系”，主张接受中方提出的“构建中美新型大国关系”的人更少了，认为中美关系本质上是一对合作关系的人也更少了。相反，更多的人担心，中美关系本质上会变成竞争关系，甚至会滑向对抗。当然，这并不是说中美关系就没有希望了。在学界，也有一些理性、平和的主张。他们认为：两国可以通过培育合作领域，阻止双边关系下滑；也可以通过制定共同认可的规则，限制恶性竞争；考虑到权力威慑和双方的理性，

---

① Susan E. Rice, “America’s Future in Asia”, Remarks as prepared for delivery by National Security Advisor Susan E. Rice, Office of the Press Secretary, The White House, November 21, 2013; Robert G. Sutter, et al, *Balancing Acts: The U.S. Rebalance and Asia-Pacific Stability*, Elliot School of International Affairs, The George Washington University, August 2013, p.8.

中美战争是可以阻止的。[①]

何汉理认为，美国学界、企业界和政策圈之所以对中美关系的未来越来越悲观，主要是因为他们对中国在四大领域中奉行的政策表示“失望”。

一是对中国国内政治的演变感到“失望”。美国希望中国随着经济不断发展，政治自由化能够跟进。但他们看到的是中国政府对新闻媒体、社交媒体、大学和非政府组织的管控在加强。

二是对中国的经济改革感到“失望”，主要体现在国企改革、金融改革、外企待遇、知识产权保护等领域。他们提到，中小企业融资困难增加，政府干预股市，外企（包括美国企业）发展机会受限，知识产权未得到保护，投资环境在恶化等。

三是对中国的外交政策感到“失望”。他们认为，中国不仅未成为美国期待的“负责任的利益攸关方”，反而挑战美国主导的当今地区和国际秩序。中国倡议和支持建立的“亚投行”、“金砖银行”、“区域全面经济伙伴关系”和倡议“一带一路”都是从金融、贸易和战略上挑战美国主导的国际秩序。

四是认为中国军力（特别是海军）的发展对美国在西太平洋地区的安全伙伴和盟友甚至美国自身构成了安全威胁。中国划设东海防空识别区、扩大南沙岛礁建设都表明，中国的外交更加“进取”。这种“进取”姿态意味着中国外交政策正在发生大的转变。之所以会发生这种转变，是因为中方认为，在全球金融危机和美国撤出阿富汗和伊拉克以后，中美之间的国际均势正在朝着有利于中国的方面倾斜。

不过，何汉理也注意到在这场辩论中美国学界对中国的一些积极评价，主要体现在三个方面：一是肯定中国在气候变化、减排承诺、朝核问题、伊核问题、双边投资协定、中美人员往来和人文交流等方面的努力，认为悲观论者过分强调中美关系中的分歧（如南海问题），却对中

① Harry Harding, “Has U.S. China Policy Failed?” , *The Washington Quarterly*, Fall 2015, p.119.

美合作应对气候变化、反恐等成就视而不见；二是认为中国的国际行为是一种“反应”，而不是“主动示强”。中国在东海、南海问题上的行动是“别国挑衅”在先，中国倡议建立“亚投行”是回应当今国际秩序中的缺口，是对别国在国际金融机构中限制中国角色做出的回应。中国发展军力威慑“台独”甚至美国的介入（特别是在当前主张“台独”的民进党有望在2016年大选中获胜的背景下），都是可以理解的。总体而言，何汉理强调中美之间的猜忌在持续增加。①

事实上，美国学界对中美关系发展做出理性评价的主张在一定程度上回应了唱衰中美关系的学者提出的所谓四点“理由”。本文认为，这些对中国感到“失望”的“理由”本质上反映出中美在“相互尊重”这个问题上的认知差异。在美国看来，输出代议制政治制度、推广私有制为主导的市场化经济模式是天经地义的事情，因为这符合美国的政治传统，也秉承美国的发展经验。在美国看来，中国推行“积极进取”的外交政策不仅挑战了美国在亚太的同盟体系，也挑战了美国主导的全球经济秩序。这是美国所不能容忍的。

但是，在中国看来，美国期待中国推进的“政治自由化”有损于中国的国内政治安全；美国挑战中国国有企业在国民经济中的主导地位不利于中国的经济发展；美国对中国维护南沙主权的行为横加干涉挑战了中国主权；美国对中国发展军事能力说三道四，挑战了中国的国家安全。在中国看来，这些问题事关中国的主权、发展、安全，涉及核心利益。虽然核心利益的具体内容也会有层次之分，但是，在中方看来，坚持中国共产党领导的政治制度、走具有中国特色的发展道路、维护国家安全和领土完整等基本要素是不容挑战的。

① Harry Harding, “Has U.S. China Policy Failed?”, *The Washington Quarterly*, Fall 2015, pp.97–101.

六、政策建议

就如何应对中美关于构建新型大国关系的认知差异，我们提出以下几条思路：

第一，在中美高层会晤时，中方将“相互尊重”的含义说透，即只有美国尊重并从主观上不挑战中国的基本政治制度和国内秩序，才能说服中国尊重美国在世界上的地位，两国才能携起手来，共同建设和改革国际政治经济秩序。这种意义上的“相互尊重”，是构建中美新型大国关系的核心目标。即使美方出于国内政治和意识形态考虑，不愿公开宣称它尊重中国的政治制度和秩序，也应力图达成两国高层在这个问题上的默契，让对方放心。这将有利于缓解对彼此战略意图的误判。

需要跟美国领导人清楚阐明的是：当今中国的基本制度和发展道路对美国有益。自改革开放以来，中国坚持共产党的领导，保持了政策的稳定性和连续性，对国际安全、全球经济发展和全球治理，都起到了重大的推动作用，美国从中受益无穷。奥巴马说，“中国的成功符合美国的利益”不应是简单的客套话。要让更多的美国人认识到，中国的经济成就和社会进步，在相当程度上得益于中国共产党的领导，而且中国改革开放的方向也是符合美国利益的。

同时，我们也应当清楚，改革开放以来中国取得的伟大成就，也在一定程度上得益于当今国际政治经济秩序及其保障之下的相对稳定和平的国际环境。正因为如此，中国从20世纪80年代和90年代提出“建立国际政治经济新秩序”，逐渐转变为今天提倡“推动国际政治经济秩序向更加公正合理的方向发展”。

第二，建议通过多种渠道，同美国知名智库就中美拓展合作、管控分歧的具体议题开展合作研究。目前，中美智库对于发展中美新型大国关系的研究，已经取得了多项成果。鉴于美方若干机构对于“新型大国关系”的提法和概念存有顾虑和戒心，我方不必刻意坚持要美方同意这一提法，而是在合作议题中反映共识，化解分歧，缓解对方疑虑。当前，美国学界对中美关系未来发展的悲观情绪上升，美方对中国的戒心增加。在这种情况下，更需要两国智库开展合作研究，避免中美之间的分歧影响双边关系稳定的大局。

更为迫切的是，中方智库应该对近两年来美国学界对华政策大辩论中提出的一些影响中美关系稳定的重大议题做出积极、有效的回应，尽力减少美国大选对中美关系的冲击。例如，一些美国学者对于中国官方在2014年5月亚信会议召开期间提出的“亚洲新安全观”表达了疑虑，担心中国放弃了“欢迎美国在亚太地区发挥建设性作用”的提法，甚至认为这对“美国在亚洲的主导地位构成了根本的挑战”，是所谓亚洲版的“门罗宣言”。一些美国学者对于中国提升“香山论坛”的级别表示担心，认为这是中国在“香格里拉对话”之外另立亚洲安全对话的炉灶。[①]美国对于中国提出的亚太自贸区、“金砖银行”、“亚投行”、“一带一路”等经贸和金融倡议表示担心，认为这是中国在挑战美国主导的世界经济秩序。对此，中国学界需要提出令人信服的解释，化解相关的疑虑。

美方对于构建新型大国关系的期待主要集中在地区和全球议题上，特别是气候变化、核不扩散、能源安全、非传统安全等议题。中美在气候变化、伊朗核问题、全球公共卫生（如抗击埃博拉病毒）等方面都有很好的合作。但两国智库在这方面的合作研究似乎远远不够。在一些更加敏感的问题上，如南海问题、朝核问题、中东反恐、网络安全等，中美之间的系统合作研究就更少了。

当前，美国府院、社会及两党候选人在医改、移民、就业、贫富分

① 中国国际问题研究院：《国际形势和中国外交蓝皮书（2015）》，世界知识出版社，2015年3月，第17页。

化、能源政策等国内诸多问题上存在严重分歧，在对待跨太平洋伙伴关系协定这个重大外交议题上也众说纷纭，莫衷一是。但是，在对华示强这个问题上，学界、企业界、国会，甚至有意角逐2016年总统大选的两党政治人物，似乎表现出了惊人的一致。这对中美关系健康稳定发展显然不利。

在中国学界，任何忽视当今美国国内对华负面认知、仅仅寄希望于新任总统务实发展对华关系的判断，都可能导致误判，以至贻误对美工作的时机。如何讲好“中美合作不仅有利于两国人民，也有利于世界和平”这个故事，是摆在当今中国学界，特别是中国智库面前的一个挑战。要确保中美关系不出现“漂流”，中国智库就需要深入美国社会，利用“二轨”对话、学术会议、报纸杂志、电子传媒，向美国学界和公众传达中国和平崛起、中美拓宽合作领域、开展良性竞争、妥善处理分歧等积极信息。

第三，增强中美亚太良性互动，妥善管控分歧，构建更加包容的亚太安全架构。亚太地区是中国安身立命之地，台海、东海、南海都事关中国国家主权和安全。朝鲜半岛、中南半岛甚至印度半岛的稳定与繁荣，对于中国推动“一带一路”倡议的成功至关重要。同样，作为一个太平洋国家，美国在亚太也有至关重要的利益。美国通过单边军事同盟和安全伙伴关系、跨太平洋伙伴关系协定（TPP）和价值观外交等，深深地卷入亚太事务。因此，促进中美在亚太的良性互动，不仅有利于维护亚太地区的稳定，也符合中美两国的根本利益。

从中方的角度来看，构建亚太安全架构，首先要处理好同美国现有安全同盟之间的关系，特别是处理好同美日同盟的关系。美国将美日同盟界定为亚太政策的基石，越来越希望日本能够在亚太安全甚至更大范围内发挥更加积极的角色。日本也希望借此突破《和平宪法》的限制，发挥同其经济影响力相适应的政治和军事影响力。在中美战略互疑增加、中日战略竞争加剧的背景下，中美、中日军备竞赛有日趋严重的趋势。如何遏制双方之间的恶性竞争，就成为构建亚太安全架构必须考虑的优先议题。

其次，需要处理好同美国主导的跨太平洋伙伴关系协定之间的关系。目前，这个协定已经达成了阶段性协议。这是美国在为亚太乃至新一轮世界贸易发展订立新规的战略举措。它虽然是一个贸易协定，但是，由于它在谈判之初就有意将中国排除在外，其政治意图和战略意图不言而喻。美日对中国倡导建立的亚投行至今仍怀有戒心，认为这是中国挑战美国金融霸权的开始。很显然，美日对中国的怀疑是缺乏根据的。中国倡导亚投行是应亚洲基础设施建设亟待加强的需求。它秉持开放、包容的原则，是一个新的国际金融融资平台，其运作方式也同世界银行和亚开行接近，是当今国际金融体系的有益补充。

第四，中美合作加强现存国际政治、经济、安全秩序，共同应对国际“失序”的现象。从世界范围来看，当今国际秩序处在威斯特伐利亚体系建立以来相对稳定的一个历史阶段，其中的大国力量平衡、国际规则的合法性、国际规范的普遍性在可预见的未来都不会出现颠覆性的变化。中国认同以《联合国宪章》为核心的国际政治秩序，认同以贸易自由、投资自由为核心的国际经济秩序，也认同维护世界和平的安全目标。中国外交部部长王毅在2015年6月发表讲话时强调，“中国始终是国际秩序的维护者而非挑战者，是国际秩序的建设者而非破坏者，是国际秩序的贡献者而非‘搭便车者’”①。

由于当前全球经济发展迟缓，全球化进程遭遇挫折，贫富悬殊加大，生态环境恶化，各大国内部和各地区普遍存在民族主义和民粹主义上升的压力，出现了形形色色的宗教认同和族群认同所引发的社会躁动和政治动荡。煽动民族主义甚至仇外情绪，诿过于外，成为一些国家中某些利益集团的国内政治工具。所谓“地缘政治回归”，在很大程度上是某些国家内部矛盾的外向转移和外向投射。中东一些地区持续的动荡

① 《王毅：中国是国际秩序的建设性力量》，中国网，2015年3月8日，http://news.china.com.cn/2015lianghui/2015-03/08/content_34988939.htm，2015年12月11日访问。

冲突，“伊斯兰国”崛起之血腥和暴力，乌克兰走向分裂和混乱，某些非洲国家继续深陷贫穷困顿的泥潭，种种乱象和惨剧的消除，都需要大国的协调与合作。

事实上，中美在应对地区和全球挑战方面也开展了有效的合作。中美在应对朝核问题、伊核问题、阿富汗问题、气候变化、环境保护、全球卫生、打击恐怖主义等传统安全、非传统安全和“高边疆”公域上的协调与合作有目共睹。诚然，中美合作不可能解决所有的问题，但是，面对当今世界的重大挑战，没有中美合作，这些问题的解决可能会更加困难。由此可见，尽管中美对国际秩序的合法性观念差异很大，又不可避免地进行着实力地位的较量和竞争，但是，中美两国依然同为现存秩序的受益者、维护者、建设者、贡献者，两国的发展道路和方向并非完全相反，可以做到并行不悖，即基辛格在《论中国》一书中所谈到的中美两国“共同进化”（co-evolution），“这意味着两国都注重国内必须做的事情，在可能合作的领域，调整关系，减少冲突。”①

结　语

构建不冲突、不对抗、相互尊重、合作共赢的中美新型大国关系应该是中国对美长期战略，是中国和平发展、创造有利的国际战略环境必不可少的一环。一个健康稳定的中美关系对于实现中国的“两个百年”目标无疑是有利的；一个充满波折、甚至动荡的中美关系对中国发展的负面影响是不言而喻的。在中美交往过程中当然要坚定地维护国家主权和安全，对于涉及国家核心利益的问题态度要坚决，但策略上要灵活，在斗争时把握有理、有利、有节的原则。但是，对于大肆鼓吹“中美博

① Henry Kissinger, *On China*, New York: Penguin Press, 2011, p.526.

弈”、甚至动辄就喊着“亮剑”的观点，需要保持清醒的头脑。正如美国战略家理查德·哈斯（Richard Haass）警示美国领导人“外交政策始于国内”那样，对于中国来说，构建中美新型大国关系的根本还是要把中国国内的事情办好。只有我们自己政治清明，经济繁荣，社会公正，人民满意，才能更多地赢得美国和外部世界的尊重。

可以预见，在奥巴马剩余几个月的任期里，双方领导人会努力避免冲突，加强合作，理性处理分歧。在当前美国学界、企业界和政策圈对中美关系未来发展负面看法上升的背景下，特别应该发挥两国高层的领导力，妥善处理中美关系中的敏感问题，建设性地处理双方之间的分歧，不能因为一时一事影响中美关系稳定发展的大局。

中美关系的此刻和彼刻

苏格*

一、新型大国关系：始于足下

俯瞰全球，中美关系一直是最重要、最复杂的双边关系之一。习近平主席对美国进行国事访问，时机重要，意义重大。就国际格局而言，世界多极化、全球化不断深入发展。中国自身面临两个“前所未有”——中国前所未有地接近世界政治经济的中心，中华民族前所未有地接近自己民族伟大复兴的目标。中美关系进入新的转型期。

在这样的大背景下，习近平首次对美国事访问任重道远。行前一段时期，大洋彼岸对中美关系的前景预测出现杂音，有人甚至断言，中美关系已到“临界点”，内部研判此行并非坦途；行后，或许从历史的长河中审视，习近平主席的首次对美国事访问，在我看来，意义不亚于1979年邓小平在中美建交后的访美。

如何在国际舞台上“应对”美国？如何理解有时对方“长拳”对我，我以“太极”应其？因为一切必须从中国的最大国家利益出发，从人民

* 苏格，中国国际问题研究院院长。

的根本福祉出发。国家领导人手中的舵盘，分量着实不轻。

二、回望中美关系正常化的“彼刻”

深刻理解今天的中美关系，有必要知晓当初两国关系正常化的前提。

1949年新中国成立，刚好处于国际格局中冷战的夹缝当中。随着1947年杜鲁门主义、马歇尔计划相继出台，在美国战略家看来，世界已分为两大阵营：以苏联领导的社会主义阵营和以美国为首的自由世界的资本主义阵营。新中国诞生后，杜鲁门和美国国家安全委员会研判后做出决定：如果中国共产党用武力接管台湾，美方则不通过军事手段，而是通过外交和经济手段加以阻止。解密档案中清晰地表明了美国无意卷入中国内部的冲突。

然而一场热战导致未建交的两国成了不共戴天的“死敌”。1950年6月25日朝鲜战争爆发后，美国改变战略，决定派出第七舰队进入台湾海峡以防止朝鲜战争蔓延。台湾问题的解决时间因此被无限期拖延，如我领导人所言，“中美关系上空有了一块抹之不去的乌云”。中国当时在国际上并没有太多话语权，联合国在美国操纵下通过的决议把中华人民共和国和朝鲜民主主义人民共和国界定为打上引号的“侵略者”，直到1971年中国恢复联合国合法席位后，我们才更正了这颠倒的历史。

三、中苏破裂：兄弟间不用一把牙刷

宿敌何时走到一起？“分久必合，合久必分”。用历史唯物主义的观点看待问题，中国的每一个外交步骤都是符合当时中国最大的国家利益。正如历史的长河当中有很多里程碑，虽然年代久远，但毕竟是闪着历史的光辉。

新中国成立之初在苏联的帮助下，中国工业起步，经济逐步站稳脚跟。此后，赫鲁晓夫力图以共产主义大家庭的名义建立联合舰队，毛泽东从独立自主的立场出发果断拒绝。苏联有个谚语："兄弟之间不用一把牙刷"。中苏关系急转直下，两党分歧愈演愈烈，珍宝岛之战后，苏联一度在两国边境陈兵百万。

周恩来约请陈毅、叶剑英、徐向前、聂荣臻等四位老帅研究国际形势。陈毅元帅率先表态——美帝的压力没有苏修那么大，战争威胁更多的或许来自苏修。如果发生战争，老帅们向主席献策——古今中外都有例可寻，外有苏联斯大林和希特勒签订过互不侵犯条约；古有《三国演义》中"东联孙吴，北拒曹操"。当时就是这样来考虑国家利益的。

四、毛泽东与尼克松超长握手的寓意

周恩来向毛主席汇报后，这位战略大师汲取了来自群众和老帅的意见，形成了"一条线、一大片"的外交战略，以"共同对付那个来自北方的危险"。

1972年尼克松访华，毛泽东和尼克松握手言和，握手时间史无前例长达一分多钟，相互进行战略交底。首次会晤，两位战略家谈些什么呢？根据档案纪录，多年宿敌首次相会，竟然谈笑风生，甚至说基辛格外交工作保密好，是因为去巴黎时带着女朋友做掩护的缘故。联手抗苏的战略共识构成了中美关系正常化的基础。深入分析来看，此正常化中包含着不正常——因为第三者的压力走到了一起。但陈毅元帅评价：这一步棋，中国外交全局都活了。

五、“9·11”后中美高层致电赢得战略十年

东欧剧变，苏联解体。邓小平同志提出“韬光养晦”战略，在这个时期实际上有着不可磨灭的历史光辉。中国抓住建设“一个中心”不放松，以此站稳脚跟，度过风波和考验。

炸馆和撞机两个事件之后，中美关系情况堪忧。2001年“9·11”事件爆发，江泽民主席立即和美国总统布什通电话，作为第二位表示慰问的国家元首，中国领导人在电话中表示，我们反对一切形式的恐怖主义，愿意和美国合作。而小布什总统刚刚上台，他手里握着美国国家战略瞄准器，正在盘算是否要把中国“罩在其中”，并且将其当作最大的敌人。这个电话改变了他的想法，美国反恐的战略需要促使美国决定同中国共建“建设性合作伙伴”关系。

21世纪开始的十年，美国忙于伊拉克、阿富汗两场战争。而中国坚持“一个中心”不动摇，综合实力突飞猛进，成为世界上第二大经济体，学术界称之为“坐二望一”。西方有人按国际购买力平价（PPP）计算，中国已经超过美国。新世纪的十年内，中美两国逐渐发展为“利益攸关”的双方，稳步合作。

六、“习奥会”下的“此刻”中美

当下国际格局不断发生复杂深刻的变化，一个是全球化，一个是多极化，中美两国的实力对比也在发生变化，因此习主席访美有着重大的国内和国际背景。一方面，国际格局发生了沧海桑田的变化：“9·11”

事件之后，美国深陷两场战争，2008年出现了华尔街的金融泡沫，引起全球金融危机，美国内外实力都受到了重创，国际格局出现了新的转折点和分水岭；另一方面，世界新兴经济体逐渐兴起，实力增强。在世界新兴经济体当中，中国是最为耀眼的明星。

七、美国调整安全战略：从反恐到返亚太

“木秀于林，风必摧之”。美国的国徽上是一尊白头鹰，两只利爪，一手握着战争利箭，另一手握着和平橄榄。美国的国家安全战略态势就像国徽一样“两手抓”：一手软，一手硬。由于国际格局的种种变化，美国国家安全战略有了相应重大的调整，从反恐调整为重返亚太，目标针对以中国为首的新兴崛起大国。

但“针对”和当时“遏制苏联”不一样。“针对”是“对着你”，“遏制”是“把你圈起来”，限制交往。而当下中美双边贸易达到了5551亿美元，双边投资量达到1200亿美元，人员每年有500万的往来。因此美国的战略即一边接触，一边施压，以压促变，让你变成听话的孩子。同时美国加紧推进跨太平洋伙伴体系“TPP”和大西洋投资伙伴关系“TTIP”，企图取代世界贸易组织的贸易规则，限制中国国际经济的空间。这给中美关系带来了很多不确定因素。

另外，一些原本不属于中美关系的第三方因素的影响上升，也使两国决策环境出现了非常复杂的情况，甚至绑架了美国的对华政策，比如中国南海、东海问题。原本表示“不选边站队”的美国开始偏袒所谓的盟国，在战略上防范崛起的大国。这种时而在幕后、时而在台前的行动，给中美关系平添了负面影响。

八、大洋彼岸发出“临界点”的焦虑

2016年以来，美国大选临近，美国国内学界展开对华政策大辩论，西方媒体充斥着对美中关系的忧虑，充满着“濒危”、“临界点”甚至种种假设性的讨论。例如，假如打起来，何处开打，打到哪里，美国如何应对等。有人断言中美关系可能会重蹈“修昔底德陷阱”。“修昔底德陷阱”是一种观点，指世界上的守成大国和崛起大国之间冲突难免，必有一战。在这种情况下，中美关系如果破裂会怎样？如何把中美关系保持在稳定发展向前的一个大方向、大格局里面成了中央领导同志最为关心的一个议题。

九、习奥会：白宫散步是“战略交底”

在这样的背景下习主席访美，我看有四个效果：第一增信释疑，第二聚焦合作，第三面向人民，第四开创未来。

如何解读少了“不冲突、不对抗”六字呢？

2012年，习主席担任国家副主席时，曾与美国总统奥巴马协商，希望建立一个新型的大国关系：不冲突，不对抗，相互尊重，互利共赢。此后，大家看到新闻报道，在安纳伯格庄园、瀛台夜话，美方都有所回应。此次，习近平访美达成的49项成果清单中，第一项即双方再次确认我们要共同推进“新型大国关系”这个目标。正式文本的表述比以前少了六个字“不冲突、不对抗”。这六个字的减少，恰恰不是说中美关系出现了倒退，而是说明中美关系往上迈了一个台阶：我们要共同推进基于相互尊重、合作共赢的中美新型大国关系。

习主席的这次访美，美国各界都表示了高度的热情，访美的首站为西雅图，通过深层务实的多元外交，夯实中美关系的经济基础，合作涵盖方方面面。比如：波音公司和中国有390亿订单，让中方公司承包787型飞机重要组件，整体打包有质的提升，对中国民航必然有很大促进；习主席去微软总部参观，又去比尔·盖茨家出席晚宴；美国投资在华生产波音737；中国公司也要在美投资建厂并为波士顿生产地铁车厢；在西部要共同修建铁路甚至高铁；中美AP-1000核电站项目中，第三机组要上一个台阶，等等。就某种意义而言，中美双向投资发生了新的战略性积极变化。

十、改变中美关系中某些负面因素

在中美关系中，我们不是挑战已有的国际秩序，另起炉灶，而是改变其中不合理的成分。

在南海问题上，习主席坚定捍卫了国家的利益。中美双方同意支持维护南海和平稳定，支持直接当事国通过谈判协商和平解决争议。美国说我们要确保航行飞越自由，中方在前面又加了“依据国际法”这个定语予以限定。最后双边既坚持立场，同时又展现灵活性，同意双方现场用英语直接交流，制定了相应的空中和海上交通规则，以切实管控分歧。

关于网络安全问题，中美作为两个网络大国，同意加强对话和合作，因为对抗摩擦不是正确选项。中美两国主管部门就共同打击网络犯罪达成重要共识。

在军事交流方面，中美双方进行的是争取把短板增高一点。美方邀请我们参加海上演习。双方成不了盟友，可以成伙伴，起码可以建立规则，防止擦枪走火。

经过21响礼炮、检阅三军仪仗队和会见记者，世界的目光都聚焦于中国元首的访美行程。会谈重点是加强战略沟通，进一步推进中美信息大国建设，就重大的国际问题交换意见。两国元首并肩行走漫谈，足以给世界留下无限遐想的空间。江主席访美，被视为“中美元首一次亲密的接触”。因此，我更看重小范围接触。

本次的白宫散步，两国领导人不打领带，在步入国宾馆的路上，可以交心，也可以交友，当然更多是交流。这样的氛围容易促成战略交底：可以谈作为女儿的父亲的体会，可以交流元首各自的治国理政经验，也可能会涉及某些敏感核心问题的表态。

此次习近平访美，美方也做了精心安排。两国元首的聚餐中出现了绍兴黄酒，因为美方知道习主席曾经在浙江工作，这些温馨的亮点会让中国领导人感觉宾至如归。当然以前奥巴马和夫人访华同样受到款待，因此这也是美方的礼尚往来，但更因为在中国领导人后面，有一个伟大的正在崛起的中国，有13亿中国人民的强力支持。奥巴马的地主之谊也代表了美国人民对中国人民的友情。

面对中美关系，我们也追求公平公正，太平洋合作中的包容性协作必不可缺。如果美国欢迎一个强大、繁荣和稳定的中国，那么，中国也尊重美国在亚太地区的传统影响和现实利益。

而从中国的整个国家利益来看，得其大者可兼其小。在中美关系发展的进程当中，我们要增强战略互信，我们同时也切实地管控分歧。中美关系利益远远大于分歧，中美关系不应该是零和游戏。双方要增信释疑，夯实中美关系的经济基础，扩大国际地区上的合作，加强在全球治理中的协作，互不伤害对方核心利益，同时开展公共外交，增强中美关系的民意基础。

总而言之，新型大国关系不是一个标签。在全球化、多极化的背景下，任何人都难以独善其身。美方对中美关系可能有不同的表述，但是无论如何，两国不走冲突对抗的老路，这就是一种新型的、符合两国人民根本利益的大国关系。

十一、问题应答

问题1：对中美新型大国关系，中方学者做了不少阐释，却不见美方学者谈及，您怎么看？

苏格：新型大国关系不是一个标签，你提出的所有政治见解，都要让对方接受的话，是不可能的。如果期待你的价值观在世界上所有地方都被接受，那也是不可能的。我听到美国人讲到中美关系时，更突出3C：坦率的、建设性的、合作的。双方可以共同努力，寻求双方利益的一致处，在此前提下，可以讨价还价互做让步，一点不做让步是不可能的。

问题2：有报道说，中美会签署一个网络安全的军控协议，49项里只说将继续推进这样的对话，双方到底有怎样的进展？

苏格：在互联网方面的进展就是跨越了分歧，双方都认识到了互联网的安全是一个全球性的问题，也是非传统安全。在网络安全方面，中国是网络的参与者、建设者和网络安全的维护者，同时也是网络黑客攻击的受害者。中国倡导和平、安全、开放、合作的网络空间，主张各国制定符合自身国情的网络公共政策。要加深合作，打造中美合作新亮点。中美作为两个网络大国，应该加强对话和合作，对抗摩擦不是正确选项，两国主管部门就共同打击网络犯罪达成重要共识。

问题3：苏大使是国内最重要的外交智库之一的院长，又长期从事中美关系史研究，参与了高访的大量准备工作，想就成果清单进一步请教一下问题。首先，清单里为何没有讲南海问题？其次，这次BIT（双边投资协定）最后无果而终，您预测何时可能达成？最后，原来讲我们要搞一个联合公报或者联合声明，最后发表的是一个成果清单。是美方不愿意签，还是奥巴马面对的国内压力太大？

苏格：英文里有一句话：高手不是那些回答问题的人，而是那些善于提出问题的人。

南海问题不列在上面，因为它不是中美关系双边的问题。我们现在的共识就是南海地区稳定。1943年《开罗宣言》已经明确南海岛屿归中国所属，联合国有当时民国政府备的案，二战后从日本手中收复南沙岛屿的军舰，还是根据《租借法》从美国租借的。1982年《海洋法公约》中的200海里领海概念虽导致了声索国海域重叠，但法律是不具有上溯性的，不能改变海岛已归中国的史实。

BIT的意义不亚于WTO，最关键的就是负面清单内容。不仅仅出于政治考虑，还有国家安全、经济利益，等等。美国认为中方负面清单过长。但服务业等如果完全开放，还有承受力问题。美方负面清单列举了关键基础设施、重要技术和国家安全三项，但对此均不作明确定义。此外表示，美行政当局有权中止项目。这样的提法增加了中国在美投资的不确定性。最后，中美两国同意强力推进谈判，加快工作节奏，以达成一项互利共赢的高水平投资协定。

至于联合声明，一开始就没有这么设计。双方同意拿出清单各自表述，对方不予否认。中美关系很复杂，有很多问题。但问题就好比铁路路基碎石，沟通渠道好比轨枕，双方国家利益就像铁轨，并行不悖，相互借重。道钉好比管控分歧，保证中美关系大局不要出轨。

选举年议员有负面声音难免，理解在增加。美国大选将至，大洋彼岸对华的负面声音会增多。尽管如此，双方都经不起中美关系任何大的闪失。

问题4：9月上旬，我们和美国智库沟通时，他们还很悲观，所以，这次习主席访美成功的幅度大大超出了中美双方智库的一般性预测，美国国会中的议员是真的反对，还是作秀？

苏格：中美关系之间的压舱石就是中美经贸关系，我觉得议员现在对华的总体反应不像原来那样令人担心，双方间已经有一个永久正常贸易关系了。虽然在审议时议员会提出与政府不合拍的声音，但经过努力，对华理解的声音会多起来。

构建中美新型大国关系：评估与建议

吴心伯*

2013年，是中美关系开创新局面的一年。一是新人事。中国以习近平为总书记的新的领导层主政，美国奥巴马总统开始第二任期，其执政团队大换班。二是新思维。中国在2012年提出要构建中美新型大国关系的理念，2013年，中美元首就此达成共识，“构建新型大国关系”由此成为两国关系发展的新的指导思想。三是新作风。2013年6月在加州阳光之乡举行的中美元首会晤是中美互动的新举措，这一会晤在形式上和内容上都有创新，为此后的中美高层交往开创了良好的先例。四是新进展。中美在发展经贸关系、两军关系以及加强在地区热点问题上的协调与沟通等方面取得了新的进展。

* 吴心伯，复旦大学国际问题研究院常务副院长，教育部人文社科重点研究基地复旦大学美国研究中心主任。

一、构建新型大国关系

中方提出的中美新型大国关系理念的核心内容是“不冲突，不对抗，相互尊重，互利共赢”。这一理念的提出有三个方面的重要意义：其一，在2010年中国经济总量超过日本而成为世界第二大经济体后，美国朝野开始关注中国经济总量何时超过美国，并开始思考中国超越美国的后果。一些分析家基于历史宿命论和现实主义理论的逻辑，强调新兴大国的崛起必然会导致与既成大国的冲突，认为中国的崛起也将不可避免会带来与美国的冲突，因此美国应做好准备。在此背景下，中国提出构建中美新型大国关系，就是要在新的时代条件下避免大国政治的悲剧，突破历史宿命论的窠臼，谱写新兴大国与既成大国关系的新篇章。其二，在奥巴马第一任期内，美国推进“重返亚太”战略，加大了对亚太的资源投入，政治、经济、安全多管齐下，而这些举措的着力点之一就是制衡力量和影响力快速上升的中国。在此背景下，中美在亚太地区的摩擦增加，战略竞争态势突出。如果这一趋势发展下去，就有可能导致中美在亚太的冲突，危及双边关系以及亚太地区的和平与稳定。有鉴于此，中方提出“太平洋足够宽广，能够容得下中美两个大国”的开放性思维，提出中美不冲突、不对抗、互利共赢的新理念，也就是要抑制和减少两国在亚太地区的消极互动，塑造良性互动。其三，中国作为新型大国崛起，坚持和平发展的道路以及“和平、发展、合作、共赢”的理念，能否处理好与当今头号大国美国的关系是对中国作为新型大国的外交理念与实践的考验。因此，提出要和美国发展新型大国关系也是要推进中国外交的理念和实践创新。

早在2012年5月举行的第四次中美战略与经济对话期间，中方就明确提出了建设中美新型大国关系的倡议，但美方迟迟没有正式和正面呼应。在2013年6月的中美元首会晤中，习近平向奥巴马阐述了两国构建新型大国关系的必要性和可行性，认为发展新型大国关系的路径在于“加强对话、增加互信、发展合作、管控分歧”。奥巴马表示愿意与中方共同努力推进这一目标。此后，“新型大国关系”的表述越来越多地出现在美国领导人和官员的讲话中。国家安全事务顾问苏珊·赖斯（Susan E. Rice）在11月20日关于美国亚洲政策的讲话中表示，美国寻求同中国的新型大国关系运作起来，这意味着管理不可避免的竞争，同时深化在利益交集的问题上的合作。副总统拜登在12月访华期间称，美国努力建设同中国的新型大国关系，这一关系的特征是“建设性的合作，健康的竞争，共同尊重公认的新规则和21世纪的国际规范”。

由此可见，中美对构建新型大国关系的看法既有交集，也有分歧。共同点在于扩大合作、管控分歧、避免冲突，不同点在于中方强调相互尊重（如尊重彼此的主权和领土完整，尊重彼此的社会制度和发展道路，尊重彼此的核心利益和重大关切等），美方则强调规则意识，希冀利用其规则主导权来约束和引导中国的行为。

实际上，美国朝野对与中国发展新型大国关系仍然存在不同看法。一些美方人士认为，中国方面提出发展新型大国关系的倡议很重要，因为在过去几年中美关系中的军事竞争因素上升，而发展新型大国关系倡议的重要性在于，要对两国关系进行政治引导，确立对军事战略的政治控制，不能让军方自行发展危险的战争计划（如海空一体战计划），因为这些计划有使两国冲突全面升级的风险，因而是不可执行的。但是也有一些美方人士表示，他们对新型大国关系的概念不是很清楚，这或许只是中方关于中美关系的一个新的提法而已，但美方重视的不是新的提法，而是中方如何处理美国关切的一系列问题，如网络安全问题、朝核问题等。如果中美在具体问题上的合作缺乏进展，那这个新提法不久就会销声匿迹。

毫无疑问，鉴于中美之间存在的各种矛盾和分歧，两国探索构建新型大国关系之路将充满挑战。然而，从中国提出这一概念到两国元首就中美关系的大方向达成共识，其积极性是显而易见的。首先，它体现了中方在双边互动中主动性和话语权的上升。长期以来，美国在双边互动中占据主导地位，对中美关系下定义、对中方提要求，中方被动做出反应，而中美围绕“构建新型大国关系”的互动表明，中方正在展示出更加积极主动的姿态。其次，它体现了中美关系发展的新思维。在全球化加深中美相互依存、全球治理挑战突出、中国快速崛起、美国相对衰落的背景下，构建新型大国关系的理念有助于中美两国减少摩擦、避免冲突、扩大和深化合作，确保21世纪的中美关系拥有更加健康、积极的发展前景。最后，有助于两国政府各自内部统一思想，推动中美关系的健康发展。客观地看，两国政府各部门在处理双边关系时往往受到部门利益和利益集团的影响，容易忽视中美关系发展这个大局，而两国元首就构建新型大国关系达成共识，实际上向各自政府内部发出了信号，即各部门在处理双边关系时都应该着眼于推进这一总体目标。

二、习奥庄园会

奥巴马第二任期伊始，有鉴于在其第一任期内中美关系中出现的种种摩擦，希望改善对华关系，与中国新的领导人建立建设性的合作关系。美方在对华政策上释放了一些积极信号，如强调美国亚太再平衡战略不是以中国为目标，而是把加强对华关系作为再平衡战略的一部分；同时，在一些美国专家学者的建议下，奥巴马政府也表示要尽快安排中美两国元首见面，使他们增进相互了解，建立起良好的工作关系。

中方对美方的提议做出了积极回应，共同促成了习近平主席与奥巴马总统于2013年6月7日、8日在加州的工作会晤。

作为中美互动的一大创举，这次会晤取得了一系列成就。第一，它有助于增进相互了解和互信。两国元首在首场会晤中就各自的国内日程向对方“交底”，彼此对对方的执政理念和思路有了更好的了解。双方还就各自对对方的政策“亮牌”。习近平强调中国将坚持走和平发展道路，继续改革开放，并着重阐述了对构建中美新型大国关系的看法；奥巴马则表示美方非常重视美中关系，欢迎中国继续和平崛起为世界大国，不担心中国在经济总量上超过美国，乐于与中国保持牢固而强有力的合作关系。除了会谈之外，宴会和散步安排也给双方提供了更好地了解对方的机会。例如，通过这次会晤，奥巴马对习近平的印象是“有魄力、有活力和自信”。

第二，通过会晤，两国元首就共同构建中美新型大国关系这一目标达成了共识。习近平阐述了推进这一目标的有利因素：双方都有建设新型大国关系的政治意愿；40多年双方合作的积累，使两国关系具有很好的基础；双方建立了战略与经济对话、人文交流、高层磋商等90多个对话沟通机制，为建设新型大国关系提供了机制保障；双方的社会联系使得建设新型大国关系具有深厚的民意基础；未来两国有着广泛的合作空间。奥巴马表示：此次峰会提供了双方就广泛的问题交换意见、讨论构建新型大国关系的机会；当前美中双方面临着把两国关系推向更高水平的独一无二的机会，他将致力于不错失这一良机。

第三，两天的会晤为两国元首提供了就广泛的问题交换意见的机会。双方既探讨了如何发展两国经贸关系和两军关系，也讨论了朝鲜半岛问题，还就网络安全问题表达了各自的立场。全球化的发展以及中国力量与影响力的上升，使得中美关系的覆盖面越来越广泛，这既带来了更多合作的机会，也意味着更多的分歧与矛盾。中美构建新型大国关系的路径是扩大合作、管理分歧，这次会晤就是通过深入的讨论找到双方的合作点，坦诚地分析现有的分歧和矛盾，以利于有效管控。例如，双方同意改善和发展两军关系，推进新型军事关系建设。此外，双方就朝鲜问题的交流是坦率的和实质性的。

第四，此次会晤开创了中美元首互动的新模式。以往中美元首通过国事或工作访问进行的双边互动太拘泥于形式，而借助多边场合开展的会晤又常常因时间关系难以深入。此次会晤撇开了国事或工作访问的繁文缛节，把时间尽可能留给两位元首开展对话；同时，会晤重在坦诚交流，各自都不准备谈话要点，避免了照本宣科，使得两国元首能就相关议题阐述真实想法、真正互动起来；不发表联合声明使双方得以把精力放在会晤本身，而不是放在准备成果文件上。双方对这一新的互动方式都感到满意，并愿意将这一方式保持下去。应该说，庄园会晤这一中美元首互动的新模式体现了新形势下中美关系发展的客观需求。

第五，习奥会的成功举行还产生了广泛的积极影响。如前所述，奥巴马第一任期内推行的亚太再平衡战略导致了中美关系的紧张，加剧了两国在亚太地区的竞争态势，奥巴马第二任期内中美关系何去何从，举世关注。在中国新的领导层执政伊始和奥巴马第二任期开始后不久举行的别开生面的中美元首会晤，向世界传递了一个重要信息，即中美双方领导人都极其重视双边关系，都希望扩大中美之间的合作，管控和缩小分歧，推动中美关系朝着积极、建设性的方向发展。这有助于减少人们对中美关系走向紧张的担心，也有助于抑制某些国家借美制华的企图，有利于亚太地区的和平与稳定。

三、扩大合作

经贸关系仍然是支撑中美关系发展的最重要的基础和最主要的动力。据中方统计，2013年中美双边贸易首次突破5000亿美元大关，达到5210亿美元，其中中国对美出口3684亿美元，自美进口1526亿美元，中国对美贸易顺差2158亿美元。2013年，美国是中国第二大贸易伙伴、第一大出口市场和第五大进口来源地，中国是美国第二大贸易伙伴、第三大出口市场和第一大进口来源地。投资方面，2013年中美双向投资已经超过1000亿美元，其中，美国累计在华直接投资超过700亿美元，中国对美累计直接投资超过300亿美元。美国是中国第五大直接投资来源地，并成为中国第二大直接投资目的地，中国对美直接投资的增长速度超过美国对华直接投资的增长速度。在7月举行的第五轮中美战略与经济对话上，中美双方同意以准入前国民待遇和负面清单为基础，开展中美双边投资协定（BIT）谈判。中美双边投资协定谈判启动于2008年第四轮中美战略经济对话之后，在2013年7月前共进行了九轮技术性讨论，但一直未有突破。此次双方达成的共识意味着谈判进入实质性阶段。2013年10月，双方举行了第十轮谈判，讨论如何制定负面清单等具体细节。

中美在气候变化和清洁能源问题领域的合作取得新进展。2013年4月克里担任国务卿后首次访华，倡议设立中美气候变化工作组，以提出并实施两国在气候变化领域开展双边合作的重要建议。在7月举行的第五轮中美战略与经济对话期间，双方确定了在载重汽车及其他汽车，智能电网，碳捕集、利用和封存，温室气体数据的收集和管理，建筑和工业能效等五个领域的务实合作，以加强应对气候变化的行动。9月，习近平在出席于圣彼得堡召开的二十国集团峰会期间会见奥巴马时表示，要将节能环保打造成“中美合作的新亮点”。

军事关系是中美关系的风向标。2013年，中美两军关系发展顺利。两国元首在加州会晤时一致同意改善和发展两军关系，推动新型军事关系建设。奥巴马更强调“两军关系是可以取得具体进展的领域，是推动建设美中新型大国关系的例证”。在高层交往方面，美军参谋长联席会议主席登普西4月访华，习近平主席和其他多位中国政府及军队领导人分别会晤登普西，共商构建中美新型军事关系大计。中国国防部部长常万全8月访美，与美国国防部部长哈格尔举行会晤，双方就两军关系发展、高层互访、建立相关交流机制等方面达成五项共识。中美举行了第14次中美国防部防务磋商，中方就如何落实习近平主席在与奥巴马总统会晤中提出的两点重要倡议（即探讨建立中美两军重大军事行动相互通报机制和公海海域海空军事安全行为准则）提出了中方的具体建议。

此外，两军领导人还在香格里拉对话等场合进行了沟通，两军还派代表参加了第五轮中美战略与经济对话、战略安全对话及首次网络工作组会议。在两军交流方面，2013年5月，中美两国海军在亚丁湾举行联合反海盗演习；9月，中美两国海军在夏威夷附近海域举行了海上联合搜救演习；11月，中国派兵到美国夏威夷举行首次中美联合救援减灾实兵演练，这也是中国首次派士兵到美国本土。此外，中美两军在文莱举行的东盟防长扩大会机制人道主义救援减灾和军事医学联合演练中开展了良好合作。中美两军关系的顺利发展，不仅有助于中美增进战略互信，也为两国总体关系的发展拓展了合作面，增加了动力。

2013年，在中国外交更加主动进取、更加积极有所作为的背景下，中美两国加强了在中东问题上的沟通。6月20日，中美双方在华盛顿举行了中美战略与经济对话框架下的第二轮副部级中东事务磋商。双方就中东地区形势、叙利亚、伊朗、中东和平进程及能源安全等问题交换了意见。双方同意就中东事务保持沟通与协调，共同致力于实现地区和平与稳定。9月，习近平在圣彼得堡会见奥巴马时，就叙利亚问题阐述了中方的原则立场，强调维护国际法和国际关系基本准则同禁止使用化学武器问题两条原则都要坚持，政治解决是唯一正确的出路，动武无法从根本上解决问题。中方也对叙利亚“化武换和平”的解决方案做出了贡献。12月，在王毅部长首次出访中东之前，中方主动与美方磋商如何推动巴以和谈进程，王毅部长还与克里国务卿通话就此交换意见。此外，中方还积极参与伊朗核问题的外交斡旋和“6+1”会谈，推动新形势下伊核问题协议的达成。

四、问题与摩擦

尽管2013年中美关系开局良好，总体发展稳定，但困扰双边关系的一些老问题并没有得到解决。经济上，美国对于放宽对华高技术出口控制无所作为。安全上，美国对华抵近海空侦察依然如旧，年底还发生了两国军舰在南海的对峙。美国还不断加强与日本、菲律宾的军事合作，剑指钓鱼岛和南沙争端。外交上，美国继续拉拢中方周边国家，谋求抑制中国在本地区的影响力。中美在网络安全和中国设立东海防空识别区问题上的博弈尤其引人注目。

网络安全是2013年中美关系中一个突出而带有戏剧性的问题。近年来，美方不断指责中国对美开展网络间谍活动，窃取美国军事和商业机密。2013年伊始，美国朝野加大了在网络安全问题上对华施压的力度。美国曼迪昂特（Mandiant）网络公司发布报告，指责中国军方支持对美国企业的大范围网络攻击，《纽约时报》也就此进行炒作。随后，美国总统国家安全事务顾问多尼隆在公开讲话中高调指责中国政府，要求中方正视这一问题的紧迫性及其所构成的风险，调查并停止来自中国的网络攻击黑客，并为建立网络空间可接受的行为规范而开展建设性的双边直接对话。美国财政部部长卢、国务卿克里和参谋长联席会议主席登普西在3月、4月先后访华期间，均就网络安全问题对华施压。网络安全也是习奥加州会晤的话题之一。鉴于网络安全问题在中美关系中变得越来越突出，在克里访华期间，双方同意在中美战略安全对话框架下设立网络工作组，就网络事务开展对话。

6月初，美国中央情报局前雇员爱德华·斯诺登通过媒体披露了美国长期进行的网络攻击和监视行为，斯诺登本人也从美国飞赴香港，并在美国政府向香港提出引渡要求后转赴俄罗斯，获得俄方的避难许可。斯诺登事件的爆发不仅使美方长期声称的网络黑客问题真相大白，也改变了中美在网络安全问题上的攻防态势。斯诺登大揭秘向世人揭示了美国作为一个“监视国家”的形象，它不仅暴露了华盛顿对其科技优势的滥用和对全世界的控制欲，更暴露了美国政府的虚伪，美方近年来不断指责中国对美国发动网络攻击，把自己描绘成网络黑客的无辜受害者，而斯诺登大揭秘表明美国才是网络世界的超级黑客。总体而言，中方对斯诺登事件的处理是得当的。首先，中方没有收留斯诺登，以免美方拿此事做文章，给中美关系造成长期的负面影响，同时也没有如美国政府要求的那样遣返斯诺登，那样会有损中国的国际与国内形象。让斯诺登去俄国，既让中方脱手了这块“烫手的山芋”，又确保了斯诺登本人的安全。其次，中方利用斯诺登关于美国对中国进行网络攻击的爆料向美方提出交涉，并在官方媒体上揭批美国在网络世界的监视和窃密行为，改变了近年来在网络安全问题上中方所处的被动态势。第三，斯诺登事件发生不久，在第五轮中美战略与经济对话之前举行的中美网络工作组第一次会议上，中方建议双方采取务实行动，就网络空间国际规则加强对话，并加强两国互联网应急中心的协调与合作，此举有助于减少中美双方在网络安全问题上的相互指责，并使网络安全问题成为中美开展合作的潜在领域，体现了中方对发展中美关系的积极姿态。

2013年11月，中国国防部宣布设立东海防空识别区后，美国先是采取不承认的态度，并派两架B-52轰炸机进入中方刚刚宣布的防空识别区，同时联合其在本地区的盟友日本、澳大利亚、韩国等对华施加压力。不过，在压力未能奏效后，奥巴马政府转而建议美国民航飞机服从中国有关东海防空识别区的通行要求，提前向中方提交飞行计划。中国国防部宣布设立东海防空识别区后不久，美国副总统拜登到访东亚。在日本，日方提出美日一道要求中方取消东海防空识别区，并就此发表联合声明，美方拒绝了日方的上述建议，仅表示“不能默认”中国设立防空识别区。拜登访华期间，向中方提出了东海防空识别区问题，习近平向拜登阐明了中方在该问题上的原则立场。面对中方的坚定态度，拜登只是希望中方能够灵活和谨慎地处理这一问题，加强与邻国的沟通，建立危机管理机制，减少意外冲突和误判的风险。

中国对斯诺登事件的处理和美方对中国设立东海防空识别区的应对具有以下特点：一是避免对抗。中方没有收留斯诺登，美方没有要求中方撤销东海防空识别区，双方都给对方留有余地，没有触及底线。二是从中美关系的大局着眼。中方没有对斯诺登披露的美国对华网络攻击做出激烈反应，而是在中美网络工作组会议中提出务实的合作建议，表明了在中美关系上向前看的积极态度。美方在中国东海防空识别区问题上没有答应日方提出的共同对华施压举措，而只是要求中方在实施对防空识别区的管理时保持克制，表明美方是以更宏观的视野看待对华关系。上述特点体现了中美对双边关系的重视，也显示出两国能够更加成熟地处理彼此之间的分歧。

毋庸讳言，由于中美之间在利益上和理念上存在着巨大的差异，两国关系又处在重要的转型期，问题与摩擦仍将是双边关系发展的常态，但是只要双方都能以避免对抗的方式处理分歧，着眼中美关系发展的大局，就能有效管控分歧，防止两国关系出现重大挫折。

五、引领中美新型大国关系的构建

2013年，中美在建设新型大国关系这一目标上达成基本共识，为双边关系注入新理念，互动有新举措，合作有新亮点。接下来双方要做的就是更加积极地推进这一进程，充实中美新型大国关系的内涵。作为新型大国关系这一概念的首倡者，中国应该通过以下举措积极引领和推动这一进程：

第一，提倡中美在亚太互动中要创新思维与行动。中方应在与美方的互动中强调，中美要发展新型大国关系，首先都要谋求成为新型大国，包括要秉持开明的心态（不以零和的眼光看待其他国家的发展），接纳进步的思维（在处理双边关系和地区问题时要与时俱进，而不是抱残守缺），采取积极的举措（通过建设性的行动向对方发出积极信号，开启与对方的良性互动）。

就当下中美各自的国际政治观而言，中国的崛起是在后冷战时代经济全球化、地区化加速发展，国际合作不断深化的背景下实现的，因此中国更容易接受和平发展、合作共赢等理念，也在有意识地吸取历史上一些大国所犯的战略错误，真诚地希望走一条新型大国之路。美国则不然。美国是借助第二次世界大战而跃居世界舞台的中心，并通过冷战在世界范围内建立起其权力结构的。华盛顿的战略思维更看重军事手段和地缘政治因素，追求军事力量优势，热衷于权力政治，习惯于零和思维，这既不符合21世纪国际政治的新趋势，更不利于中美新型大国关系的构建。因此，中方必须加大对美工作力度，在理念上予以引导，在行动上积极示范，帮助美国甩掉历史包袱，克服政策惯性，与中方一道“共同进化”。

第二，提出中方之亚太愿景。鉴于美方担心中国会随着力量的壮大不断拓展在亚太的利益和影响力，甚至谋求排挤美国和挑战美国，中方应有针对性地提出中国亚太政策的目标就是推动建立亚太合作共同体，该共同体的特点是：谋求发展共同利益，讲究利益均衡（相互尊重对方的核心利益和正当利益），共同制定和遵守公正合理的行为规范，合作建立开放、包容的地区机制。

第三，尝试制定共同的行为准则。奥巴马政府强调国际政治中规则的重要性，企图在美国力量相对下降的背景下继续掌握规则的制定权，巩固美国的主导地位。亚太是美国推动制定新的经济与安全规则的重要区域，其要旨是规制力量不断壮大的中国的行为。中方可以抓住美国的这一心理，提出愿意与美方一道制定共同的行为准则，通过这些新的规则达到制约美国亚太行为的目的。例如，可以考虑以下规则：

（1）为了亚太地区的和平、稳定和善治，双方谋求扩大在本地区的合作，共同为本地区提供公共物品；

（2）相互通报各自在对方周边地区的外交活动：美国向中国通报其与中国周边国家的互动，中国向美国通报中国与北美和拉美国家的互动；

（3）不挑拨离间，不在他国面前诋毁、含沙射影攻击对方；

（4）一方在西太平洋举行重大军事演习应预先通报对方，如是多边演习则应邀请对方派员观察；

（5）在自己的盟国和伙伴向对方采取挑衅行动时，要积极劝阻，而不是推波助澜，从中渔利。

第四，设立发展新型大国关系试验项目。结合问题的重要性和双方的共同关注，可以考虑把两军关系、朝鲜半岛问题、海上安全问题作为优先考虑领域。双方在这些领域的有效合作，将有助于增进互信，扩大合作面，增加中美关系发展的动力。

近年来，美方担心中国军事力量发展，担心中国海军不断扩大海上活动范围，中方也担心美国的亚太再平衡战略是要寻求遏制中国，中美军事竞争性加剧。客观地看，两国虽然在军事能力建设上越来越锁定对方，但都无意发展一种敌对性的军事关系；两军虽然都有以对方为主要假想敌的作战方案，但都想避免直接的军事冲突；同时，两军也越来越需要在非传统安全领域开展合作。尽管中美两国的战略关系受到政治、军事、经济等多种因素的影响，但两军关系在这种战略关系的形成中扮演着独特而重要的角色。因此，如何在中美两军之间加强交往、增进互信、扩大合作，减少军事关系的竞争性，降低两国安全领域相互猜疑对战略关系的负面影响，开发两军合作的动能，是发展两军关系的重要使命。

朝鲜半岛的无核化、和平与稳定符合中美两国的利益，在朝鲜进入金正恩时代后，中美可以共同推动朝鲜内外政策的转型，即对内政策朝着发展经济、改善民生转型，对外政策朝着扩大与国际社会的合作、与相关国家改善关系的方向转型。朝鲜第三次核试验后，中美加强了在朝鲜问题上的协调与合作。鉴于美方的关注重点是朝核问题，中方应告诉美方，朝鲜的无核化将是一个长期的过程，它取决于朝鲜内外政策转型的进展，只有两个转型有了实质性进展，无核化才能实现。中美应该利用亚太事务磋商、战略与经济对话等渠道，讨论如何推动朝鲜的内外政策转型，以服务于朝鲜半岛的无核化、和平与稳定这些长期目标。

海上安全涉及海上航行安全、海上救助、海上争端的和平解决等问题。中美在这些问题上既有共同利益（如航行安全、海上救助），又有重要分歧（如钓鱼岛、南海争端）。两国可以在航行安全和海上救助方面推动两国军民部门的合作，并向亚太地区展示中美共同为本地区提供公共物品的意愿；在海上争端问题上，要向美方充分阐述中方权益主张的历史和法理依据，同时强调中方希望推动争端和平解决的基本立场。对日本、菲律宾和越南的一些挑衅举动，中方应及时向美方指出，并要求美方对他们发挥影响力，敦促其克制；对美国在安全上加强与日、菲、越合作的动向，中方应不断敲打，强调指出美国采取这些动作不利于争端和平解决和地区安全的维护，不利于中美关系的发展。

世界新秩序与中美新型大国关系

袁鹏*

美国经济在复苏，国际影响力在下滑；中国经济在减速，但是国际影响力在上升。从这个意义上来讲，国际秩序确实在变。不过这个变化还在进行中，最终一个新的秩序的基本轮廓出现，大体要等到中国实现“第一个百年”战略目标，也就是2020年左右。

世界秩序到底变了没有？这是近两年来学界普遍热议的话题。世界秩序确实变了，但是这个变化跟历史上变化的最大区别是，历史上世界秩序的变化都是通过世界性战争实现的，而这一次秩序的变化则没有发生世界性战争，而是通过一个个累积起来的事件逐渐完成的。这一过程始自冷战结束。

一、世界秩序逐渐变化

冷战结束后，大家都以为一个新的世界秩序即将出现，但事实是，冷战虽然在欧洲结束了，但在亚洲根本没有结束。所以，人们选择用一

* 袁鹏，著名国际关系学者，现任中国现代国际关系研究院副院长。

个保险的提法——“后冷战”——来界说冷战后的时代或秩序。“后冷战”持续了大约20年，出现了“9·11”事件。“9·11”之后大家觉得时代又变了，是否意味着一个新的秩序真正开始了？因为一度全球联合反恐代替了大国之间的矛盾或竞争，一个大国合作的新时代似乎正在来临。但人们最终发现，反恐合作只是大国竞争间短暂的插曲，背后凸显的，恰恰是更深刻的大国博弈。于是，人们又以“后后冷战时代”来指称“9·11”之后的时代。这表明，旧的时代或秩序并未终结。

2008年比较像一个新秩序的开篇，因为这一年出现了三件足以引起全球格局变动的大事。一是北京奥运，它被视为中国崛起的标志；二是俄罗斯攻打格鲁吉亚，它标志着一个虚弱的俄罗斯重新恢复了元气，重回世界政治舞台的中央；三是美国、欧洲等西方世界爆发了百年一遇的金融危机。于是人们又感叹：西方世界整体沉沦，非西方世界全面崛起，预示着一个新的秩序真的到来。然而，正在人们谈论中国崛起、美国衰落的时候，美国经济强力复苏，中国经济则出现下滑，到了2014年、2015年，有关世界秩序变迁的争论达到顶点。

2015年出现了几个标志性事件，中国发起“一带一路”倡议，成立亚洲投资开发银行，中欧关系全面升温，同时美国与其他国家又达成TPP协议。这些事件同样构成世界秩序变迁的一环。总之，美国经济在复苏，国际影响力在下滑；中国经济在减速，但是国际影响力在上升。从这个意义上来讲，国际秩序确实在变。不过这个变化还在进行中，最终一个新的秩序的基本轮廓出现，大体要等到中国实现“第一个百年”战略目标，也就是2020年左右。届时，中国崛起的态势将更加明朗，其他主要力量的分化组合也将更明确。

二、世界新秩序的特点

第一个特点是全球力量对比发生重大变化；第二个特点是全球性问题第一次得到了全球的共同关注，如埃博拉、极地、气候变化，等等；第三个特点是世界所有板块几乎同时趋热，中东问题、叙利亚问题、欧盟困境、亚太安全问题、拉美经济衰退和政局动荡等。

世界出现这些变化究竟是什么因素造成的？美国认为主要是因为中国崛起及由此引发的中国强势外交，中国则认为是美国的战略调整。或许二者都有，但是一个最大的区别是，中国的崛起是不以人们意志为转移的自然过程，不应被指责；而美国的战略重心东移是一个主观的能动的结果。在笔者看来，冷战后美国犯了三次战略性错误。第一次是冷战结束后，美国错误地认为冷战的结束是美国战胜苏联的结果，殊不知冷战结束是内外因素错综复杂的结果。所以本应该实现美俄和解、共同塑造欧洲乃至世界的和平，美国却以宜将剩勇追穷寇的心态对俄罗斯继续围追堵截，最终把俄罗斯推向了自己的对立面，以至于今天，美俄在乌克兰、叙利亚隔空过招。第二次战略错误是“9·11”后，小布什错误地将全球对美国反恐的支持理解为支持他在中东为所欲为，并攻打伊拉克，不负责任地把中东搞得一团乱麻。奥巴马上台后不是反思过错重理秩序，而是选择不负责任地“逃离”中东，以至于今天中东的烂摊子没人收拾并出现中东大规模难民危机。如今，奥巴马似乎在犯美国的第三次重大错误，那就是错误地把菲律宾、越南、日本因同中国的岛礁争端而起的矛盾，理解成亚太国家都欢迎美国来制衡中国。于是，美国以一种“被邀请”的姿态多方抗衡中国，并因此不断放纵日本、菲律宾和越南等国，导致美中在亚太战略博弈的死结越结越紧。如果任由这种错误继续下去，后果将是美国同时与俄罗斯、中国和中东对立，这种局面对美国不利，对世界亦是灾难。

三、新型大国关系是中美关系的唯一正确选择

中国率先提出合作共赢、命运共同体、新型大国关系等一系列适应时代发展的新理念。然而，美国囿于霸权思维，不希望有一个大国过早与之分庭抗礼，不愿意尊重中国的核心利益，也不希望中美关系的话语权被中国人所掌握，所以对新型大国关系的提法采取“不排斥、不跟进、不上套、不含糊”的“四不”态度，欲迎还拒，心态复杂。我们不能因为美国冷处理就不了了之，相反，要一如既往地推进下去。因此，习近平主席在西雅图、华盛顿和纽约，一路走来，始终强调我们要坚持新型大国关系这个唯一正确的道路。可以说，新型大国关系是中美关系唯一正确的选择。坚持新型大国关系，中美关系就有希望。

中美关系进入重要历史过渡期

崔立如*

中美关系涉及的问题很多，也非常复杂，历来见仁见智。要认识中美关系，首先得认识大形势。什么是大形势？

一是整个国际形势发生变化。现在进入多极化时代，简单讲就是冷战之后美国一家独霸天下的态势已经不再，更多的力量中心崛起了，世界权力扩散，失序、失衡的状况到处可见。大的趋势是有了更多的参与者，关系变得更复杂。又竞争，又要合作，利益很多方面捆绑在一起，相互之间的竞争变得更激烈。

今后的发展大方向是什么呢？恐怕大家还都得在地球上过，要想办法和平相处。能打大战的当然是大国，但是大国之间打起来，恐怕大家都没有好处。用常识判断，通过战争所得可能还不抵所失，所以大国之间一般不会轻易动武，这是大形势。

中美之间的大形势是什么样子呢？是老大和老二的关系，这是一个转折性的变化。中美关系发展演变三四十年，起伏不断，但始终向前走，没有改变方向。今天形势有些不一样了。一个核心问题是，美国日益担心中国会挑战它的主导地位。这是最大的变化。以前是苏联的

* 崔立如，中国现代国际关系研究院院长，武汉大学兼职教授，武汉大学国际问题研究院学术委员会副主任。

角色，中国没到这个地位。苏联解体以后，美国在寻找下一个主要挑战者，曾经要锁定中国作为潜在对手。“9·11”以后，主要目标变成反恐。此后，中国发展更快了，2008年金融危机之后，美国受挫，中国起势仍强，因而变成一个主要战略对手，这是一个大的变化。

美国一旦找到了主要的战略对手，它的主要精力、资源、战略目标都会对着你来，如果美国不是突然衰败的话，这个态势不会轻易改变，我们现在看到的中美关系紧张就是这么一个大态势决定的。这几年中国GDP超过日本以后，还是迅速地节节上升，现在已经是日本的两倍多。经济总量跟美国的距离在不断缩小，这是第一个态势，它意义重大，是美国担心的事情。

第二个态势是，由于冷战之后十多年，美国一家独大，大体上是扩张过度。奥巴马上台后一个基本战略思考就是要收缩，当然它收缩的同时要避免受国内孤立主义过度影响。多数人还是要维持美国的霸权地位或者主导地位。但是它整个摊子铺得太开，力不从心了，从两场战争撤走，把重心往亚太转移，这是美国的战略收缩。

与此同时，中美关系的态势发生重大变化。以前长时间内，中国一直是防守型、反应型，我们一心一意搞经济建设，不是我们的事不管，有点不大不小的事尽量息事宁人。国际事务整个态势，不管是全球，还是亚太，基本上都是美国主导。

这些年我们发展起来以后，格局发生变化。也就是在美国维持或有所收缩的状况下，中国的对外关系是扩张的。首先是经济扩张，我们讲“走出去”，现在“一带一路”、“西进”都是扩张。当然这个扩张跟以前殖民主义、帝国主义扩张不一样，我们希望产生互惠共赢的效果，但态势是扩张的。

这在经济上最为明显，周边大多数国家最大的贸易对象国都是中国，这是一个非常大的变化。现在大力打造的互联互通，就是重大战略举措，把我们的发展和周边紧密地联系在一起。“一带一路”将互联互通延伸到整个西部。亚投行是中国在周边的一个大动作，跟以上所说都有关系。在这个扩张之前，像上合组织、金砖国家、金砖银行和亚洲相互协作和信任措施会议（亚信）等，实际上都是中国整个外交以经济为主导往外扩张的发展。

外交由防守型、被动反应型变成主动的营造，这又是一个重大转变。中国主张的是合作共赢，但在大国关系的战略态势上，这是一个今非昔比的变化，美国不能不关切。亚洲再平衡战略是奥巴马上台以后提出的，大家都觉得这是美国对着中国来的东西，猛批美国要对中国搞遏制。其实从战略态势演变来看，这是美国对中国发展、上升、扩张的反应，说明美国要重新调整。再平衡是什么呢？就是原来的平衡打破了，美国得作调整，重新建立一种平衡。目的是继续保持它在亚太的主导地位。

为什么现在要提大国外交？

大国外交描述了一个现实，就是中国是全球第二大经济体，是一个主要的大国，外交不能再像以前力量尚弱的时候，只是埋头在国内经营自己的事情。现在是对周边、亚太、世界事务，越来越深地介入，中国发展的影响不断外溢，日益呈现扩张的态势，参与地区和全球秩序的设计与塑造。称为新时期“大国外交”，实际上是中国外交与自身发展地位相适应的转变。

中美之间的竞争变得突出起来。原因很简单，一个是中国力量变强。还有一个是，长期以来中美关系发展主要是经济上的捆绑，但是政治和安全上的关系并没有发生同步的改变，实际上形成了一种不平衡的二元结构。政经分离发展，这是长期的基本态势。

美国学者兰普顿前几个月提出中美关系的“临界点”问题。这个临界点指的是中美关系可能将从以合作为主导转向对抗。当然，现在还没到临界点，但在接近，他认为这种情况非常危险。兰普顿的这个看法有代表性，在一定程度上反映中美关系面临的新形势：中美关系发展这么多年，尽管起起伏伏，甚至有过大的危机，但是没有真正出现过可能改变方向的严重担忧，而现在人们开始担心方向性问题。

最近这几年人们大谈“修昔底德陷阱”，美国人中这类论调也越来越高。在南海和东海的争端中，美国频繁介入，造成中美之间的摩擦和紧张，认为中美两国难以避免发生对抗的担忧在上升。

这种局面是过去40年所没有的，也是中国提出建设中美新型大国关系的主要背景。建设新型大国关系的思想事关中国和平发展进程和中美关系的未来。所谓新型大国关系最基本的东西是什么？就是“不对抗”。人们把现在中美关系中的竞争称为崛起大国挑战守成大国，即便如此，两国对抗还是可以避免的。之所以这么说，是因为时代变了，大国关系不同于以往，“修昔底德陷阱”的历史经验可以作为借鉴，但绝不应是中美关系的宿命。

显然，美国人对新型大国关系的提法是有保留的，但赞同“不对抗”的思想。美国现在不愿意放弃既得利益和主导地位，因此对“相互尊重”这一条不作回应，实际上是不接受。合作共赢是一个高目标，或理想的目标。中美关系可以有局部合作共赢，但就整体关系而言是较遥远的事。整体关系上中美现在处在一个竞争凸显的阶段。2015年以来，中美关系紧张一直在持续，对中美关系发展方向的疑问越来越多。

美国的心结是什么？就是认为中国要挑战美国的领导地位，首先是在亚洲地区取而代之。当然美国的心结不是那么容易打开的。正是意识到中美关系发展方向上可能有改变的危险，所以提出要重新把它引向积极的、建设性的发展道路上去。

习近平主席访问美国，与奥巴马总统长谈，全面阐述了中国内政外交的大政方针和目标，试图开释美国对中国战略意图的怀疑。至于是不是打开了奥巴马的心结，这个不好说，但是至少在一些方面缓解了美方的疑虑。

奥巴马现在在国内面临来自保守派的巨大压力，需要对中国示强。不光是在对华方面，在乌克兰、俄罗斯和中东等地区问题处理上都被指责为软弱无能。这是影响奥巴马政府当前对华外交态势重要的内外背景。国际上普遍认为习近平主席是一个强势的领导人，这更加重了美方对中国的担忧。所以，习近平在这个节点上访美，中美两国领导人之间进行深入坦诚的交谈，虽然不能解决所有问题，但是有助于两国在重大问题上避免草率的误判和决定，这对于两国关系大局的稳定是非常重要的。

当前中美分歧的两个大问题，一个是南海问题，一个是网络安全问题。在习近平主席访美之前，因为这两大问题，中美关系的气氛相当不好。正因为如此，习近平主席按计划访美更有其必要性，也反映了中美关系的成熟。

美国对华政策的主导面还是要稳定中美关系，双方都希望习访能成为促进中美关系稳定发展并向外界释放出正面信号的国事访问。我们看到的结果是，在当前分歧最大的网络安全问题上，取得了部分成果。

1月26日至27日，美国国务卿约翰·克里应中国外交部王毅部长邀请正式访华，双方就共同关心的问题交换意见。

网络空间安全问题是中美关系中新的领域，被称为安全第五域（前四域是陆、海、空、外太空）。一段时间以来，中美在网络安全领域里的矛盾非常尖锐。习访时，中美在网络问题上达成五点共识，这是两国关系上的一个重要突破，缓解了紧张，也反映了中方认识上的某种转变。中美双方在网络安全方面开展合作，对未来网络空间的双边和多边安全都具有重要的意义。中美要确保“不对抗”，处理好网络空间的安全问题至关重要。这就需要建立某种大家都遵守的基本行为规范架构。

另一个人们关注的焦点——南海问题，看来2015年习访时没有谈拢，公开报道说双方坦率交换了意见。

中美的分歧从根本上讲，是中国捍卫国家主权和海洋利益与美国要维护其在亚太的既得利益和主导地位的矛盾，折射出中美双方在新时期战略竞争的核心问题。奥巴马的多边主义外交是形式上的改变，维护美在亚太地区主导权的实质没有变。所以，南海问题在短时间内不可能解决，要准备长期的博弈。

2015年习主席访美的基调是，寻求双方利益的汇合点，加强务实合作，妥善处理分歧，避免冲突对抗，这有助于保持中美关系大局的稳定。目前中美关系进入重要的历史过渡期，尽管互利合作方面仍大于分歧方面，但战略竞争的态势明显强化，很多问题都难以在短时间内得到解决。因此，在相当长时期内，加强风险管控与危机管理机制建设至关重要。当前，这尤其成为中美发展两军关系的共识和首要工作。

中美应该多栽花少栽刺

阮宗泽*

2014年7月9日至10日，第六轮中美战略与经济对话和第五轮中美人文交流高层磋商将在北京举行。习近平主席将出席对话和磋商联合开幕式并发表重要讲话。汪洋副总理、杨洁篪国务委员作为习近平主席特别代表，将与奥巴马总统特别代表约翰·克里国务卿、雅各布·卢财长共同主持战略与经济对话。刘延东副总理将与约翰·克里国务卿共同主持人文交流高层磋商。本轮对话和磋商是2014年中美之间一次高层战略沟通，将充实中美新型大国关系的内涵，推动两国关系持续健康稳定发展。

近几个月来，中美之间一些分歧凸显：美方有人认为，中国推行“示强外交”，不守规则，称中方提出的亚洲新安全观是在“去美国化”，要把美国从亚洲挤走，甚至质疑中国的和平发展道路。而中方则有人担心，美国在东海、南海问题上的介入加深，利用中国与邻国的领土主权和海洋权益争端，拉偏架，有偏离其在领土争端中不持立场的危险。美国的言行不一也颇受诟病，美方一边说“欢迎一个和平与繁荣的中国崛起”，一边却对中国使绊子。

出现上述分歧的原因主要是，美方缺乏对中国的客观认识，美国政

---

* 阮宗泽，中国国际问题研究所研究员、副所长。

府内缺乏对中国有深入了解又有影响力的声音，加上其“亚太再平衡”战略已经俨然沦为食之无味、弃之可惜的鸡肋，遂将一些在其他地方积攒的怨气撒到中国身上。而中方对美国立场的担忧主要源于美政策的摇摆性，更多是反应式的。

2014年正值中美建交35周年。从历史经验看，中美关系的本质是互利共赢的，双方的共同利益大于分歧，所具有的巨大潜力超出想象。35年前，没有人能预言到中美能取得如此骄人的成就。1979年两国建交时，中美贸易额不足25亿美元，到2013年中美双边贸易额已达到创纪录的5210亿美元。据有关研究报告测算，中美将在2022年成为彼此间最大的贸易伙伴，届时中美双边贸易额将突破1万亿美元。不仅如此，两国在政治、安全、人文等领域的交往也成就斐然。今天中美关系早已经超出双边范畴，而日益嵌入了全球意义。

中美关系取得的每一点成就都凝聚着双方的艰苦努力，然而，要伤害这一关系却很容易。如今影响中美关系发展的因素多种多样，既有结构性的障碍，也有双方历史、文化的差异，还有一些新兴领域的问题以及一些第三方因素的挑战。增加对话、消除误解、管控分歧，需要双方相向而行。

鉴于此，保持中美之间经常性的高层接触与对话的作用必不可少。本轮战略与经济对话议题丰富，包括中美关系、各自对外政策、双边重要敏感问题、两国在亚太地区的互动及国际地区问题和全球性挑战，有助于及时疏导双方关系中的负能量，巩固战略共识。因此应该用好这一对话机制，让它结出硕果。

总之，中美关系是21世纪最令人牵挂的故事，共建、共享中美新型大国关系是历史的选择。不畏浮云遮望眼，双方都多栽花、少栽刺，中美就没有过不去的坎儿。

（本文原载于《人民日报海外版》2014年7月9日）

美国与地缘政治

美国对俄罗斯问题的决策争议和认知差异

冯绍雷*

乌克兰危机和叙利亚战争后，美国决策界对于俄罗斯问题存在不同看法和最新争议。鉴于美国国内政治主张的多样性，以及决策过程本身的复杂性，本文着重阐述下述四方面问题：第一，美国核心决策层对当前俄罗斯问题的基本看法；第二，美国研究界，包括各智库对俄罗斯战略的不同立场；第三，美国具有广泛影响的前政要的观点；第四，美国选战热潮中的各位总统候选人以及大众媒体对俄罗斯问题的态度。

一、美国对俄认知状况的一些基本背景

首先，总体上来说，美国对俄罗斯战略决策的形成和执行过程，受到很多因素的制约。这些因素当中，有体现为美国战略意志和决策的一些共同理念和国家利益背景的驱动，但经常也会出现非常矛盾的状况，

* 冯绍雷，华东师范大学教授，俄罗斯研究中心主任，俄罗斯瓦尔代俱乐部学术委员会委员。

反映出美国国内五花八门的利益集团背景的互相交织、互相影响的复杂局面。

一般而言，这里既有国家的对外决策部门、议会与党派集团、军工集团、安全部门、学界智库等各个方面的互相掣肘，还有金融和财政系统、公司、地方机构以及大量非政府组织等各种参与者之间的复杂博弈。为什么美国对普京时期的俄罗斯内外政策表现出不信任？在俄罗斯学者亚历山大·卢金（Alexander Lukin）看来，其根本原因在于美国意识形态左右着美国对外部世界的看法，与此同时，也受到了华尔街和美国银行体系的深刻影响。[①]

美国对俄战略的形成和运作过程，包含了各种不同立场的理论和思想趋向：第一，权力政治考量和意识形态叙事相互交织，强调美国强权的至高无上作用；第二，美国战略决策形成过程又有着全球主义的深刻背景，这种全球主义既来自多元自由主义，同时也包含着更具有扩张进取倾向的若干思想派别的影响；第三，美国传统务实主义，以基辛格和布热津斯基为代表的这一派别，强调国际政治角逐中的不同力量之间的均衡，而非崇尚一味的抗争。值得注意的是，这一派力量尽管在中国和俄罗斯研究领域有着比较大的影响，但在21世纪以来的美国，这一种声音也并不总是影响决策，特别是影响对俄罗斯或对中国决策的决定性因素。

除此之外，美国对俄战略还表现出更为容易受到国际环境变迁的趋势以及具体情境的影响。比如，美国的全球地位和能力、全球化的实际进程，究竟是有所推进，还是出现倒退？这里包括一些非常重要的当前趋势。比如，在多大程度上，美国的同盟关系已经被伙伴关系网络所取代？在多大程度上，着眼于民众的外交功能，实际上已经比政府的官方外交来得更为事关重大？以及在多大程度上，可以更多地运用制裁和经

① US unwilling, unable to comprehend situation in Ukraine, Russia – expert, 16 July 2014, http://sputniknews.com/voiceofrussia/2014_07_16/US-unwilling-unable-comprehend-situation-in-Ukraine-Russia-expert-9972/.

济手段来平衡潜在的对手？作为全球头号大国的美国在运筹对俄外交的时候，比较多地受到这些现实因素的影响。

自乌克兰危机和叙利亚战争以来，随着美俄之间的角逐激化，美对俄的认知在总体上呈现恶化态势。许多相当敌视俄罗斯的观点，强调把俄罗斯看作是对美国国家利益和美国权威的新的上升中的威胁。这种观点主要来自于传统现实主义的立场，同时也来自于新自由主义和新保守主义。后者更为强调，一旦俄罗斯在事关价值观念的意识形态方面，或者在事关治理效应的体制方面，取得对美国的优势，那么，势将成为对美国的重大威胁。乌克兰危机和叙利亚战争之后，奥巴马总统甚至公然把俄罗斯与“伊斯兰国”、“埃博拉病毒”并列，称之为“三害”之一[①]，这是美俄关系近年迅速走向恶化的一个重要标志。

二、美国核心决策层对于当前俄罗斯问题的基本看法

2011年后叙利亚陷入动乱，2013年年底乌克兰危机爆发，一连串的重大国际事件标志着奥巴马的中东政策和“重启”对俄关系的政策陷入困境。2015年9月底，普京决定以空中打击方式干预叙利亚事件，这进一步使得美国总统行政决策系统出现了不同的立场。

其一，奥巴马的举棋不定使得核心决策团队处于对俄被动状态。

用迈克尔·克罗利（Michael Crowley）的话来说，普京在叙利亚实行空中打击的“这一招使得奥巴马决策系统为了弥补内部裂痕而显得筋

① “Full text of President Obama’s 2014 address to the United Nations General Assembly”，The Washington Post, September 24, 2014, https://www.washingtonpost.com/politics/full-text-of-president-obamas-2014-address-to-the-united-nations-general-assembly/2014/09/24/88889e46-43f4-11e4-b437-1a7368204804_story.html.

疲力尽，在一些情况下，甚至使得奥巴马国家安全决策团队的士气大为低落。在一些主张采取更大胆行动的官员看来，奥巴马似乎表现出在总统任期最后一年时间里，执意不愿意采取任何新的冒险行动。奥巴马团队的现任和前任官员表示，奥巴马本人不愿意对普京采取断然行动这一事实，昭示着美国的软弱和无所作为。一位总统办公厅的资深官员认为，'我们几乎是被动应对，只是等待着趋势变换，以及观察其他行为者所采取的步骤。'" ①

其二，美国在叙利亚战局中行动缓慢与俄的进取态度形成反差。

克罗利指出："在近几年来非直接支持阿萨德政权之后，普京转为直接军事干预叙利亚，这几乎破除了奥巴马在取得伊朗核协议进展之后的所有解决叙利亚问题的努力。" ②

其三，白宫团队对俄决策的立场分歧。

熟悉白宫事务人士表示，国家安全事务顾问苏珊·赖斯和白宫办公厅主任丹尼斯·麦克多诺的不同意见，影响着奥巴马的立场，他们不愿意因叙利亚和俄罗斯事务有关的行动导致美俄冲突升级。"在高层会议上，一些国家安全事务委员会的高级官员表示要对普京在叙利亚秀肌肉做出强硬反应，这里也包括克里本人，他主张在叙利亚设立禁飞区，而奥巴马的选择事实上面临两难……冷战时期的核威慑专家、防长阿什·卡特认为：美国并没有面对普京'挑战'站稳立场。中央情报局主任约翰·布瑞南抱怨：普京轰炸叙利亚反对派的举动没有受到足够的惩罚。一位奥巴马前高管认为：事态表明我们在退让，我们无法对普京施加任何压力。" ③ "奥巴马拒绝采取坚决行动反对莫斯科，这也导致了奥巴马身边几位主张强硬路线的俄罗斯问题专家越来越受到孤立。这里说的是负责欧洲和欧亚事务的副国务卿维多利亚·纽兰

---

① Michael Crowley, "Rift in Obama administration over Putin", Politico, October 13, 2015, http://www.politico.com/story/2015/10/syria-obama-putin-russia-discord-214677#ixzz3ofZOByjr.

② Ibid.

③ Ibid.

（Victoria Nuland），国家安全事务委员会欧亚部高级主任塞雷斯特·瓦伦达（Celeste Wallander），国防部负责俄罗斯、乌克兰、欧亚事务的部长助理艾福林·法卡斯（Evelyn Farkas）等人，他们的主张没有被采纳，从而使得奥巴马决策系统并没有在普京吞并克里米亚之后对其采取强硬武力行动。"[①]

其四，超越党派的对俄政策分歧。

俄罗斯空中打击行动开始后，民主党内部对奥巴马的批评压力在增加，特别是希拉里·克林顿主张在叙利亚设置禁飞区，克里也主张在叙利亚北部与土耳其接壤地区建立禁飞区。其实，早在2012年，希拉里·克林顿就会合了当时的中情局局长彼得雷乌斯（David Petraeus）、防长帕内塔（Leon Panetta），一起提出武装训练温和反对派。奥巴马否决了这一主张。2015年较早时候又重新出现了动议。在奥巴马高级国家安全事务顾问中，包括克里和当时的防长哈格尔（Chuck Hagel），主张美国应该向乌克兰输送杀伤性武器，包括提供反坦克导弹。奥巴马又一次否决向乌克兰提供重武器，认为普京会做出很大反响，以作为回报。

不仅是两党之间，民主党内对俄政策同样也出现重大分歧，甚至于在一个决策人物身上，也可以看到既有强硬、又有妥协的两面立场。

像克里这样的国务卿几年来一向主张设立禁飞区，但是，他又反对鹰派所坚持的孤立普京的主张，这一派主张要一直坚持到普京相信对话能够给他带来好处。又比如，参谋长联席会议主席邓普西反俄坚决，主张运送重武器到乌克兰，但是，他又反对在叙利亚设立禁飞区。

对于奥巴马行政当局对俄政策的评价，自然也是大相径庭的。比如，民主党元老布热津斯基曾经公开批评奥巴马完全缺乏对俄罗斯的总体战略，但是，俄罗斯著名评论家费奥多尔·卢基扬诺夫（Fyodor Lukyanov）则公开撰文提出："不能再指望有比奥巴马对俄罗斯再好的总

---

① Michael Crowley, "Rift in Obama administration over Putin", Politico, October 13, 2015, http://www.politico.com/story/2015/10/syria-obama-putin-russia-discord-214677#ixzz3ofZOByjr.

统了。”①

三、美对俄政策与认知变化的一个重要背景：自由派与保守派的合流

从美国对俄政策和认知迅速转向强硬，可以发现一个重要的问题，即侧重于意识形态的自由主义派别和强调以实力抗衡的保守主义派别这两大阵营的立场出现了大幅度的接近。一般而言，前者较多指民主党，而后者较多指共和党。通常认为，美国的保守派比较趋于对俄强硬，而民主党对俄相对温和。但是，现在的情况是民主党人，特别是被认为有可能成为2016年总统人选的希拉里·克林顿本人的对俄立场趋于强硬。

叙利亚战争和乌克兰危机发生之后，不光共和党头面人物，如麦凯恩，民主党一线人物如希拉里也纷纷转向对俄强硬立场。他们主要强调俄罗斯具有攻击性的过分行为，指责普京的扩张主义和帝国抱负，强调俄罗斯传统主义和倾向于使用武力，强调俄罗斯民族主义的消极作用。由于俄罗斯使用军事手段的潜在结果势必会对美国产生压力，破坏美国重构国际秩序的努力，因此，他们主张对俄罗斯采取进攻性行动，包括进行制裁，对俄罗斯显示武力，使俄罗斯在同西方具有优势的强权发生冲突时不得不实行退却。

在这一方面，最具代表性的是老资格外交家、美国最重要智库之一布鲁金斯学会的主席、资深的俄罗斯问题专家特罗布·塔尔博特（Strobe Talbott）。如果2016年民主党大选胜选，塔尔博特非常可能成为

---

① Fyodor Lukyanov, “Part of the sanctions can fall off in the second half of 2016”, Jan 10, 2016, http://southfront.org/fyodor-lukyanov-part-of-the-sanctions-can-fall-off-in-the-second-half-of-2016/.

希拉里·克林顿未来对俄政策的主要顾问。[1]

塔尔博特曾经专门著文表达对威廉·赛法（其在普京上台之初就“看透”了普京）的器重。2000年1月稍晚的时候，威廉·赛法就在《纽约时报》发表专栏文章，题为“普京主义已然来临”，指出这位克里姆林宫的新领袖将会是“个人崇拜”、“压制真理”、“俄罗斯大国复苏”这些现象的延续和发展。在以后九年左右的时间里，赛法不止一次地指责普京压制反对者、镇压媒体、流放和监禁持不同政见者，引诱中国充当美国的反对者，尽其一切所能把“近邻国家”纳入俄罗斯势力范围，将俄罗斯文明的母亲——乌克兰充当俄罗斯的粮仓、制造中心，对任何西方进入这一地区的举动耿耿于怀。

在塔尔博特看来，普京“吞并”克里米亚和在乌克兰东部和南部支持暴乱者，只不过是上述逻辑的自然延伸。普京通过军事手段和单边决定吞并克里米亚，并且宣布有权保卫生活在从波罗的海到中亚地区的、作为少数语言族群的俄罗斯同胞和公民。

塔尔博特断言，普京主义不仅违反了国际法，放弃了俄罗斯过去表示尊重主权和领土完整的承诺，不顾维护监控和扩大冲突所带来的危险，并乘其之便刻意营造让另一个主要大国奉行普京学说的先例（特别是考虑到中国正在和越南、菲律宾，以及日本发生领土和海洋权益争议）。

塔尔博特还认为，普京实现了这些年来俄罗斯人所无法实现的恢复前苏联体制的愿望，表达了对布什时期和奥巴马时期的美国一系列决策的不满情绪。这包括：2002年美国单边退出反导条约；2003年美国出兵伊拉克；新世纪第一个十年的中间一段，西方支持在两个后苏联国家——乌克兰和格鲁吉亚的颜色革命；2004—2009年北约的第二和第三波扩张，把前苏联境内六个国家拉入北约。

---

① Strobe Talbott, “The Making of Vladimir Putin”, August 19, 2014, http://www.politico.com/magazine/story/2014/08/putin-the-backstory-110151.

塔尔博特提出，普京关于俄罗斯安全的观念，也很像从斯大林直到契尔年科等所有苏联领导人的想法：除非俄罗斯的所有邻国都感到绝对安全，俄罗斯自己就不会感到绝对安全。于是，在普京时代，俄罗斯成为一个具有妄想症的国家，到处造就敌人。在这样的零和博弈的背景下，俄罗斯不可能成为一个值得信赖和具有建设性的主要大国。

至于如何应对普京，塔尔博特主张双管齐下，也即一方面对之进行遏制。用塔的话来说，即使当下不同于冷战，但还是有些近似的。另一方面，鉴于俄罗斯社会还是有相当部分希望俄罗斯成为一个现代国家，因此，西方和美国还是需要尽其所能与其保持接触，不要把他们都看成第五纵队。俄罗斯目前的经济状况说明，对普京政策失败的认识正在提升。

同样有着丰富外交部门工作经验但来自不同阵营的资深人士、新保守主义的代表性人物罗伯特·卡根（Robert Kagan），在面对叙利亚战争和乌克兰危机的新形势之下，在如何应对俄罗斯的问题上，几乎已经与民主党人站到了同一条战壕里。比如，罗伯特·卡根认为，大国间竞争的现实影响，将会取决于美国对此做出何种反应。美国需要强调自己在维持现行的自由主义国际秩序过程中的核心作用，还必须运用自己令人畏惧的实力与影响力挺这一秩序来应对必不可免的挑战。

他还提出，俄罗斯和中国都不能再提出势力范围的要求。卡根强调，历史地看，大国之间的战争往往发生在对缓冲地区的争夺之中。比如，第一次世界大战以前俄国与奥匈帝国之间对于巴尔干地区的争夺。今天的国际环境已经非常不同，很大程度上是由于美国在冷战终结以后发挥了独一无二的作用。当然，美国并不是一个地区强国，但是，它是在非常具有战略意义的各个地区都存在着的强国，在欧洲、亚洲、中东等各地维持着平衡。与过去不同，这样做的结果是各个大国不再面临对它们自身安全的重大威胁。

值得注意的是，卡根为美国立场辩护，主张把争夺势力范围和美国主导的安全竞争加以区别。他说，安全的竞争则是另一回事。在他看来，俄罗斯不是在意识形态领域和经济领域与西方竞争，而是主要地诉诸军事力量；普京攻击的正是作为自由世界秩序基础的安全与稳定。[①]言下之意，美国应该放手与俄罗斯一搏。

上述塔尔博特和卡根两位资深人物的对俄立场，比较明确地表明：新保守主义的立场没有改变，而自由派民主党人的观点则大大激进化了。这两派立场的趋近不光是基于意识形态，而且也鲜明地基于美国的国家利益立场。这是影响目前乃至可能是今后一个阶段美国对俄政策的相对最具影响力的立场和意见。

四、美国智库多样化的对俄认知与政策立场

美国智库是美国外交决策过程中的一个非常重要的方面。

美国传统基金会欧亚项目负责人詹姆斯·卡拉法纳（James Carafano）所主持的两份最新研究报告《美国需要能使俄罗斯力量边缘化的外交政策》[②]、《美国对俄罗斯战略》[③]体现出右翼智库的明确立场。

其一，美国如何看待俄罗斯与伊朗之间的合作。

卡拉法纳提出，普京显示实力以支持叙利亚强人阿萨德，这一变化发生在美国国会已经不再能够阻挡伊朗核协议得到通过的那一时刻。这两件事情是否互相关联呢？未必。在他看来，俄罗斯和伊朗在中东地区

---

① Robert Kagan, The United States must resist a return to spheres of interest in the international system, February 19, 2015, http://www.brookings.edu/blogs/order-from-chaos/posts/2015/02/19-united-states-must-resist-return-to-spheres-of-interest-international-system-kagan.

② James Carafano, "US Needs a Foreign Policy That Marginalizes Russia's Ability to Mess With Us", The Daily Signal, October 2, 2015, http://dailysignal.com/2015/10/02/two-important-truths-about-the-crisis-in-syria/.

③ "U.S. Comprehensive Strategy Toward Russia", ed. James Jay Carafano, http://www.heritage.org/research/reports/2015/12/us-comprehensive-strategy-toward-russia.

志趣相投，他们共同的目标是避免德黑兰遭受国际制裁的威胁。伊朗核协议的签订有助于德黑兰和俄罗斯之间的经济合作。接着俄罗斯和伊朗就决定走向第二个目的：支持大马士革，开通伊朗空中走道。俄罗斯对叙利亚的“人道援助”接踵而至，有坦克、军队、战斗机以及各种支持设备，为阿萨德军队输血打气。在白宫眼里，这是重拳一击。

有人认为，现在是和俄罗斯人开始讨价还价的时候，因为难民成潮，欧洲不稳定，伊斯兰国日益猖獗……所以，美国及其盟国可以让普京来帮助停火。克里姆林宫当然喜欢这样，只是因为这样可以分散人们对于莫斯科干预格鲁吉亚、乌克兰、波罗的海国家以及中欧其他地方的注意力。

其二，美国如何应对。

卡拉法纳提出，美国应该开始着手对俄罗斯和伊朗施加压力，惩罚阿萨德。紧接着，美国应该和欧洲人一起就难民协议达成一致。难民问题极其重要。美国应该领导中东地区解决难民问题。最后，美国需要采取切实的军事战略粉碎伊斯兰国对于伊拉克北部领土的控制。这是现在很多问题的源头。对于阿萨德，美国应该从来都不同意他可以继续留下。①

其三，美国需要全面完整的对俄战略。

卡拉法纳提出，美国应有全面完整的对俄战略，应该是更为总体的大战略的一个组成部分，而不该是这样一种战略目标——现在，已不再是冷战时候的局面了——即使俄罗斯作为一个地缘政治对手和美国角力，它依然不是美国的首要对抗者。

卡拉法纳指出，需要从头来梳理美国对俄战略。对俄罗斯的认知偏差，导致长期以来奉行“接触”政策，以为只要通过“接触”，就能够使其“改邪归正”。因此，俄罗斯被邀参加WTO，2008年梅德韦杰夫当

---

① James Carafano, “US Needs a Foreign Policy That Marginalizes Russia’s Ability to Mess With Us”, The Daily Signal, October 2, 2015, http://dailysignal.com/2015/10/02/two-important-truths-about-the-crisis-in-syria/.

选总统也被认为是俄罗斯民主的重大进步，但是，这一切都没有发生。作者尖锐地批评道：“接触”政策的问题实质在于俄罗斯似乎就只是美国人想象中的，而非现实生活当中的俄罗斯。

其四，美俄关系的恶化：谁之罪？

卡拉法纳提出，俄罗斯的辩护者们认为，美国需要为俄美关系的恶化负责。他们经常引用的是1999年科索沃危机、美国反导系统在中东欧的部署以及北约在一系列前苏联国家的扩张。这样的主张实际上是承认作为“新帝国”的俄罗斯有权监控其邻居。

在卡拉法纳看来，俄罗斯已非前苏联。无论意识形态、经济、实力规模等都是如此。俄罗斯已经不是美国对外政策的中心，但并非因此俄罗斯就不值得重视。因此，要理解普京的战略。

卡拉法纳断言：美俄之间的直接冲突会非常有限，但会是非常现实的冲突。美国可以合理地应对长期的博弈，“遏制”政策并不是有效的办法。从长时段的抗争而言，俄罗斯远远不是美国的对手，因此，应避免在短时间冲突中过多地纠缠，而要侧重于让俄罗斯在长时段中付出代价。

从短时段而言，侧重于使用不是“遏制”，而是“限制”政策：限于保护盟友及其利益，对俄罗斯的破坏性行为做出反应，迫使其付出代价，令其改弦更张。这一政策的关键在于预见性。区分出美国需要保护和做出反应的关键领域、对象和手段，以及俄罗斯的合理关切。需要稳健、坚定、避免逃避，让俄罗斯预先明白需要付出的代价。美国对俄政策需要依靠联盟。对此可以先易后难。[①]

如果说，卡拉法纳的研究报告体现的是当代美国传统智库对俄政策立场的鲜明特色，那么，以下来自美国国际与战略研究中心的前俄罗斯与欧亚项目主任安德鲁·库钦斯（Andrew Kuchins）的立场，则与之形

① “U.S. Comprehensive Strategy Toward Russia”, Edited by James Jay Carafano, http://www.heritage.org/research/reports/2015/12/us-comprehensive-strategy-toward-russia.

成了一定反差。

安德鲁·库钦斯早先是美国卡内基国际和平基金会莫斯科中心主任。自20世纪90年代末以来，库钦斯因长期派驻俄罗斯获得的观察和研究，使其成为美国俄罗斯研究领域的一位重要专家。回到美国后，库钦斯转到国际与战略研究中心担任俄罗斯与欧亚项目的负责人，2015年又调至乔治敦大学，担任欧亚问题的教职。从他最近撰写的《乌克兰危机对美国安全利益的影响》①可以发现，这位资深智库专家与前述传统基金会的同行，在观点上存在着有趣的差异。

其一，俄罗斯是一个首要对手。

与卡拉法纳的评价相比，库钦斯认为，俄罗斯的作用不可低估。在他看来，乌克兰危机之所以重要，是因为它大范围地触及了美国及其盟友的安全利益。除了对于美俄双边关系的影响，这场危机还广泛地触动了欧洲安全，包括从北约未来的选择到欧盟的核心地位和军控事务。

库钦斯断言，美国旨在全力终结，至少是希望加以遏制的叙利亚冲突以及作为后果的所谓“伊斯兰国”影响扩展的过程中，俄罗斯是一个重要的角色。而在伊朗核不扩散问题、联盟军队撤出之后的阿富汗和中亚稳定问题上，俄罗斯更是发挥着关键作用。当美国非常不愿意看到俄罗斯成为亚太地区一个重要角色的时候，西方制裁使得俄大大深化了与中国的接触，并给予了俄罗斯在转向亚太过程中的新动力。

其二，美国力量的式微。

与传统派对美俄力量对比的自信相比，库钦斯显得更为谨慎。他说，对美国的挑战在于，正当需要与俄罗斯合作解决大量的优先次序交叉的问题时，美国对此的影响能力被大大缩小。

受乌克兰危机影响的欧洲安全问题，事关美国最基本的利益。俄罗斯对于乌克兰的干预，标志着这是冷战终结之后第一次大规模的、跨越

① Andrew C. Kuchins, Russia, Ukraine, and U.S. Policy Options, A Briefing Memo, Jan 29, 2015, http://csis.org/files/publication/150129_Mankoff_RussiaUkraineUSOptions_Web.pdf.

国界地在欧洲运用武力，也是第一次在第二次世界大战终结之后在欧洲使用武力占领一国领土。对乌克兰的干预以及普京援引俄罗斯有权保卫俄罗斯族人、俄语居民和“国外同胞”的依据，正当美国准备减少在欧洲安全事务的卷入，而转向亚太地区之时。俄罗斯修正主义迫使美国重新聚焦欧洲，包括美国和北约增加部署地处前沿的波兰和波罗的海国家兵力，也包括北约在2014年威尔斯峰会上重新确认把确保盟国安全作为其核心竞争力。最关键的挑战在于，与西欧国家既和俄罗斯有着较强劲的经济合作关系，同时也没有面临俄直接威胁的情况相比，俄罗斯修正主义对东欧国家，具有更多直接的威胁。

其三，鉴于中俄合作的趋势，美国要重整旗鼓。

库钦斯认为，当乌克兰既不是北约成员，也不是美国盟友的时候，在1994年的布达佩斯协议中，美国与英国和俄罗斯一起，确认向乌克兰提供安全保障，以换取基辅同意让渡它的核武器。因此，尽管乌克兰还远不是北约盟国，但美国对于危机的反应，也包含着上述它曾做过的这项确认。华盛顿的亚太盟友，特别是日本，看到了乌克兰的危机正在逼近，担心俄罗斯的举动会引发中国在亚太地区采取同样的行动。确实，俄罗斯已经多次提出和中国组成轴心，以抵抗美国影响的扩大。中俄关系可以对美国造成困难，特别是鉴于俄罗斯正在帮助中国的军事现代化。由于越来越盛行的缺乏互信和竞争抱负，对盟国而言，减缓向这一前景的滑行乃是共同任务。

库钦斯提出，希望确保俄罗斯在全球各个安全优先领域支持美国，乃是美国不得不卷入与俄罗斯直接对抗的原因，比如，向乌克兰提供武器。

其四，俄美关系进入新阶段。

库钦斯认为，乌克兰危机以后，俄美关系后退到冷战结束以后从来没有过的局面，而且几乎是年复一年，每况愈下。随后，奥巴马和大部分西方政治领袖抵制出席2014年索契奥运会的开幕式。库钦斯分析道，与此同时，“阿拉伯之春”的爆发又在华盛顿和莫斯科之间引起紧张。

华盛顿首先把局势的波动看作是中东走向民主化的积极趋向，而俄罗斯则担忧这些变化正在引起混乱，以及造成军事穆斯林主义的扩张。俄罗斯谴责美国为推动政权更替到处采取毫无区别的政策，就像1990年在南斯拉夫、2003年在伊拉克，以及在后苏联地区的“颜色革命”一样。

库钦斯指出，当俄美关系变得越来越糟之时，越来越多的俄罗斯人相信，推动俄罗斯的政权改变乃是美国的一个没有公开宣布的目标。俄方官员，包括外长拉夫罗夫公开指出，他们认为美国和欧洲对俄罗斯政府的制裁就是旨在煽动不满情绪，最终导致普京政权被罢免。

在库钦斯看来，对华盛顿习惯于使用军事干预和政权改变的方法的不满，伴随着以北约为核心的欧洲安全体制永久化的推进而被加深。俄罗斯精英对美国由来已久的仇恨远远超出对个别事件的看法，而成为一种系统性的立场。俄罗斯对于乌克兰的干预，实际上是关于俄罗斯不愿意接受西方指令的一个明确标志，特别是对于邻近国家，俄罗斯把自己看作是西方之外的、作为欧亚文明和地缘政治集团的一部分。当俄罗斯把自己定义为西方的对立面，把与西方关系视为对抗性关系，要想比有限合作获得更多东西，那是不可能的。

库钦斯总结道，从中短期前景来看，美俄关系的前景是模糊而不甚乐观的。不光是奥巴马政府已经对普京和俄罗斯不抱希望，而且，俄罗斯自身也越来越不想与美国进行合作。但是一旦危机过去，双方还是会有兴趣去构建一种模式，让俄罗斯去解决它的问题，让美国能够担保取得俄方对于在中东和亚太安全目标的支持。无论如何，俄美关系新模式看来会与过去二十多年占主导地位的方式很不相似。

其五，美国应有的政策反响。

库钦斯认为，对于美国对外政策的一个挑战，那就是如何在以下的这两个方面保持同步和平衡：一方面，改变方式与俄罗斯进行接触，促使其打开大门，继续合作；另一方面，要摧毁俄罗斯修正主义的抱负。美国并不想在乌克兰问题上与俄罗斯开战。2014年9月，在欧亚组织赞助之下达成的，并由俄罗斯、乌克兰、分离主义者，以及欧安组织共同签署的明斯克协议，乃是目前最好的协商解决框架，其中包含着逐步解除制裁的可能性。

最后，库钦斯提出了一个具体建议：即使需要继续施压把乌克兰冲突引向终结，同时也必须与莫斯科保持沟通，这既是为解决乌克兰冲突的外交努力，也是为了将来的继续接触。一个非常有害的观点是，将现有双边总统委员会层面的沟通加以空置，而后转入经常性的军事对军事的接触。鉴于双方都需要紧密的交往，去发掘解决冲突的方法，因此，建立与克里姆林宫高层次的交往渠道，应该是当前的当务之急。与此同时，为了结束当下危机，包括第二渠道在内的非正式接触需要扩展讨论的领域，以激活美俄之间的接触。

与传统基金会卡拉法纳的观点相比较，国际战略与研究中心的库钦斯更加主张，重视俄罗斯这个“首要对手”，而不是忽视它。库钦斯不太同意只是运用单一的制裁手段，而是提出必须在保持压力的同时，发掘更多渠道加强沟通。[①]

五、美国前政要的忠告和建言

曾经身居高位的基辛格和布热津斯基是美国国际政治决策界和学术界的相当重要的标志性人物。笔者经常听到美国同行们的议论，认为最近几十年来几代的外交官和决策专家中，很少再有像基辛格和布热津斯基这样的权威人物。特别是在对俄决策和认知问题上，这两位前辈的巨大影响力无可替代。然而，人们也发现，叙利亚战争和乌克兰危机以来的美国决策过程中，很少看到基辛格和布热津斯基的意见得到采用和贯

① Andrew C. Kuchins, Russia, Ukraine, and U.S. Policy Options, A Briefing Memo, Jan 29, 2015, http://csis.org/files/publication/150129_Mankoff_RussiaUkraineUSOptions_Web.pdf.

彻，只是经常在危急关头，搬出两位老人来做工作。

2016年2月4日，基辛格在莫斯科戈尔恰科夫基金会发表的一篇重要演说中着重指出：

其一，呼吁美国与俄罗斯政治决策者超越导致冲突的歧见和误解，应对两国在最近几年来所面临的最大挑战。

基辛格认为，我们今天的相互关系比十年前要差得多。实际上，这可能是冷战终结后以来最差的一段时期。双方相互之间的信任被挥霍殆尽，冲突代替了合作。双方许多人都非常理解，俄罗斯和美国的命运是紧紧地连在一起的。维持战略稳定和避免大规模杀伤性武器的扩散，成为非常紧迫的任务，同时，也致力于建立欧亚地区的安全体系，特别是由于俄罗斯有着那么长的周边地区。当时在贸易和投资领域出现了新的远景，合作开发能源产地的项目也位列榜首。不幸的是，全球化的巨大冲击揭示出政治家才能与现实之间的落差。

其二，基辛格呼吁美俄两家要找到在叙利亚冲突中的共同基础，以及降低乌克兰危机中的紧张度。

基辛格指出，现在每一个国家占主导性的叙事方式是责备对方，或者是把对方——如果不是整个国家的话，至少是把领导人妖魔化。美俄对巴尔干问题、前苏联领土问题、中东问题、北约扩大问题、导弹系统问题以及军售问题上的政策分歧，正在走向不能再挽回合作的局面。

其三，基辛格批评道，包括美国和俄罗斯在内的很多评论家，都拒绝在新国际秩序条件下美国与俄罗斯合作工作的可能性。在他们看来，美国和俄罗斯进入了“新冷战”状态。对美俄两国来说，今天的危险在于，虽较少回到军事抗争，但却更多走向自我预言的固化。两个国家的长远利益要求的是这样一个世界：把当代的动荡和变化，纳入到一个既是多极化、又是全球化的均衡状态。

基辛格深刻地指出，动乱的特性往往是前所未见的。迄今为止，什么是全球化的国际威胁，往往是由一个主导性的国家、由其力量积累的状态来加以界定的。其实，今天的威胁更多地是来自国家权力的瓦解，来自于未被管理的领土的数量大大增加。这样一个扩展中的权力真空，并不是任何国家都能够对付得了的，不管在基于排他性的民族基础背景下这个国家是多么强大。事态要求的是美国、俄罗斯和其他主要国家之间可持续的合作。竞争性因素必须受到限制，且处于界限之内，但避免冲突再现的竞争还是会留存。

其四，基辛格的一个关键观念是：中、美、俄必须在一起工作。他说，在我们面前有着乌克兰、叙利亚这一类非常紧迫的冲突现象。过去几年中，很多国家有那么多的讨论，但是鲜有进步。这并不奇怪，因为讨论是发生在一个被认可的战略框架之外的。每一种专门事件就是一个大战略的表达。事实上，乌克兰需要被置于欧洲和国际安全的构架之下来加以讨论，在这样的背景下，乌克兰与其成为任何一方的一个前哨或边塞，不如被看作是东方和西方之间的桥梁。对叙利亚而言，任何仅限于当地的或者地区的团体，不可能找到关于自身问题的解决办法。处于竞争状态的美国与俄罗斯可以努力和其他大国一起来创造一个在中东甚或是在其他任何地方的和平解决办法。必须牢记“俄罗斯、中国和美国需要在2016年一起工作”。

其五，基辛格强调通过对话来构建秩序。他说，任何改进关系的努力必须包含一种有关形成中的世界秩序的对话。怎样的趋势在消解旧秩序，同时还在营建新秩序？怎样的挑战在改变着俄罗斯和美国的国家利益的状态？怎样的规则在发挥作用塑造着世界秩序？怎样的一种立场合乎逻辑地，并且自动地有望在新秩序中占有一席之地？我们如何基于不同的历史经验，使得非常不同的关于世界秩序的观念，可以被融合到一起？这个世界秩序当然必须包含美国与俄罗斯，是否还包括其他大国？目标必须是发展出一种有关美俄关系的战略概念，在这一概念框架之内，争论是可以被管理的。

其六，基辛格重申，俄罗斯不是美国的威胁。他说，20世纪60至70年代，我认为国际关系基本上是美国和苏联之间的一种竞争关系。随着技术的进步，这两个国家可以履行一种战略稳定的概念，纵然他们之间的竞争在其他领域继续存在。从那以后，世界戏剧性地改变了。尤其是出现了一个形成中的多极世界，俄罗斯应该被看作是任何一种新的全球均衡中的一个基本要素，而基本上不应该被看作是对于美国的威胁。

基辛格反复指出，我在这里论证这样一种可能性，即通过对话寻找把我们融合起来的方法，而不是去催生我们之间的冲突。这要求双方都尊重对方的重要价值观和利益。这样的目标不可能在目前政府行政框架中被完成，但是，也不应该因为美国国内政治而被耽搁。只有当华盛顿和莫斯科都有意愿之时，才能超越愤懑与牺牲感，一起来应对我们两个国家共同面临的更大挑战。①

从上面的介绍可以发现，基辛格关于处理俄美关系的观点，与所谓的两党共识以及奥巴马行政当局的立场很多时候都大相径庭。

第一，基辛格不同意无论是民主党还是共和党人关于俄罗斯问题的主流叙事，即把普京视为一切地缘政治博弈争斗的罪恶元凶，断定普京准备恢复前苏联。在基辛格看来："当普京花600亿美元把索契这个夏天的度假胜地变成冬季奥林匹克运动村，并且在冬奥会闭幕式上把俄罗斯描绘成西方文明的一部分，然后在一个星期之后，说普京以此为端，发起了一场军事危机，这是不可想象的事情。"

基辛格认为："在俄罗斯人看来，乌克兰与俄罗斯的关系始终是非常特殊的一种关系。这种关系从来也不是局限于两个传统主权国家之间的关系，不光是俄罗斯人看来如此，而且乌克兰人也是这样在看问题。"②

第二，在乌克兰危机突然爆发以后，基辛格认为"美国对此的反应并不及格"。他认为，美国设定了一个并不可能达成的目标，也即"打垮俄罗斯"。当强行要求俄罗斯忠于美国所阐述的、由美国评判的国际

① Henry Kissinger, Russia should not be considered a threat to the US, Feb 5, 2016, http://www.russia-direct.org/opinion/henry-kissinger-russia-should-not-be-considered-threat-us.

② Ibid.

行为标准时，“美国是设定了一个强人所难的概念，除非有一天俄罗斯突然有一个要求改宗换祖的自发行动，宣布加入世界共同体”。

第三，基辛格认为，军事不结盟、战略上的缓冲地带，应该是基辅未来政权形式的内涵，从而让俄罗斯的关切得到舒缓。同时，也确保乌克兰的领土和主权完整，因此要求俄罗斯从乌克兰东部地区撤出军队，由乌克兰政府控制俄乌边界。

卡特时期的美国国家安全事务顾问布热津斯基，也是一位非常老资格的前苏联和俄罗斯问题专家。他在看待俄罗斯问题时，与基辛格有很多相类似的观点。有所区别的是，布热津斯基的立场更为明确，观点更为犀利。

布热津斯基在2015年11月土耳其击落俄罗斯战机事件之后，接受了一次专门的采访。[①]在他看来，俄罗斯与西方之间的紧张状态非常严重，但并非致命。如果方法对头，还是有着把坏事变好事的机会。不光要处理好地区冲突，而且要针对由中、美、俄三个超级大国主导的全球体系可能出现的破坏性结果。

布热津斯基认为，首先，西方的反应还是相当克制的，同时对于真正的威胁并不让步。而俄罗斯意识到，在自己相当孤立的情况下，冲突的后果很严重。事实上，我们可能正处于大国间关系即将突破的悬崖边上。因此，他提议立即通过维也纳会议等形式，与俄罗斯接触，竭力主张核超级大国之间首先要展开磋商。

关于叙利亚现政权的前途问题。布热津斯基认为，阿萨德的继续留任对俄罗斯并不是一件利国利民的好事，而同样对美国来说，强行迫使阿萨德离开，也不见得是一件好事。这里依然有着共同利益，要避免美俄之间的冲撞。他说：“可能是我幼稚，但是我总归认为，当前形势之

---

① Michael Hirsh, Once a Hawk, Brzezinski Sees Hope for U.S.-Russia Relations, A Cold War hardliner explains why this time is very different, November 27, 2015, http://www.politico.com/magazine/story/2015/11/brzezinski-sees-hope-for-us-russia-relations-interview-hirsh-213400#ixzz4107kpFwB.

下，各方需要冒的风险并不是那么可怕。最近几周以来，叙利亚的反对派似乎越来越像乌克兰的情况。这就是为什么我竭力主张俄罗斯与美国之间要坐下来谈，取法乌克兰问题的‘芬兰化解决立场’（意指乌克兰保持独立的立场，不加入北约，但可以和欧盟发生紧密的经济关系）。现在看来形势正在朝这一方向发展。”

记者追问布热津斯基，认为他在2015年11月下旬的立场较之10月要乐观得多，因为当时布热津斯基直言批评俄罗斯的空中打击远不是针对“伊斯兰国”，而恰恰是针对反对派，并旨在帮助阿萨德政权。对此，布热津斯基答道:“因为当时的原始报告披露俄罗斯直接打击的是美国支持的地方武装力量。我们必须提出警告，我想，我们已经这样做了。在我看来，我们的反应是适度的。普京在平复了情绪的波动之后，已经实质性地和我们开始一起着手解决问题。土耳其人的立场既有弹性，但也适度地表现强硬……实际上，各方面对未来的变局都表现出更多的理性。在此时刻，我想，非常幸运的是，在土耳其击落俄战机的不是我们美国。”①

布热津斯基特别强调，普京有把握这一事态的非常卓越的能力。同时他感到非常高兴的是，这一类突发事件并不是发生在波罗的海国家，在那里俄罗斯做出强硬反应的可能性要大得多，而波罗的海国家应对的能力太弱，必须要美国出手的话，那必定是一个自找麻烦的结局。

当记者问到我们是否担心俄罗斯与中国联手，一起反对美国的时候，布热津斯基干脆地回答：不会。他认为:“短时期来看，中国地缘战略利益的重点是在稳定，而不是在冲突。稳定，才能够使中国通过推动‘一带一路’增长其影响力。这一项目包含有中国进入印度洋和中国通过铁路进入中亚这两个方面，然后再通过这些国家进入西方。在中

① Michael Hirsh, Once a Hawk, Brzezinski Sees Hope for U.S.-Russia Relations, A Cold War hardliner explains why this time is very different, November 27, 2015, http://www.politico.com/magazine/story/2015/11/brzezinski-sees-hope-for-us-russia-relations-interview-hirsh-213400#ixzz4107kpFwB.

亚，中国和俄罗斯之间的力量对比正在逐步发生非常谨慎的改变，这一改变有利于中国。俄罗斯对此无能为力。而除吉尔吉斯斯坦的相关国家则欢迎这一变化。中亚国家明白，如果他们成为莫斯科首倡的欧亚联盟的一个组成部分，那么他们将会丧失独立地位……而中国人很好地表达了中立立场，但在私下里帮助这一方或那一方。目前，中方投票同意赞成乌克兰成为联合国安理会成员。但是，这未必是俄罗斯方面高兴的事。”①

当记者进一步问道，“您在冷战时期被认为是著名的鹰派，您从现在来看俄罗斯与美国的利益能否联手？”布热津斯基答道：“如果中东局势完全失控，首先，与伊朗之间所达成的长期协议将会遇到极大麻烦，如果那样的话，以色列马上会出现严重问题。在以色列，至少有一些领导人是非常倾向于采取军事选择的。那样，就会出现爆炸性的地区形势，也会从外部激起强烈反响。俄罗斯与西方在稳定当地形势方面有着共同的利益。至少，阿萨德政府的转型正在被考虑，还有很多事情要做。并非各方的所有问题都取决于阿萨德。”关于普京恢复俄罗斯大国地位的问题，布热津斯基认为：“可能普京处理这一问题的方法未必理智。首先，他在媒体面前一定会感到很愤怒。但我认为，他会很快地意识到，除非他非常渴望战争。乱象升级，对于普京是没有什么好的回报的。”

基辛格和布热津斯基这两位老人目前在美国虽享有很高的声望，但是又很难对决策产生决定性的关键影响的这一事实，表明即使是在美国这样一个超级大国，要使其实现对俄外交的理性化，依然还不是一个轻而易举的问题。

---

① Michael Hirsh, Once a Hawk, Brzezinski Sees Hope for U.S.-Russia Relations, A Cold War hardliner explains why this time is very different, November 27, 2015, http://www.politico.com/magazine/story/2015/11/brzezinski-sees-hope-for-us-russia-relations-interview-hirsh-213400#ixzz4107kpFwB.

六、2016年美国总统候选人对俄罗斯的态度

根据俄罗斯“卫星”新闻网2015年1月12日报道，华盛顿政治学中心“欧亚中心”副主任厄尔·拉斯穆森称，一些美国总统候选人已经志在改善与俄罗斯的关系，而另外一些则是揣着“寻衅滋事”的态度。他在接受俄新社采访时谈道：“2016年11月的选举结果可能会对俄美关系产生重要影响。以一些民主党和共和党候选人发表的声明为基础，可以做出结论，即他们中的一些人承认有双边合作的必要性，以面对共同的威胁和挑战。”[①]据拉斯穆森介绍，这首先就涉及民主党参选人伯尼·桑德斯和共和党参选人唐纳德·特朗普、兰德·保罗和特德·克鲁兹。他认为，特朗普和保罗比其他人都更着眼于合作。此外，拉斯穆森还说道，一些候选人的心态则是极其寻衅好战的，他们是希拉里·克林顿、杰布·布什、卡莉·菲奥莉娜和克里斯·克里斯蒂，这些人关于俄罗斯和建立国际安全与稳定体系的发言是令人警惕的。以下分别述之。

其一，民主党候选人希拉里·克林顿（Hillary Clinton）：

希拉里对俄罗斯的态度一直以强硬著称，包括其任国务卿期间曾多次谴责俄罗斯总统普京的政策。在乌克兰问题上，她曾将普京与希特勒相提并论。对此普京在接受法国电视台采访时说：“最好不要与女人争论。如果有人越界太远，这往往并不是因为其强大，而是因为其软弱。”[②]2016年2月5日，希拉里在新罕布什尔州举行的电视辩论中，对美国防长阿什顿·卡特关于俄罗斯是美国国家安全的主要威胁的声明做

① “一些美国总统候选人志在与俄罗斯发展合作”，环球网，2016年1月12日，http://world.huanqiu.com/exclusive/2016-01/8361480.html。

② “普京回应希拉里将其比作希特勒：凸显其软弱”，中国网，2014年6月5日，http://www.chinanews.com/gj/2014/06-05/6245221.shtml。

出了评论。她表示："我认为，卡特提请注意的是俄罗斯正在向我们的欧洲盟国不断施压，是俄罗斯试图改变欧洲边界时所采取的手段，必须让北约重新担负起共同防御工作。"她还指出："俄罗斯非常支持叙利亚总统巴沙尔·阿萨德，想在那里拥有自己的地盘、自己的海军和空军基地。"①希拉里对俄罗斯在叙利亚的意图表示关切。

其二，民主党候选人伯尼·桑德斯（Bernie Sanders）：

美国民主党总统候选人桑德斯虽与希拉里·克林顿有差距，但是他认为，美国与俄罗斯的关系是非常"复杂"的。特别是在2016年2月5日的民主党初选辩论中，明确提出要和俄罗斯一起工作。

其三，共和党候选人唐纳德·特朗普（Donald Trump）：

据俄罗斯媒体2015年11月4日报道，美国共和党总统候选人唐纳德·特朗普相信，如果他2016年获选美国总统，美国和俄罗斯将有"非常好的关系"。特朗普在他的新书《跛脚的美国：如何让美国再度伟大》发布会上回答会场中提出的问题时说："我们将会和俄罗斯有非常好的关系，并且我相信，我将与普京有非常好的关系。"②接着，在12月17日美国俄亥俄州的竞选集会上，特朗普把普京称为"备受尊敬的全球领导者"。当天，特朗普对支持者表示："当这样一位在国内外如此受尊重的人称赞你时，这总是一件令人愉快的事，是莫大的荣幸。他（普京）至少像个领导人的样子，治理他的国家，不像我们国家的那位。"③此外，特朗普还呼吁，美国不应阻止俄罗斯或伊朗在中东的反恐行动，因为俄伊两国在中东打击恐怖主义对美国十分有利。

其四，共和党候选人杰布·布什（Jeb Bush）：

据伊朗英语新闻电视台（Press TV）2015年12月20日报道，美国

---

① "希拉里：俄罗斯试图改变欧洲边界 北约需共同防御"，环球网，2016年2月5日，http://world.huanqiu.com/hot/2016-02/8514445.html。

② "特朗普：若能当选美总统 美俄关系将'非常好'"，环球网，2015年11月4日，http://world.huanqiu.com/exclusive/2015-11/7906575.html。

③ "杰布·布什叫嚣：美应通过武力在全世界范围与俄对抗"，环球网，2015年11月21日，http://world.huanqiu.com/exclusive/2015-12/8222291.html。

共和党总统候选人杰布·布什当月20日在参加美国哥伦比亚广播公司“面对全民”（Face the Nation）节目中表示，由于俄罗斯总统弗拉基米尔·普京的存在，美国正在丧失在全球范围内的影响力。同时，他还指责特朗普盛赞普京是“伟大领导人”的行为。杰布·布什说：“普京正在挑战美国在全世界范围内的影响力，他将把我们推开视作其成功。我们正在失去影响力，而普京却坐享其成。”这位佛罗里达州前州长扬言：“他（普京）不是我们的盟友，他是个‘独裁者’，是‘恶棍’。”布什补充道，俄罗斯崇尚武力，美国也应该通过使用武力在全世界范围内与其对抗。布什表示：“我们需要一位总统，无论在欧洲还是中东事务上都要站在美国的立场之上，这才是与普京建立‘更好’关系的方式。”①

另据新华社“新华国际”报道，美国共和党总统候选人杰布·布什在接受美国媒体采访时竟然表示，为阻止莫斯科介入叙利亚冲突，美国应该向俄罗斯及总统普京“秀秀肌肉”。他认为，奥巴马政府对普京表现软弱。如果现在不做点什么阻止普京，那么不仅在叙利亚，甚至在世界其他地区都会引发许多问题；俄罗斯在协同叙利亚巴沙尔·阿萨德政府军打击“伊斯兰国”的同时，或准备在世界其他地区扩大军事影响力。他在微软全国广播公司（MSNBC）的专访中也谈道，“他（普京）正在打击叙利亚自由军（该组织由美国扶持）……现在，当我们想设立禁飞区时，他（普京）却说，对包括美国空军在内适用的禁飞区已经存在。”②虽然，杰布·布什已经宣布退出竞选，但是他的主张依然反映相当一部分保守派人士的传统立场。

其五，共和党候选人卡莉·菲奥莉娜（Carly S. Fiorina）：

据俄新社2016年1月4日报道，美国共和党总统候选人卡莉·菲奥莉娜称，伊朗和俄罗斯并非美国的盟友，美国不应把在中东的影响力拱

① “杰布·布什叫嚣：美应通过武力在全世界范围与俄对抗”，环球网，2015年11月21日，http://world.huanqiu.com/exclusive/2015-12/8222291.html。

② “布什斥奥巴马软弱 其呼吁奥巴马要对普京的行为进行阻止”，环球网，2015年10月4日，http://world.huanqiu.com/hot/2015-10/7690776.html。

手让给俄罗斯和伊朗。菲奥莉娜在美国有线电视新闻网（CNN）的电视直播中说道："美国应该明确地告诉自己的盟友们，伊朗和俄罗斯并非美国的盟友。当俄罗斯和伊朗结盟时，美国不应该像唐纳德·特朗普建议的那样，把在中东的领导权让给俄罗斯和伊朗。俄罗斯和伊朗不是美国的盟友，而是敌人。"[①]菲奥莉娜也已于2月10日正式宣布退出美国总统大选。

七、美国民调中的对俄认知

对近三年俄美关系的变化，美国社会舆论是如何看待的？美国知名民调机构——盖洛普咨询公司（Gallup）对近25年美国民众对俄罗斯态度变化的跟踪调查显示，美国民众对俄罗斯的态度在这期间总共经历了约七个不同阶段的变化。最新阶段的变化始于2013年，它也是美俄关系开始恶化的起点，到2015年则达到了新的历史高度。数据显示，2015年有多达70%的美国民众对俄罗斯持负面看法，仅24%的民众对俄罗斯持积极看法，这一数据刷新了自20世纪80年代末90年代初以来的历史纪录。

另据2014年盖洛普咨询公司调查数据，在问及美国与俄罗斯关系是否重回冷战状态时，有50%的美国民众持肯定看法，有43%的民众持否定看法，另外7%的民众表示难以回答这个问题。[②]而在2015年2月的一项调查中，当被问及是否同意美国应该向乌克兰政府提供武器和军事设备，用于对抗乌克兰东部武装力量时，有54%的美国民众持反对

① "美总统候选人：伊朗和俄罗斯不是美国的盟友"，新华网，2016年1月4号，http://news.xinhuanet.com/world/2016-01/04/c_128593528.htm。

② Gallup, "Do you think the United States and Russia are heading back toward a Cold War, or not?", http://www.gallup.com/poll/1642/russia.aspx.

看法，有40%的民众持赞成看法，余下的6%的民众不持任何看法。[①]在乌克兰危机以及西方制裁俄罗斯的背景下，仅有5%的美国民众认为俄罗斯是美国的盟友，这与“9·11”事件以及2013年“化武换和平”倡议提出之后形成鲜明对比，这两个节点相应地有多达23%、13%的美国民众认为俄罗斯是美国的重要盟友。与此相对应的则是2013年之后有24%的美国民众认为俄罗斯是美国的“敌人”，与2006年9%的比例相比，显然大幅度上升，并有继续增长的趋势，另外还有多达44%的美国民众认为俄罗斯是不友好的国度。[②]

上述变化的主要原因在于：自2013年以来，也即奥巴马第二任期开始，始料未及的美国“棱镜门”事件的爆料者斯诺登逃往莫斯科寻求避难。俄罗斯最终顶住美国要求引渡的巨大压力，拒绝交出斯诺登，奥巴马因此宣布取消原定9月在莫斯科举行的双边总统会晤。在叙利亚问题上，俄罗斯坚决反对以武力方式推翻巴沙尔政权，在奥巴马政府以叙政府军使用化学武器为由叫嚣动武之际，俄主动抛出“化武换和平”倡议，暂时化解了叙利亚战争一触即发的紧张态势，但美俄围绕叙利亚的博弈仍然持续至今。接踵而来的乌克兰危机以及因俄“兼并”克里米亚导致美国和盟友对其的严厉经济制裁更是使得本来就已经疲软的俄美关系更加陷入冷战以来的最低谷。按照梅德韦杰夫的说法，“新冷战”似乎接近爆发的临界点。

① Gallup, “Next, I’d like your overall opinion of some foreign countries. What is your overall opinion of Russia? Is it very favable, mostly favorable, mostly unfavorable, or very unfavorable?”, http://www.gallup.com/poll/1642/russia.apx.

② Gallup, “Please say whether you consider Russia an ally of the United States, friendly, but not an ally, unfriendly, or an enemy of the United States” , http://www.gallup.com/poll/1642/russia.aspx.

结　语

第一，纵观美国对俄的决策争议和认知差异可以发现，强调意识形态的倾向，不光依然是美国外交的护身符，而且成了攻击别国的重要武器。很难在短时间中，让美国真正做到外交的非意识形态化。

第二，美国对俄战略中的激进民主党人士和以新保守主义为代表的共和党人的立场趋近，相当程度上正在逐渐成为主流，而以基辛格和布热津斯基为代表的稳健力量更多时间是处于相对边缘化的位置。

第三，在俄美关系二十多年来的演进过程中，双方认知差异巨大，美俄间的对话大体上是两个不同类型国家的对话，甚至是两种世界之间的交往，这样一种共识匮乏的局面，远非短时间内可以改变，误解有可能带来冲突的升级。

第四，在叙利亚问题或在乌克兰问题上，美俄双方都意识到问题的严重性，近来的磋商取得了一些进展，但是取得根本性改善的机会仍难以把握。

第五，除了上述俄美之间在相互认知过程中所体现的意识形态差异、战略利益分歧等之外，还值得关注的是进行大国多边互动的沟通能力、对于对手的认知水平以及对合理决策的执行能力等方面。俄美两个大国之间的有效沟通与合作，不仅有助于地区与整个世界的稳定，也会给包括与中国在内的第三国之间的交往带来正面影响。

最后，中国在美俄两家之间的理性定位，不仅对于自身，而且对于地区乃至全球的国际关系的健康化，也都具有举足轻重的作用。因此，有礼有节有利地处理好中俄美三家的关系，是今后长时期中国外交的一项考验。

美国真在乎国际法吗？

沈丁立*

近日，美国主管东亚和亚太事务的助理国务卿拉塞尔发表演讲，表示美国不在乎南海岛屿主权归属，但在乎解决争端的方式。他明确表示美国支持菲律宾在国际法框架下对南海问题提出的仲裁，认为中菲皆有义务遵守国际仲裁法庭的有关决定。

美国大讲国际法制，令人惊诧。1893年，美国武装入侵夏威夷王国，根本不讲国际法。1979年，中美关系正常化，美国虽承认台湾是中国一部分，却继续向台湾出售武器，它所依据的是其《与台湾关系法》，而不是任何国际法。2003年，美国以先发制人之名对主权国家伊拉克开战，也完全没有国际法依据。

美国视国际法为工具，而非原则。美国曾加入《京都议定书》与《反弹道导弹条约》，但后来发现它们有碍国家利益，便立即退约。美国正支持菲律宾根据《联合国海洋法公约》在国际仲裁法庭对中国起诉，而实际上由于这一公约在海床问题上不符美国利益，美方迄今还未加入公约。

上述事例表明：美国为一己之私，或破坏国际法制，或退出国际条约，对待国际法的态度极不严肃。但它在南海问题上却异乎寻常地重视国际法，表示支持菲律宾在国际法框架下对南海问题提出的仲裁。美国

* 沈丁立，复旦大学国际问题研究院副院长、教授。

若是真讲国际法，就应该追溯《联合国宪章》这一当代国际公法的法源。根据这一根本大法，国家的任何排他性权益来源于主权。就海洋事务，对海上专属经济区的诉求必须基于沿海国的大陆架或者拥有具备特定条件的某些岛屿。

长期以来，中国对南海诸多岛礁进行开发利用，并实施行政管理。在20世纪40年代后期，中国政府对U型线中方一侧的全部岛礁进行诉求，其他环南海国家或予默认，或者公开支持，这种状况长达数十年。此后，某些国家出尔反尔，开始蚕食中国岛礁。1982年《联合国海洋法公约》问世，只给沿海国家一定专属经济区域的权利，但不改变在此水域中岛礁的原先主权归属。需要指出，根据同一公约，不仅一些岛礁具有领海，具备特定条件的岛屿还具有专属经济区。相邻国家的专属经济区若有交叠，相关国家应该协商谈判。

国际法制是厘定国际关系的重要原则，中国从来都是维护国际法制的积极一方。中国同菲律宾之间的海洋争端有两方面，其一是岛礁主权，其二是由此延伸的海洋权益以及交叠海权的划分。现在，中菲关于南海的最大之争，是菲律宾在长期默认或公开承认中国对南海诸岛的主权之后采取各种手段对其中部分岛礁予以侵吞，由此引发中国维护海洋开发权益的斗争。

美国偏偏对最为关键的岛礁主权问题表示“不在乎”，并在菲律宾侵吞这些岛礁之后要求各方维持现状，美国这是在赤裸裸地为菲律宾站队。不讲岛礁主权，只打海域经济权益的官司，完全是对国际法的本末倒置。美国表示只在乎解决中菲南海争端的仲裁形式，却刻意回避了菲律宾递交状书的国际仲裁法庭根本没有裁决主权的资质，而中菲海洋权争议的前提就是那些岛屿主权的归属。

美国尊重国际法为假，换着花样为菲律宾等国站队才是事情的真相。美方如此拙劣地玩弄国际法，是对国际法制精神和原则的亵渎。

（本文原载于《人民日报海外版》2015年7月23日）

地缘政治与地缘经济双重视角下的美国“印太战略”[①]

夏立平*

从地缘政治角度而言，美国的“印太战略”是将其“亚太再平衡”战略和亚太“轴辐”安全同盟体系扩大到印度洋区域，实行两洋联结，形成大月牙形同盟与伙伴国网络。此举试图以合作与制约双管齐下，将中印崛起规制在美国主导的国际机制和国际规则框架内。从地缘经济角度而言，世界经济重心从大西洋两岸向印太地区转移是促使美国推出“印太战略”的主要原因之一。亚太经济重心从美国向东亚及西太平洋地区和印度洋地区东部转移也促使美国提升这些次区域的战略地位。印太地区战略格局正在从一超多强向多极格局演变，形成多个三角关系。构建中美新型大国关系的进程不仅取决于两国国内因素，也受到印太地缘政治中其他行为者的影响。印太地区正在成为全球地缘经济和地缘政治的下一个中心地带。美“印太战略”使印太地区战略态势更为复杂，使中国和平发展面临更加复杂的外部环境。

近年来，美国奥巴马政府逐渐推出“印太战略”（Indo-Pacific Strategy），将其作为保持美国世界领导地位的重要举措。该战略将对全

① 本文原发表在《美国研究》杂志2015年第2期，收入本书时略做修改。

* 夏立平，同济大学国际与公共事务研究院院长、教授。

球和地区战略形势产生重大影响。本文依据《美国国家安全战略报告》、美国海军《21世纪海上力量合作战略》等官方文件和美国高级官员政策性讲话，借鉴地缘政治理论和地缘经济理论，运用理论分析和文本分析方法，重点研究美国“印太战略”的主要内容、与地缘政治和地缘经济的关系，以及该战略的影响等。

一、国内外关于“印太战略”研究现状概述

早在1924年，德国地缘政治学者卡尔·豪斯霍弗尔（Karl Ernst Haushofer）就提出“印太地区/空间”（Indo-Pacific region/space）的概念。[①]他的地缘政治理论对纳粹德国制定侵略扩张战略产生影响。20世纪60年代，澳大利亚学界在有关地区安全的研讨中开始使用“印太盆地”（Indo-Pacific Basin）一词。[②]2007年,印度学者格普利特·S. 库拉纳（Gurpreet S. Khurana）在《海上通道安全：印度—日本合作的前景》一文中，认为“印太地区”指“从东非和西亚的沿海地区，经过印度洋和西太平洋，直到东亚的沿海地区”。[③]

在经过一段时间关于是否应接受“印太”术语的辩论后，2012年末和2013年初，时任印度总理曼莫汉·辛格（Manmohan Singh）在界

① Lewis A. Tambs, ed. and updated, “English Translation and Analysis of Major Karl Ernst Haushofer’s Geopolitics of the Pacific Ocean: Studies on the Relationship between Geography and History”, *Mellen studies in geography*, Vol. 7 , translated by Ernst J. Brehm, New York: Edwin Mellen Press, 2002, p.141.

② Rory Medcalf, “Mapping the IndoPacific: China, India, and the United States”, in Mohan Malik, *Maritime Security in the Indo-Pacific: Perspectives from China, India, and the United States*, London: Rowman & Littlefield, 2014, p.50.

③ Gurpreet S. Khurana, “Security of Sea Lines: Prospects for India–Japan Cooperation”, *Strategic Analysis*, Vol. 31, No. 1, 2007, pp.139–153.

定印度与东盟和日本关系时使用了“印太”概念。[①]2013年3月，日本首相安倍晋三在美国演讲中谈到日本在太平洋和印度洋两个地区汇合的利益时，使用了“印太”这一术语。[②]同年5月，澳大利亚政府颁布的《澳大利亚国防白皮书》正式使用“印太地区”概念，提出：“印太地区对于澳大利亚来说至关重要，与印度建立密切的战略伙伴关系是澳大利亚战略的重要组成部分。”[③]同月，印尼外交部部长马蒂·纳塔莱加瓦认为，形成东亚峰会是东南亚国家推行“印太外交”（Indo-Pacific diplomacy）的有意识的行动，并提出制定“印太条约”（Indo-Pacific Treaty），以保障“全球增长的地区引擎”。[④]

2014年，澳大利亚国际问题研究所学者梅丽莎·康利·泰勒（Melissa Conley Taylor）等发表文章认为：“印度与澳大利亚之间对于印太概念的理解有着本质的差异：澳大利亚不希望它成为以遏制中国为目的的组织或框架协议的一部分，更倾向于构建包容性的框架协议，然而印度的想法恰恰与其相反，印度的主流看法是反对将中国纳入印太概念，并且对于中国在印太地区不断上升的地位忧心忡忡。”[⑤]2014年，美国学者莫汉·马利克（Mohan Malik）提出“印太正在从地理概念转变为战略概念”，印太地区是指“从西太平洋至西印度洋，直到沿着非洲

① Manmohan Singh, “ PM’s Address to Japan-India Association, Japan-India Parliamentary Friendship League and International Friendship Exchange Council”, May 28, 2013, http://pmindia.nic.in/speech-details.php?nodeid=1319.

② “Japan is Back” , Speech by Prime Minister Shinzo Abe at the Center for Strategic and International Studies(CSIS) , Washington, D.C., February 22, 2013, http://www.mofa.go.jp/announce/pm/abe/us_20130222en.html.

③ Department of Defence, Australian Government, “Defending Australia and its National Interests” , Defence White Paper 2013, May 13, 2013, p.3.

④ M. Natalegawa, “An Indonesian Perspective on the Indo-Pacific” , Speech at CSIS Indonesia Conference, Washington, D.C., May 16, 2013, http://www.thejakartapost.com/news/2013/05/20/an-indonesian-perspective-indo-pacific.html.

⑤ 梅丽莎·康利·泰勒、阿卡提·班次瓦特：《澳大利亚与印度在“印太”认识上的分歧》，《印度洋经济体研究》2014年第1期。

东海岸的地区”。[①]

中国学者从2013年开始发表研究“印太”概念和美国在印太地区战略调整的论文。对于“印太”概念及其影响，张力认为，美国战略学界提出“印太”的地缘政治概念，是“旨在以符合美国战略利益的方式，以海洋和海上通道整合西太平洋与印度洋所涉范围内的广阔地区”[②]；赵青海提出，“印太地区重要性的上升推动国际战略重心的东移，后者促使‘印太’概念被重新发现和广泛使用，并被赋予了新的战略含义”[③]；吴兆礼认为：“‘印太’概念是对印度洋和太平洋地区地缘经济发展趋势的真实反映，其中除印度战略空间‘东向’扩展至西太平洋地区外，另一个重要的趋势就是中国经济与安全利益的‘西向’延伸。”[④]

对于美国在印太地区的战略调整，韦宗友认为，“奥巴马政府的‘亚洲再平衡’战略将印太地区作为一个战略整体，在此基础上对其亚洲战略进行重新调整和布局，加强与印度、澳大利亚等印太地区枢纽国家的政治、军事关系，拓展在印太枢纽地区的军事存在，以此塑造该地区的未来秩序，确保美国的国家利益和地区领导权”[⑤]；曹筱阳指出，“奥巴马政府将战略关注重点集中到了海上亚洲，其对‘印太’海上安全的承诺不断抬升。其间，美国大力增强在‘印太’的前沿存在和军事部署，支援‘印太’国家的海上能力建设，还通过‘小多边’方式构建以规则为中心的‘印太’海上秩序”[⑥]。

---

① Mohan Malik, *Maritime Security in the Indo-Pacific: Perspectives from China, India, and the United States*, London: Rowman & Littlefield, 2014, pp.21–22.

② 张力：《“印太”构想对亚太地区多边格局的影响》，《南亚研究季刊》2013年第4期，第1–7页。

③ 赵青海：《“印太”概念及其对中国的含义》，《现代国际关系》2013年第7期，第14–22页。

④ 吴兆礼：《“印太”的缘起与多国战略博弈》，《太平洋学报》2014年第1期，第29–40页。

⑤ 韦宗友：《美国在印太地区的战略调整及其地缘战略影响》，《世界经济与政治》2013年第10期，第140–155页。

⑥ 曹筱阳：《美国“印太”海上安全战略部署及其影响》，《现代国际关系》2014年第8期，第27页。

二、美国“印太战略”的主要内容

2010年以来，奥巴马政府逐步推出“印太战略”。该战略虽然仍在形成过程中，但其主要内容已呈现，主要有以下几个方面：

（一）将“亚太再平衡”战略拓展到印度洋区域，实行太平洋和印度洋两洋联结

奥巴马政府在出台“亚太再平衡”战略的同时，推出“印太战略”，表明是为了推行其“亚太再平衡”战略而配套以“印太战略”。“印太战略”实际上是“亚太再平衡”战略的重要组成部分之一。

2011年11月17日，奥巴马总统在对澳大利亚国会发表演说时宣称，美国是一个太平洋国家，亚太地区是美国未来的战略重点地区，并将为此倾注力量。尽管美国在削减防务预算，但“美国正在将我们的注意力转向亚太地区”①。同月，时任美国国务卿希拉里·克林顿发表文章称：“亚太地区已成为全球政治的一个关键的驱动力”，“利用亚洲的增长和活力是美国的经济和战略利益核心，也是奥巴马总统确定的一项首要任务”。②这标志着奥巴马政府“亚太再平衡”战略的出台。在这篇文章中，希拉里还强调印太地区对于美国的战略重要性。她指出，从印度次大陆到美国西海岸的横跨太平洋和印度洋的广阔地区正在被航运和战略日益紧密地联系在一起。这一区域占据世界人口的一半，是全球经济的关键引擎，也是美国关键盟国和重要新兴大国中国、印度等国的聚集地。为维护该地区的和平与稳定以及确保美国在该区域的战略利益，美国将调整在印度洋和太平洋区域的军力部署，将这两洋区域整合为一

① Speech by U. S. President Barack Obama to Australian Parliament, November 16, 2011, http://www.americanrhetoric.com/speeches/barackobama/barackobamaaustralianparliament.htm.

② Hillary R. Clinton, “America’s Pacific Century”, *Foreign Policy,* November 2011, p.55.

个统一的可操作的概念系统，进一步发展与澳大利亚的军事同盟关系，将其由太平洋伙伴关系提升为印太伙伴关系。[①]这表明，奥巴马政府将太平洋和印度洋这两洋区域整合在一个统一的概念系统中，是为了推行其“亚太再平衡”战略。

2012年1月，时任美国国务院东亚事务助理国务卿科特·坎贝尔（Kurt Campell）指出，如何在操作层面将印度洋和太平洋联系起来，是美国战略思维面临的“下一个挑战”[②]。2013年4月，美军太平洋总部司令塞缪尔·洛克利尔（Samuel Locklear）海军上将在美国国会作听证时，详细论证了“印度洋—亚洲太平洋”区域在美国全球战略中日益增长的重要性、面临的安全挑战，以及奥巴马政府“亚太再平衡”战略已经和行将采取的战略步骤。[③]2013年7月，美国副总统乔·拜登(Joe Biden）访问印度和新加坡，称美国现在在性质上将印太看作一个地区，将印度向东看战略和外交接触看作亚洲未来不可分割的组成部分。[④]这些表明，奥巴马政府试图在推行“亚太再平衡”战略框架下建构印度洋和太平洋两洋战略上的联系。

2012年1月，美国国防部公布的美国国防战略方针也强调了亚太战略的重要性，指出“美国的经济与安全利益不可分割地维系于从西太平洋和东亚延伸到印度洋和南亚的这一弧形地带的事态发展”，美国的军

---

① Hillary R. Clinton, “America’s Pacific Century”, *Foreign Policy,* November 2011, pp.57,59,62-63.

② Kurt Campell, “Campell Joins Bloomfield at the Stimson’s Chairman’s Forum”, January 20, 2012, http://www.Stimson.org/spotlight/asst-secretary-for-east-asia-kurt-campell-speaks-at-stimsons-chairmans - forum/.

③ Admiral Samuel J. Locklear III, Commander of United States Pacific Command, “ U.S. Pacific Command Operations”, Statement before Senate Committee on Armed Services, April 9, 2013.

④ J. Biden, “Remarks by Vice President Joe Biden on Asia-Pacific Policy”, July 19, 2013, http://www.whitehouse.gov/the-press-office/2013/07/19/remarks-vice-president-joe-biden-asia-pacific-policy.

事力量“势必将向这一地区平衡”。[①]2014年年初，美国国防部将原属于美军中央司令部管辖的巴基斯坦和阿富汗划入美军太平洋司令部管辖。这说明，美国国防战略已经将印度洋和太平洋整合在一起进行设计和运作。

（二）将美国亚太“轴辐”安全体系扩大到印度洋区域，形成大月牙形同盟与伙伴国网络

自冷战以来，美国在东亚与西太平洋地区是依靠以自己为核心的“轴辐”安全体系。这一安全体系主要是由美日、美韩、美澳、美泰、美菲等五对双边联盟组成。冷战结束后，美国在继续加强这些双边联盟的同时，试图在亚洲建立以美国为主导的多边军事联盟或安全机制。

进入21世纪以来，美国一直在推动建立美日韩联盟。2003年第二次朝核危机发生后，美国政府力促建立美日韩应对朝核危机的协调机制。2003年1月，美日韩三方协调监督小组在华盛顿发表声明，要求朝鲜立即采取可以核查的措施，完全放弃核计划。2010年，美日韩开始举行国防部长会谈。2013年6月1日，在香格里拉对话会上，美日韩防长举行三边会谈，讨论朝核问题，一致认为，朝鲜的核研发和挑衅行为不仅对本地区安全，对世界也是严重威胁，因此三方将合力迫使朝鲜放弃核武器。2014年4月，美日韩三国高级官员在华盛顿就朝鲜问题举行三边对话，共同敦促朝鲜避免采取进一步威胁行动。同年12月，美国、韩国、日本三方正式签署谅解备忘录,开始共享涉及朝鲜核计划和导弹计划的军事情报。由于近年来日本右翼势力和安倍晋三政府企图否认日本军国主义在第二次世界大战前和其间发动侵略战争给亚洲其他国家人民造成深重灾难和日本军队强征慰安妇，韩日关系冷淡，韩国只同意将美日韩三边会谈议题限制在讨论朝核与导弹问题及美日韩在这方面的合作上。美国和日本建立美日韩三边联盟的企图搁浅。

① U.S Department of Defense, “Sustaining U.S. Global Leadership: Priorities for 21st Century Defense”, January 2012, http://www.defense.gov/news/Defense_Strategic_Guidance.pdf.

奥巴马政府推出“印太战略”实际上是将其亚太“轴辐”安全体系扩大到印度洋区域。美国亚太“轴辐”安全体系是以日本为北锚、澳大利亚为南锚，是一个缺半边的半月形安全体系。而将这一体系扩大到印度和印度洋区域后，就可以形成一个环绕着东亚大陆的大月牙形同盟与伙伴国战略网络，把日本和印度作为平衡和牵制中国的“东西两翼”①，从而使美国在地缘战略上占有优势。

奥巴马政府“印太战略”的重点之一，是将印度拉入美国的战略伙伴国网络。2015年1月，美国总统奥巴马应印度新总理纳伦德拉·莫迪(Narendra Modi）的邀请，出席印度共和国日庆祝活动，成为史上第一位受邀参加印度国庆活动、也是唯一一位任期内两度访问印度的美国总统。在访问期间，两国发表《美印关于亚太与印度洋地区的战略视角联合声明》。②美印达成“突破性的谅解”，同意最终克服数年来阻碍美国公司在印度建核反应堆的僵局。两国领导人续签了一份十年的防务协议，同意从2015年起延长美印防务合作框架协议，两国决定在两国军方之间开展更频繁的对话，扩大联合演习规模，实施“更宏大的防务计划和活动”，在印度共同研发和制造先进的美国武器系统。这标志着美印防务合作取得重大突破，将助推两军关系以及印军现代化迈上新的台阶。

从加强防务对话与交流机制来说，美印已经建立了两国军队高层互访机制、联训联演机制、人员培训机制、情报共享机制、海上合作机制等。目前，美印两国国防部长、参谋长联席会议主席已经实现了双向定期互动，两国还建立了“国防工作小组”、“陆军指导小组”、“海军指导小组”等机制，定期就陆军发展、反恐、海上通道安全、打击海盗和

① Michael Green and Daniel Twining, “Why Aren’t We Working with Japan and India?”, http://articlcs.washingtonpost.com/2011-07-18/opinions/35238121-1-obama-adminstration-strategic-dialogue-japan-and-india.

② “US-India Joint Strategic Vision for the Asia-Pacific and Indian Ocean Region”, U.S.-India Joint Statement, January 25, 2015, http://www.mea.gov.in/bilateral-documents.htm?dtl/24728/USIndia_Joint_Strategic_Vision_for_the_AsiaPacific_and_Indian_Ocean_Region.

海上安全等问题进行交流。2015年，奥巴马总统访印期间，美印一致同意进一步就双方关切的领域加强情报交流，美国可以利用其先进的空间侦察与监视系统，向印度提供周边其他国家的军事部署动态等情报，印度则能利用其在印度洋地区和安达曼海地区的地理优势，向美国提供其他国家军队在上述地区的活动情报，这将进一步提高双方对这一地区安全态势的了解程度和反应速度。

从联合进行军事训练演习来说，印度已经成为与美国举行联训联演活动最多的非军事联盟国家之一，定期举行的年度联合军事演习涉及各个军种，内容也很丰富。其中，美印海军举行的年度"马拉巴尔"（Malabar）联合军演始于1992年，已经发展为全球著名的多边联合军演，内容包括反潜、防空和反水面战等。两国空军定期举行的年度"对抗印度"和"红旗"系列联合军演，旨在促进双方飞行员的技战术交流，加强两国空中联合作战能力。美印陆军定期举行"准备战争"（Yudh Abhyas，印度当地语言）年度联合军事演习，演习地区通常靠近中印或印巴边境地区，旨在交流双方在特殊地带作战的经验和技能。两国特种部队定期举行的"瓦吉拉·普拉哈尔"（Wajila-Pulahal）联合演习，演习内容包括战术演练、远程监视技能、直升机空降作战、作战生存、射击技巧和联合跳伞，旨在加强双方联合反恐能力。随着美印防务合作的深入，未来两国联合军演将更加频繁，更富实质性内容。

从军品贸易与军事技术合作来说，2013年，美国已超过俄罗斯成为印度最大的军备供应方。2005年以来，印度已从美国购买了近90亿美元的军事装备。美国已经和准备向印度提供的先进武器装备，包括"鱼叉Ⅱ"（Harpoon II）型反舰导弹、P-8I（P-8 Poseidon）海上反潜巡逻机、C-130J"大力神"（Hercules）运输机、C-17Ⅲ"环球霸王"（C-17 Globemaster III）战略运输机、"奥斯汀"级(Austin class）"特伦顿"号船坞登陆舰（Trenton dock landing ship）、"支奴干"（CH-47 Chinook）重型运输直升机、"阿帕奇"武装直升机（Apache）、M-777超轻型榴弹炮等。美印两国在2015年奥巴马总统访印期间就未来十年防务合作达成新的协议，为美向印进一步提供先进的武器装备开启了绿灯。

（三）合作与制约双管齐下，将中印崛起规制在美国主导的国际机制和国际规则框架内

近年来，美国对亚洲，特别是对崛起中的新兴大国中国、印度等密切关注。2010年5月奥巴马政府出台的第一份《美国国家安全战略报告》指出，“亚洲经济的迅速增长已使该地区与美国的未来繁荣紧密相连。这一点因该地区存在数个‘影响力中心’而更显重要”。美国力图运用接触、合作和制约等多种手段将新兴大国中国和印度的崛起规制在美国主导的国际机制框架内。2015年2月奥巴马政府的第二份《美国国家安全战略报告》认为，“大国力量平衡的变化产生合作的机遇和风险……特别是印度的潜力、中国的崛起和俄罗斯的侵略都对大国关系的未来造成重大影响。”[①]

美国对中国继续采取“两面下注”战略，即与中国在能合作的领域和问题上合作，同时对中国可能对美国的世界和亚太领导地位的挑战进行制约。2010年的《美国国家安全战略报告》宣称，“我们将继续寻求与中国建立积极合作全面的关系。我们欢迎中国与美国及国际社会一道，在推进经济复苏、应对气候变化与不扩散等优先议题中，担当起负责任的领导角色。我们将关注中国的军事现代化，并做好准备，以确保美国及其地区和全球性盟友的利益不会受到负面影响。”[②]2012年1月出台的美国国防战略方针关于中国崛起的表述是，“中国崛起为地区大国将使其具备从不同层面影响美国经济和安全的潜在能力。”2015年的《美国国家安全战略报告》宣布，美国将继续推进“亚太再平衡”战略。但报告也提到美国欢迎“一个稳定、和平与繁荣的中国崛起”，寻求同

① The White House, “U.S. National Security Strategy”, February 2015, Washington, D.C. , http://www.whitehouse.gov//2015/02/06/presidents-obamas-national-security-strategy-2015-strong-and-sustainable-american.pdf.

② The White House, “U.S. National Security Strategy”, May 2010, Washington, D.C., http://www.whitehouse.gov/sites/default/files/rss_viewer/national_security_strategy.pdf.

中国建立“建设性”关系。报告指出，尽管美中之间有竞争，但美方不接受双方必然走向对抗的说法。与此同时，美方将从“实力的立场”出发来管控美中竞争，要求中方在海洋安全、贸易和人权等议题上遵守国际准则。美方将“密切监控”中国军事现代化进程以及在亚洲扩大存在的相关动向，同时想办法降低出现误解、误判的风险。①对比这两份报告，美方对中国的戒备感愈来愈强。

奥巴马政府对印度的政策以接触和合作为主。2010年5月奥巴马政府《美国国家安全战略报告》指出：“美国与印度正在构建战略伙伴关系，这是基于双方共同利益、世界上两个最大民主国家的相同价值观，以及两国人民的紧密联系……我们赞赏印度通过二十国集团等组织，在全球性问题上发挥日益提升的领导力。我们将寻求与印度一道，努力促进南亚及世界其他地区的稳定。”②

2015年的《美国国家安全战略报告》指出：“在南亚，我们继续加强与印度的战略和经济伙伴关系。作为世界上最大的民主国家，我们分享内在的价值和相互利益，这形成了我们合作的基石，特别是在安全、能源和环境领域。我们支持印度发挥安全的地区提供者作用和它扩大在关键的区域机构中的参与。我们继续推行的“亚太再平衡”与印度的“东向”政策有战略交汇点。”③这表明，美国试图利用印度推行其“亚太再平衡”战略。

① The White House, “U.S. National Security Strategy”, February 2015, Washington, D.C.

② The White House, “U.S. National Security Strategy”, May 2010, Washington, D.C.

③ The White House, “U.S. National Security Strategy”, February 2015, Washington, D.C.

三、地缘经济与美国的"印太战略"

地缘经济学是从地理学的角度研究、探讨地理因素是怎样在不断变化的世界经济和国际关系中发挥作用。运用地缘经济理论分析美国"印太战略"可以得出如下观点：

（一）世界经济重心从大西洋两岸向印太地区转移是促使美国推出"印太战略"的重要原因之一

进入21世纪以来，世界经济重心开始从大西洋两岸向印太地区转移。根据国际货币基金组织统计，在过去30年中，亚洲占全球国内生产总值（GDP）的比重从10%上升至30%。[①]这一地理区域是当前全球经济最为活跃的地区，既有中国、印度这两大正在崛起的经济巨人，也包括日本、韩国和澳大利亚等发达经济体。全球十大港口中的九个均在亚洲。目前，印太地区已成为世界经济的引擎、全球消费品的主要生产地。仅2012年，印太地区内的双向贸易就超过八万亿美元。[②]

经济全球化和中印崛起使亚太地区与印度洋地区在经济上联为一体，这也使印度洋的重要性上升。受亚洲经济增长的驱动，印度洋正超过大西洋和太平洋成为世界最繁忙、最具战略意义的贸易走廊。世界1/3的大宗商品和约2/3的海运石油经过印度洋。[③]印度洋还提供全球一半的集装箱运输，70%的石油产品运输需要通过印度洋由中东运往太平洋地区。印度洋在地理上是四大洋中与各大陆平均距离最近的大洋，连

① International Money Fund, *World Economic Outlook: Hopes, Realities, Risks*, April 2013, p.139.

② World Integrated Trade Solution (WITS), the World Bank, file://C:/Users/thinkpad/AppData/Local/Microsoft/Windows/Temporary%20Internet%20Files/Content.IE5/GUVATHDB/eap-update-may-2012-appendixes.pdf.

③ Admiral Samuel J. Locklear, Commander of U.S. Pacific Command, "U.S. Pacific Command Posture", Statement before the House Armed Services Committee, March 5, 2013.

接印度洋和南中国海的马六甲海峡和印度洋上的霍尔木兹海峡、曼德海峡是全球能源运输的咽喉要道和对全球贸易有重大影响的战略要点。其中，全球40%的原油贸易要通过霍尔木兹海峡。40%的全球贸易运输经过马六甲海峡，每年约有10万艘船只(大多数为油轮)通过马六甲海峡，该海峡每年的商船通行量占全世界的1/3，吞吐量分别为苏伊士运河和巴拿马运河的6倍和17倍。印度洋的石油航线尤其是西方发达国家和许多发展中国家仰赖的“战略生命线”。“随着南亚和东亚经济活动的迅速增加，印太海上通道正成为21世纪具有支配地位的国际水道——正如古时地中海和20世纪大西洋一样。”①美国在印度洋的战略目标是，保证控制印度洋具有战略意义的航道、海峡和海域，特别是对波斯湾水域的控制，确保印度洋航道的畅通及美国在印度洋的战略优势。

印太地区经济重要性的大大上升和在经济上联为一体是促使美国推出“印太战略”的主要原因之一，美国企图以此为实现其“亚太再平衡”战略的目标服务。

（二）亚太经济重心从美国向东亚及西太平洋地区和印度洋地区东部转移，促使美国提升这些次区域的战略地位

自从第二次世界大战结束至20世纪末，亚太地区的经济重心在太平洋西岸，即在美国。美国曾是全球和亚太地区经济增长的发动机，是最大的市场和最大的产品制造及出口国之一。现在印太地区的一个重大趋势是，亚太地区经济重心开始从美国向东亚及西太平洋地区和印度洋地区转移。2014年世界第二大经济体中国、第三大经济体日本和第八大经济体印度都在印太地区。普华永道国际会计事务所2015年的一份研究报告预测，按购买力平价计算，到2050年中国和印度将分别是世

---

① Robert D. Hormats, Under Secretary for Economic Growth, Energy, and the Environment, “Asian Regional Economic Integration”, Keynote Remarks at the Asia Society, New York City, December 12, 2012, http://www.state.gov/e/rls/rmk/20092013/2012/202024.htm.

界第一大经济体和第二大经济体，美国是第三大经济体。[①]美国花旗集团2012年3月的一份报告预测，印度经济总量到2050年有望达到85.97万亿美元，届时将超过中国和美国成为世界第一大经济体。[②]

与此同时，印太地区经济合作和经济一体化趋势正在发展。2014年11月，在北京举行的亚太经合组织（APEC）领导人非正式会议决定启动亚太自由贸易区进程，批准了亚太经济合作组织推动实现亚太自由贸易区路线图。这是朝着实现亚太自由贸易区方向迈出的历史性一步，标志着亚太自由贸易区进程的正式启动，体现了亚太经合组织成员推动区域经济一体化的信心和决心。2014年7月14日，中国国家主席习近平和印度总理莫迪在巴西举行的首次会面中，邀请莫迪总理参加2014年11月于北京举行的亚太经合组织峰会。这表明中国对印度参与亚太自由贸易区进程持开放包容的态度。

自20世纪90年代初以来，东亚区域合作进程取得较大进展，逐步形成了包括东盟分别与中、日、韩（10+1）自贸区、东盟与中日韩（10+3）对话机制在内的一系列区域合作机制。2010年1月1日，中国—东盟自贸区正式全面启动。2014年东盟和中国的贸易额超4800亿美元[③]，成为一个涵盖11个国家、19亿人口、国内生产总值达13万亿美元的巨大经济体，是目前世界人口最多的自贸区，也是发展中国家间最大的自贸区。

近年来，由东盟十国发起，邀请中国、日本、韩国、澳大利

---

① Anthony Fensom, “China, India To Lead World By 2050, Says PwC” (a news report about“World in 2050” report by PwC, PricewaterhouseCoopers）, February 12, 2015, http://thediplomat.com/2015/02/china-india-to-lead-world-by-2050-says-pwc/.

② “China Top Economy in 2020, India in 2050”（a news report about the 2012 edition of The Wealth Report, released by global property firm Knight Frankand Citi Private Bank）, March 30, 2012, http://www.2point6billion.com/news/2012/03/30/report-china-top-economy-in-2020-india-in-2050-10921.html.

③ 马德林:《2014年中国东盟贸易额超4800亿美元》，中新网，http://www.finance.chinanews.com/。

亚、新西兰、印度共同参加的“区域全面经济伙伴关系”(Regional Comprehensive Economic Partnership, RCEP)，也取得进展。它的目标是通过削减关税及非关税壁垒，达成建立16国统一市场的自由贸易协定。若“区域全面经济伙伴关系”达成，该机制将涵盖约35亿人口，国内生产总值总和将达23万亿美元，占全球总量的1/3，所涵盖区域也将成为世界最大的自贸区。

由中国、俄罗斯、哈萨克斯坦、吉尔吉斯斯坦、塔吉克斯坦和乌兹别克斯坦等六国作为成员国的上海合作组织（The Shanghai Cooperation Organization, SCO）将开展经贸、环保、文化、科技、教育、能源、交通、金融等领域的合作，以促进地区经济、社会、文化的全面均衡发展作为宗旨之一。该组织近年来在经贸合作方面取得重大进展。印度、巴基斯坦、伊朗、阿富汗和蒙古是观察员。印度和巴基斯坦等国正在积极申请成为正式成员。

2013年,中国提出建设“一带一路”的倡议。丝绸之路经济带涵盖若干通往印度洋地区的经济走廊，包括孟、中、印、缅经济走廊和中国—巴基斯坦经济走廊等。21世纪海上丝绸之路将主要有西线、东线和南线三条线。其中，西线从中国沿海港口过南海，经马六甲海峡和印度洋，途经东南亚、南亚、西亚、中东、北非，通达欧洲。

（三）“跨太平洋伙伴关系协定”在现阶段排除中、印、印尼等印太地区经济大国

“跨太平洋伙伴关系协定”（TPP）原是2005年5月28日由文莱、智利、新西兰、新加坡四国发起，其宗旨是成员之间彼此承诺在货物贸易、服务贸易、知识产权以及投资等领域相互给予优惠并加强合作。其中最为核心的内容是达成包括所有商品和服务在内的综合性自由贸易协议，即成员国90%的货物关税立刻免除，所有产品关税将在12年内免除。该协议的重要目标之一就是建立自由贸易区。2008年美国宣布加入谈判，并邀请澳大利亚、秘鲁等一同加入谈判。2009年11月，美国正式提出扩大“跨太平洋伙伴关系协定”谈判。自此美国全方位主导“跨

太平洋伙伴关系协定”谈判。此后，日本、马来西亚、越南、墨西哥和加拿大也成为“跨太平洋伙伴关系协定”谈判成员，使成员数量扩大到11个。[①]

“跨太平洋伙伴关系协定”是美国“亚太再平衡”战略的重要组成部分之一。美国主导“跨太平洋伙伴关系协定”谈判进程的主要目的是：

第一，阻止在亚洲形成排除美国的区域贸易集团，确保美国在亚太地区的经济战略利益。亚洲是美国具有关键战略利益的重要区域。为此，美国不仅要在政治、军事上维持主导地位，还必须在经济上维持主导地位。在区域经济合作方面，阻止在亚洲形成排除美国的区域贸易集团是美国贸易政策的重要目标。美国学者莫新·S.汗（Mohsin S. Khan）认为，亚洲形成一个将美国排除在外的区域贸易集团对美国不利。[②]根据美国彼得森国际经济研究所的评估，一个没有美国参与的东亚自由贸易区可能使美国公司的年出口至少损失250亿美元，或者约20万个高薪岗位。[③]美国通过建立“跨太平洋伙伴关系协定”，可以避免自身被排除在亚洲尤其是东亚区域经济合作之外，从而可以获得现实的经济利益和长远的战略利益。

第二，全面介入东亚地区经济一体化趋势，重塑并主导亚太区域经济整合进程。2010年1月1日，有19亿人口和6万亿美元国内生产总值的中国—东盟自由贸易区正式建成，这对东亚经济一体化进程有着重要的影响。在美国看来，名义上是东盟主导整个东亚经济一体化进程，实际上东盟只是东亚经济一体化这辆车的驾驶员，中国对这辆车行驶方向的影响力才是美国关注的焦点。随着东亚经济一体化进程的发展和中国地位的提升，美国在亚洲的经贸影响力相应衰落。美国通过“跨太平洋

① 夏立平：《美国再平衡战略对中日钓鱼岛争端的影响》，《美国研究》2013年第2期。

② Mohsin S. Khan, “Asia: Stepping Up from Regional Influence to a Global Role”, *East Asia Forum Quarterly*, October 16, 2011, p.18.

③ Jeffrey J. Schott, “The FTA Frenzy in East Asia: Current Status and Prospects”, Peterson Institute for International Economics, November 1, 2007, file://C:/Users/thinkpad/AppData/Local/Microsoft/Windows/Temporary%20Internet%20Files/Content.IE5/S4P9QN0Q/schottppt11071.pdf.

伙伴关系协定”谈判不仅全面介入东亚地区经济一体化趋势，而且能够重塑并且主导未来亚太区域经济整合进程，成为亚太区域经济整合的规则制定者和进程领导者。通过区域经济合作打开新的市场空间，确保美国企业能够自由和公平地进入这些最具活力的出口市场。

“跨太平洋伙伴关系协定”打破传统自由贸易区（FTA）模式，创立新的自由贸易区模式，制定高贸易标准和综合性自由贸易协议，使其成为亚太区域一体化进程的典范。该协定专注基础服务业、能源和环境问题的谈判，将规则透明度作为“跨太平洋伙伴关系协定”谈判的优先关注点。“跨太平洋伙伴关系协定”的新标准更加关注工人和环境问题。

奥巴马政府将“跨太平洋伙伴关系协定”作为“亚太再平衡”战略的重要组成部分之一。但“跨太平洋伙伴关系协定”未邀请印太地区经济大国中国、印度、印尼等参加该进程，其原因主要是为了至少在第一阶段将新兴大国排除在外。美国“印太战略”的矛盾之处是：中国和印度被排除在“跨太平洋伙伴关系协定”之外，但中国和印度是印太地区经济发展的两大引擎，这使“跨太平洋伙伴关系协定”的影响力在一定程度上受到影响，这也是美国“印太战略”在经济方面的欠缺之处。

四、地缘政治与美国的“印太战略”

地缘政治是人类政治中历史最悠久的现象之一。它包括客观和主观两个层面的涵义。在客观层面上，它指客观存在的地缘政治态势、关系和过程；在主观层面上，它指人们在对这些客观存在的地缘政治现实认知、理解和运筹的基础上产生的思想、理论和方法论。

美国地缘政治学家尼古拉斯·斯皮克曼于1943年发表《和平地理学》一书，在麦金德的“心脏地带”概念基础上，提出了相应的“边缘地带”(rimland）学说。他认为，两次世界大战都是发生在边缘地带，而且边缘地带在经济上、人口上都超越心脏地带。因此控制了边缘地带就等于控制了欧亚大陆，控制了欧亚大陆就等于控制了世界的命运。他提出，从西亚、南亚、东南亚到东亚的整个沿海地带，是世界上最重要的地带，因为：第一，这一地带具有发展经济的优势，是工业化的重要地带；第二，它集中了能源以及很多战略性的资源；第三，这里还是海权和陆权进行角逐的最关键所在。[①]这一理论突出了印度洋至东亚和太平洋地区在国际地缘政治中的重要地位，对奥巴马政府“印太战略”的形成有一定的影响。

（一）美国将亚太地区与印度洋地区在地缘政治上联为一体

在古代，由于喜马拉雅山脉的阻隔，东亚地区和南亚地区在地缘政治上是相对独立的区域，相互影响较少。冷战结束后，随着经济全球化趋势的发展和中印的崛起，亚太地区与印度洋地区在经济贸易上的联系越来越密切。

在此背景下，奥巴马政府的“印太战略”将亚太地区与印度洋地区在地缘政治和地缘战略上联为一体，增加了东亚地区和南亚地区的互动，进一步鼓励了印度“向东看”战略。2012年12月3日，时任印度海军司令D.K.乔什（D. K. Josh）在记者会上称，虽然印度不是“南海争议”的相关国家，但印度已经做好准备赴南海，以保护该国在这一海域的海事和经济利益。同月20日，印度和东盟决定，将双方关系升级为“战略伙伴”关系，并在共同发表的《印度—东盟展望2020年宣言》中提出加强海洋安全领域的防务合作。2013年11月，印度与越南签订为期三年的石油勘探备忘录。根据该文件，越南向印度提供南海上的七个石油区块，包括三个独家开采的石油区块。这使得南中国海的安全形势更加复杂。

近年来，巴基斯坦也开始接受“印太”概念。2015年2月，巴基斯坦参联会主席拉沙德·穆罕默德（Rashad Mohammed）在卡拉奇举行的

① [美]尼古拉斯·斯皮克曼：《和平地理学》，刘愈之译，商务印书馆，1965年，第96页。

第六届国际海洋研讨会上指出:“印太地区有活力的社会政治条件和经济潜力，使各国在该地区安全环境中，尤其在印太地区沿海要应对的挑战增加。在这种情况下，减轻海上风险和脆弱性要求协调一致的努力。因此，该地区沿海国家需要以合作而不是竞争的精神关注合作性的海上安全。它们在发展军事能力、部署海军和开发资源时不应导致地区紧张的上升。”①

（二）印太地区格局正在从一超多强向多极格局演变，形成两类多个三角关系

当前，亚太地区正处于地缘政治的转型期。冷战结束后，亚太地区处于美国这个超级大国和多个强国并存的“一超多强”格局。随着中国、印度、东盟等新兴力量崛起，以及美国在伊拉克战争和阿富汗战争中受到削弱，美国的实力相对下降，亚太地区正在向多极化方向发展。印太地区作为地缘政治和地缘战略整体性的形成，进一步加快了多极化趋势的发展。

印太地区多极化趋势的表现形式之一是形成两类多个三角关系。第一类三角关系以三角博弈为主，包括中美印三角关系、中美日三角关系、中美俄三角关系、中美澳三角关系等。第二类三角关系以三边合作为主，包括美日印三边关系、美日澳三边关系、美印澳三边关系、美日韩三边关系等。虽然根据国际政治中的三角关系理论，这第二类三角关系主要是三边合作，不是典型的三角关系，但美国越来越重视这些三边合作关系，这就表明美国在实力相对下降的情况下，不得不更多依靠盟国和伙伴国家的力量。

中美印三角关系是印太地区最重要的三角关系之一。美国是世界上唯一的超级大国、最大的发达国家，又是国际体系中占主导地位的大

① General Rashid Mehmood, the Chairman of Joint Chief of Staff Committee of Pakistan, “Challenges in Indo-Pacific Region Growing, Maritime Security Conference Told”, speech at 6th International Maritime Conference 2015, February 16, 2015, http://epaper.dawn.com/print-imageview.php?StoryText=17_02_2015_003_005.

国。中国和印度是两个人口最多的发展中国家，互为邻国，又是国际体系中两个上升的大国。中美印互动关系朝什么方向发展，将在很大程度上决定未来世界的战略格局和国际体系的走向。在美国有的人企图用提升美印关系来制约中国。但美国能否利用印度来平衡和制约中国，并不完全取决于美印关系的发展，因为在经济全球化趋势下，中印两国之间有许多共同利益。首先，中印两国的发展是在亚洲兴起大背景下进行的。世界经济和政治重心正在从大西洋两岸向印太地区转移，中印两国都发展起来，才能实现亚洲崛起和亚洲世纪；其次，中印作为两个最大发展中国家，都致力于提高本国人民生活水平和教育水平，相互军备竞赛或相互牵制，并不符合两国国家利益；最后，中印两国都是新兴大国，在历史上都有着遭受帝国主义和殖民主义侵略的类似遭遇，现在都面临着实现现代化的相似任务，因此它们的战略目标是并行不悖的，相互间共同利益远远大于分歧，两国都致力于国内经济发展，并希望实现地区与世界和平。中美之间也有许多利益交汇点，它们的战略目标并不是相互冲突的，虽然有相当多矛盾之处。中美印之间是有可能避免“安全困境”的，因为安全的内涵正在发生重大变化，传统军事安全虽然仍很重要，但非传统安全威胁的上升促使中美印更多地进行合作。世界正处于一个新的经济全球化时代，在“地球村”中，中美印共同面临恐怖主义、传染性疾病等许多非传统安全威胁，需要合作加以应对。

中美澳三角关系是印太地区重要的三角关系之一。美澳是盟国，两国承担安全方面的相互义务。2014年，中国购买了澳全部出口商品总额的33.8%，中澳贸易总值达到约12820亿美元。[①]近年来，美澳军事关系加强。2011年11月，奥巴马总统宣布，美国从2012年开始在澳大利亚驻扎250名海军陆战队员，未来驻澳美军总兵力将达到2500人。这些部队进驻澳大利亚北部达尔文港的罗伯逊军事基地。这是美军战斗部队

① 《澳大利亚对主要贸易伙伴出口额》（2014年），中国商务部网站，http://countryreport.mofcom.gov.cn/record/view110209.asp?news_id=42743;《澳大利亚对主要贸易伙伴进口额》（2014年），http://countryreport.mofcom.gov.cn/record/view110209.asp?news_id=42744。

首次正式驻军澳大利亚。美国海军正在考虑获得更多使用珀斯附近西部港口舰队基地设施的机会，甚至希望派遣美国军舰轮换驻扎使用这些基地设施。美国核潜艇曾不时利用这些设施，因此存在先例。美国空军B-52战略轰炸机和B-2隐形轰炸机将可能开始使用澳大利亚北部的跑道，这也是加强美国与澳大利亚国防军之间联合训练演习的一个途径。美国战略与国际问题研究中心防务分析专家扎克·库珀（Zack Cooper）认为："美国一直对利用这些基地很感兴趣，如果不是能够随时使用，那至少也能够通过它们进行部队的轮换。此外，从地理角度来说，这些基地位置极佳，可以让美国在需要的时候轻松地快速到达东南亚。"[①]由此可见，美国在澳大利亚派驻战斗部队和舰机，以及美澳加强防务关系，主要是为了应对在南海和东南亚可能发生的危机事态。与此同时，澳大利亚在经济上又难以离开中澳经贸关系。中国自2007年起是澳大利亚最大贸易伙伴，也是澳大利亚最大的出口目的地。矿石和能源是澳大利亚出口中国的最大宗商品。这些使得澳大利亚不愿意在中美之间选边站。但中美澳三角关系中也存在一些博弈因素。

中美俄三边关系是在冷战结束后逐渐形成的。在中美俄三边关系中，中美之间和美俄之间的关系竞争与合作并存，摩擦与协调交替。1996年中国和俄罗斯决定建立和发展两国"平等信任的战略协作伙伴关系"。这一关系是"建立在不结盟、不对抗、不针对第三国基础上的新型国家关系"。[②]2001年7月16日，中俄签署《中俄睦邻友好合作条约》，"彻底摈弃了那种不是结盟就是对抗的冷战思维，是以互信求安全、以互利求合作的新型国家关系的体现"[③]。中美经贸关系的日益密切已经使经济合作成为两国关系的最重要压舱石。在中美俄三边关系中，中俄两

① Zack Cooper, " Strengthening U.S.- Australia Alliance" , http://csis.org/ articles.com/2014-07-20/opinions/287243-1- strengthening- us- Australia-alliance.

② 《中俄元首莫斯科联合声明》,《人民日报》2001年7月17日,第1版。

③ 时任中国国家主席江泽民2001年7月16日在莫斯科与俄罗斯总统普京举行会谈时的谈话,《人民日报》2001年7月17日,第1版。

国之间的关系要好于他们各自与美国的关系。中俄两国并不是与美国全面对抗，而只是在某些主要问题上，如美国发展导弹防御系统、北约东扩等，寻求加强相互合作以在外交上应对美国。从现实情况看，中美之间和俄美之间由于既有很多共同利益又有许多矛盾，因此形成既合作又竞争关系的可能性最大。但在乌克兰危机发生后，美俄之间的对抗性有所上升。中俄两国与美国之间在某些传统安全问题上会出现“零和”模式；但由于各国在经济方面相互依存关系的发展和存在许多跨国界问题，它们在大多数非传统安全问题上，如环境恶化、国际恐怖主义、毒品等，将不得不寻求良性互动或良性互不动，面临“三赢”模式或“全输”模式。

中美日三角关系在冷战结束后成为印太地区影响最大的三角关系之一。当前，国际战略形势正处在深刻变化之中，中美日三角关系也在进行前所未有的调整。现在中美日有很多共同利益。它们相互之间的贸易和经济合作关系不断发展，在经济上日益相互依存。中美都希望亚太地区保持和平与稳定，都需要进行合作来解决一些全球性问题。但日本右翼和安倍政府企图否认日本军国主义的侵略历史，安倍政府意在修改日本和平宪法，加强军事力量。日本政府宣布所谓“钓鱼岛国有化”，激化了中日关于钓鱼岛主权归属的争议。美国为了制约正在上升的中国，强化美日联盟。这些成为造成中美日三边关系复杂化的重要因素。从长远来说，中美日有必要建立平衡稳定、合作共赢的三边关系，这将是构建全球大国战略稳定框架的重要一环。

美日印三边关系、美日澳三边关系、美印澳三边关系有一些共同的特点，即都是以美国为主导，通过三边政治和军事合作来巩固美国在印太地区和世界的领导地位，加强应对地区不测事态的能力，牵制和平衡中国。日印澳三国则企图通过这种合作加强自身地位和能力，获取自己需要的利益。2007年4月，美日印三国在日本海域举行首次联合军演。同年9月，美日印澳等国在印度洋举行了代号为“马拉巴尔07-2”（Mallabar 07-2）的海上联合军演。2009年，美日印三国海军再度合作，在冲绳附近海域展开军演。2011年12月19日，美日印首次三边对话在华盛顿举行。2013年10月第五次美日澳三边战略对话部长级会议发表含涉东海、南海问题内容的联合声明。2014年7月，正在澳大利亚访问的日本首相安倍晋三呼吁加强美日澳三边关系，日澳并签署两国《经济伙伴关系协定》(EPA）和《防务技术和装备转移协定》。

总体来说，在第一类以博弈为主的三角关系（包括中美印三角关系、中美日三角关系、中美俄三角关系、中美澳三角关系等）中，虽然美国是矛盾的主要方面，即矛盾中起主要作用的方面，这些三角关系的性质，也主要是由矛盾的主要方面决定，但中国仍有较大或一定的回旋余地和博弈空间，特别是在中美俄三角关系中。在第二类以三边合作为主的三角关系（包括美日印三边关系、美日澳三边关系、美印澳三边关系、美日韩三边关系等）中，美国占有主导地位。

美国和日本试图构建“美日印澳菱形”安全合作机制。2013年1月，日本首相安倍晋三发表文章认为，中国快速扩张军力，已经造成严重威胁，提出构建美日印澳“亚洲民主安全之钻”的构想，希望拉拢美国、澳洲和印度一起建构对中国的“钻石包围网”。2014年7月，日澳签署《防务技术和装备转移协定》，加强了美国与日澳三边安全对话的轴心。美希望把印度也拉进来变成“四边机制”，但是，澳大利亚对此并不积极，印度也不愿成为美日制约中国的棋子。因此，美日构建“美日印澳菱形”合作机制的企图仍然搁浅。

（三）构建中美新型大国关系的进程不仅取决于两国国内因素，也受到印太地缘政治中其他行为体的影响

当前，中国和美国作为世界第二大和第一大经济体既有共同利益，也存在许多分歧，两国既合作，又竞争。中美关系从冷战时期以外部驱动（苏联霸权主义威胁）为主到现在是内在动力与外部驱动并存，以内在动力为主。中美关系内在动力正在深化，不仅两国经济上的相互依存上升，中美互为第二大贸易伙伴，中国是美国最大的债权国、第三大出口目的地和首要进口来源地，中美互为主要外国投资来源地之一，而且

两国从官方到民间相互交流的深度和广度都已经发展到前所未有的程度。外部驱动力也从冷战时期共同应对苏联霸权主义军事威胁为主，转变为在许多全球问题和地区问题上应对非传统安全和传统安全的共同挑战，需要合作维护共同或并行不悖的利益。

近年来，中国倡导中美构建“新型大国关系”，但是奥巴马政府推行“亚太再平衡”和“印太战略”，使影响中美关系的其他行为体数量由此增加。例如，奥巴马政府在推行“亚太再平衡”战略和“印太战略”中加强美日联盟，发展美印战略伙伴关系，将美日联盟和美印战略伙伴关系作为“美地区战略的重要压舱石”[①]，使日本安倍晋三政府有恃无恐解禁集体自卫权，有意修改日本现行宪法第九条，为与中国发生冲突做准备，今后甚至可能主动挑起与中国的武装冲突，拉美国下水，故意引发中美冲突。这将加剧地区局势的紧张。

五、美国“印太战略”的影响

随着美国继续推行“亚太再平衡”战略，其“印太战略”的影响在增加，主要表现在以下几方面：

（一）印太地区正在成为全球地缘经济和地缘政治的下一个中心地带

美国“印太战略”作为“亚太再平衡”战略的重要组成部分之一，促进亚太地区与印度洋地区在地缘经济、地缘政治和地缘战略上联为一体，加速世界经济政治重心从大西洋两岸向印太地区转移。这将使印太地区成为大国竞争、领导权博弈、领海争端的下一个集中地，也促使印

① Michael Green and Daniel Twining, “Why Aren’t We Working with Japan and India?”, http://articles.washingtonpost.com/2011-07-18/opinions/35238121-1-obama-adminstration-strategic-dialogue-japan-and-india.

度成为亚太地区的重要地缘战略行为者之一。

从地缘经济上说，印太地区是当今世界上经济最有活力的地区。该地区内的区域化（regionalization）与区域主义（regionalism）合作都在发展。区域化是指某一区域内由非国家实体，主要是跨国公司在市场力量影响下通过进行贸易和投资所推动的区域经济和社会一体化。而国家推动的区域主义又称“地区主义”，是指国家通过进行相互之间的经济合作安排，建立各种多边国际机制，包括区域性的经济合作组织，来推动区域经济一体化。“区域全面经济伙伴关系”进程和亚太自由贸易区进程都是开放性的，有很大包容性，其发展必然推动印太地区经济一体化，虽然这是一个很长的过程。

从地缘政治上说，印太地区在全球的地缘战略地位正在上升。该地区内既有国际体系的守成大国美国，也有国际体系中的新兴力量中国、印度、东盟等，还有国际体系中的其他重要行为者俄罗斯、日本、韩国、澳大利亚等。印太地区当前和未来相当长时期内地缘政治的核心问题是：一方面，国际社会特别是西方国家，包括美国能否顺应世界多极化趋势的新潮流，适应、接受和容纳中国、印度等发展中大国的崛起并在国际体系中发挥更大和积极作用；另一方面，中国、印度等崛起的新兴发展中大国能否融入和适应国际体系和地区秩序，并在参与中推动国际体系和地区秩序向更加公正合理的方向转变。这种相互之间的安全博弈将是一个长期的过程。

（二）印太地区战略态势更为复杂

美国“印太战略”将其亚太“轴辐”安全体系扩大到印度洋区域，使印太地区战略态势更为复杂，使能够影响中美博弈的地缘政治行为者增加，也使中美博弈和合作的战略空间大为扩大。首先，美国企图拉拢印度来制约中国，中国为了保护在印度洋海上航道的安全而向印度洋派出海军舰艇，中美印在印度洋既有博弈，也可以合作；其次，美国在地缘战略上企图形成对中国的大月牙形制衡圈，将增加中美之间的战略互疑，刺激该地区海军军备的竞争；再次，日本借机加强与印度的防务合作，企图在东西两个方向为制衡中国布局。2012年12月，日本安倍晋三政府上台以来，日印关系，特别是安全合作关系有了很大进展。两国加强防务领域的战略合作，包括定期举办联合作战演习、定期开展军事交流，以及加强反海盗、海上安全和反恐合作等。

（三）中国和平发展面临更加复杂的外部环境

美国为推行“亚太再平衡”战略和“印太战略”，加强美国在印太地区的军事存在，有针对中国的因素。2015年3月13日，美国海军、海军陆战队和海岸警卫队发布的《21世纪海上力量合作战略》认为，过去两年间，中国在海上和空中都变得更加咄咄逼人，这加剧了中国同许多邻国之间的领土争端。“这种行为，再加上中国军事意图缺乏透明度，导致了紧张和动荡，这可能带来误判甚至冲突升级。”①为了应对这种形势，美国海军和海军陆战队计划向包括印度在内的亚太地区派遣更多先进的军事资产和最尖端的军事平台。这些先进的军事资产包括F-35联合攻击战斗机和MV-22“鱼鹰”运输机等。表明未来几十年美国将利用大量的资源确保其从印度洋到太平洋的海上主导地位。

2015年3月3日，美国太平洋舰队司令哈里·哈里斯(Harry Harris)海军上将在访问印度时称“我们的经济未来在于太平洋和印度洋”。他提出把一年一度的“马拉巴尔”军演升级为多边军演，让日本和澳大利亚等国家定期参加。他主张，“每个国家的海军在印度洋—太平洋建立多国海上关系的行动中都要发挥一定作用”，“加强美印伙伴关系有助于我们确保其他国家尊重国际法，并推动我们的共同承诺，即所有国家都可以公开获取海洋、天空、太空和网络等共享的全球公域”。②美国2015年《21世纪海上力量合作战略》强调美国在印度洋—亚太地区的巨大优势之一——众多的朋友和盟国。该文件说：“基于共同的战略利益，美国寻求加强与印度洋—亚太地区的长期盟友的合作，其中包括

① U.S. Navy, Marine Corps, Coast Guard, “A Cooperative Strategy for 21st Century Seapower”, March 13, 2015, http://www.navy.mil/.

② Rajat Pandit, “Hope India Help Multilateral Navy Engagement”, *India Times*, March 4, 2015.

澳大利亚、日本、新西兰、菲律宾、韩国和泰国，并继续培养与孟加拉国、文莱、印度、印尼、马来西亚、米克罗尼西亚、巴基斯坦、新加坡和越南等国的伙伴关系。”[①]这些都是美国为推行“亚太再平衡”战略和“印太战略”而采取的举措。对中国捍卫主权和领土完整、和平发展将产生某些负面影响。中国推进“一带一路”建设有的项目需要经过南亚和印度洋，美国如认为需要，可以利用其盟国或伙伴国对中国进行牵制。如果中美之间爆发武装冲突，中国的能源运输也难以通过印度洋。

结 语

奥巴马政府“印太战略”是美国“亚太再平衡”战略的重要组成部分之一。它将美国亚太“轴辐”安全体系扩大到印度洋区域，形成大月牙形同盟与伙伴国网络。其中，既有美国地缘战略的需要，也是地缘经济发展使然。印太地区在全球的地缘战略地位正在上升，将成为全球地缘经济和地缘政治的下一个中心地带。这将使印太地区成为大国博弈新的关键战略竞技场之一。

---

① U.S. Navy, Marine Corps, Coast Guard, “A Cooperative Strategy for 21st Century Seapower”, March 13, 2015, http://www.navy.mil/.

美国战略重点东移的四大诉求

王嵎生

近来，美国进一步高调宣称，美国21世纪“国防的优先任务”，就是要“维持美国的全球领导地位”，保持“超强优势”，并“把（战略）重心转向亚太地区”。美国一些主流媒体配合默契，突出宣传说，这主要是为了应对中国的挑战。

随着时代的变迁和国际力量对比的变化，特别是中国等亚洲国家大批的兴起，美国有点“按捺不住了”。纵观美国全球战略和“领导世界”的惯性思维，它“战略中心东移”，似有包括遏制中国在内的四大诉求。

首先，为了确保美国“决不做老二”的领导地位，美国需要制造一种比较紧张的“地缘政治态势”，那就是“老美不能走”。不仅不能走，而且由于中国不断“展现肌肉”和“咄咄逼人的外交”，亚太地区众多“小兄弟”还需要它的保护。因此，它需要着力防范和遏制中国。近年来，美国不断在中国周边投棋布子，挑拨离间；同时，频频主导各种形式的军演，鼓动和唆使一些国家同中国闹腾，破坏中国构建和谐周边的战略。

有人说，美国主要是为了“防范中国”，并无意“遏制中国”。这并不符合事实。由于两国“相互依存”关系的客观存在和需要，美国对中国“两面下注”固然是真，但“无意遏制”显然是假。而且，什么是“防范”？过度的“防范”本身就是一种“遏制”。美国一些新保守主义理想家就直言不讳，应对“中国的挑战”，就应该“以攻为守”。

第二，防止日本、韩国和澳大利亚等盟国已经显现的“离心倾向”，加强对它们的控制。李明博以前的金大中和卢武铉总统都曾声称，美国是“同盟”，朝鲜是“同胞”；韩国要在东西方之间扮演“中立者”的角色。日本前首相鸠山还提出要建立（没有美国参加的）“东亚共同体”，主张在东西方之间发挥“桥梁作用”。一贯做老大的美国岂能容忍这种现象继续下去？

第三，力图主导和影响亚太经贸发展方向，占领制高点。近几年来，亚洲国家率先摆脱金融危机，展现良好发展势头。中国—东盟自贸区已开始运行，东盟和中日韩（10+3）经贸关系迅猛发展，中日韩三国已成立秘书处，三国有望逐步开启自贸区谈判，日韩同中国的贸易总额都超过了它们同美国的贸易。美国岂能眼睁睁地看着自己“被边缘化”？奥巴马承诺五年内对外贸易要翻一番，增加就业，在相当大程度上要依靠亚洲市场。美国甩开APEC贸易与投资自由化的茂物目标，另起炉灶，搞什么TPP（跨太平洋合作伙伴关系），实际上是配合战略东移，搅局，争取主导权，并使其“低碳经济”等优势产品“零关税”闯入亚洲市场。

第四，拿中国说事，刺激和推动军备竞赛，为美国军火商开路。现在，日韩等国竞相要购买美国F-35战机，菲律宾甚至买了它的二手货巡洋舰。所谓要“送”给印尼两个中队的F-16，实际上也是卖。美国领导层一向同军火工业关系十分密切，在经济不景气时期，这无异于给他们打强心针，“吃小灶”。

美国的上述诉求和图谋，从霸权的立场来说，似乎“理所当然”，甚至“天经地义”，但从时代变迁的诉求来看，显然并不是这一地区绝大多数国家希望看到的。

“9·11”事件以来的美国中东政策评析

安惠侯*

“9·11”事件后，小布什总统发动全球反恐战争。美对中东执行的“整合政策”困难重重，被迫调整政策。奥巴马出任总统，制定新的中东政策。阿拉伯世界爆发大动乱后，奥巴马政府在中东推行“新干涉主义”。随着美全球战略重心向亚太转移，奥巴马总统再次调整美中东政策。

苏联解体、冷战结束后，美国全面确立了在中东的主导地位。1991年，布什政府提出建立“中东新秩序”的构想，将中东作为建立“世界新秩序”的试验地，实现“美国治下的和平”，维护美国的世界领导地位。1993年克林顿出任总统，在中东实施“西促和谈，东遏两伊”战略。美国“全面参与”巴勒斯坦与以色列间的和平进程，促使巴以达成《奥斯陆协议》；在海湾地区，实施“双重遏制”：既防范伊朗，又打压伊拉克萨达姆政权。布什的构想未能实现，克林顿的战略也实效不彰。

① 安惠侯，中国国际问题研究基金会战略研究中心主任、上海外国语大学中东研究所智库理事会理事、中国国际问题研究院特聘研究员、前大使。

一、“9·11”事件后，小布什总统大幅调整美国中东政策

冷战后，美国人一直在讨论，谁是美国的主要对手和敌人。见仁见智，莫衷一是。小布什上台执政后，美全球战略重心一度出现向亚太转移的趋势。2001年爆发“9·11”事件，对美政府及民众形成空前强烈的冲击，似乎为美国人寻求的“谁是主要敌人”这一命题，提供了答案：恐怖主义！的确，布什政府立即把打击国际恐怖主义、确保美国本土安全列为外交政策和安全战略的首要任务，对反恐的主攻方向、主要手段、恐怖主义的根源及如何根除，进行了反思，得出结论，从而提出对中东地区的“整合政策”：

1. 将反恐和防范大规模杀伤性武器扩散视为美安全战略的首要任务，发动全球反恐战争，矛头指向伊斯兰反美国家和伊斯兰极端组织，主战场设在大中东地区。布什将“反恐战争”定义为“反伊斯兰法西斯战争”，强调这是西方民主自由力量与伊斯兰法西斯主义“在21世纪的一场意识形态决战”，要发动“新十字军东征”，具有强烈的意识形态和文明冲突色彩。布什政府公开宣称，要以是否支持美“反恐”、“防扩”来界定敌友。认为反恐与称霸并行不悖，美国要通过反恐战争来维护世界霸权。

2. 认为“美国受到的威胁与其说是来自耀武扬威的国家，倒不如说来自失败国家”，“要防止支持恐怖主义的政权通过大规模杀伤性武器来威胁美国”。美将伊拉克、伊朗和朝鲜并列为“邪恶轴心”，将利比亚、苏丹和叙利亚等国视为“无赖国家”，作为打压的对象。

3. 将恐怖主义袭击视为战争行为，必须用军事手段应对，提出“先发制人”、“政权更迭”战略。先发动阿富汗战争，一举推翻阿富

汗塔利班政权，击溃“基地组织”。后发动伊拉克战争，推翻萨达姆政权。如果不是陷入伊拉克困境，美可能还会对其他国家，如叙利亚或伊朗发动“先发制人”的军事打击。

4. 提出“大中东民主改造计划”，要用“民主”与“自由”价值观改造地区国家，根除恐怖主义滋生的土壤，矛头指向沙特、埃及等阿拉伯温和国家。小布什说，“中东不发展成一个进步、和平的地区，就会成为暴力和恐怖的输出地”，“60多年来西方国家纵容和适应了中东这种缺乏自由的状态，但这样做对于我们获得安全没有任何作用”，“自由在哪里扎根，哪里就没有恐怖主义的立足地”。

5. 奉行单边主义政策。美国自认为，作为世界唯一的超级大国，理应在全球反恐战争中发挥领导作用。国际机构和其他大国都应支持美国的行动，即使得不到它们的支持，美国也应该，且有能力采取单边行动，实现自己的目标。

6. 将巴以冲突纳入“反恐战争”和“整合政策”框架。巴勒斯坦人民要求收复被占领土，恢复合法民族权利，建立独立自主的国家，属20世纪波澜壮阔的民族解放运动中一项未竟的事业。布什政府却指责巴人反抗以色列占领的斗争为恐怖主义行为并予以反对，将以色列镇压、杀戮巴民众视为反恐行动并予以支持。美还要求巴民族权力机构进行民主改造，接受美式民主、自由价值观和体制。

7. 全面确立美国在中东的主导地位和切实控制中东地区石油资源。2003年3月20日，美国不顾席卷全球的反战浪潮和国际社会大多数国家的反对，绕开联合国，以伊拉克发展大规模杀伤武器、支持“基地组织”恐怖行径这两项莫须有的罪名为由，悍然发动伊拉克战争。小布什强调，“这次行动的目的是解除伊拉克的武装、解放伊拉克人民、保卫世界免遭严重危险”。由于力量对比悬殊，伊拉克军队无力对抗美军入侵。同年5月1日，小布什踌躇满志地宣布伊拉克的主要战事结束。小布什发动伊拉克战争的原因如下：（1）老布什发动的海湾战争以及随后的12年制裁虽重创伊拉克，但未能迫使萨达姆政权屈服，伊拉克反而成为中东乃至世界少有的公开反美国家，美国无法容忍。（2）伊拉克曾经拥有并使用过大规模杀伤性武器。美国强调伊拉克仍藏匿着这类武器，具有发展这类武器的意图和潜力，并有可能向国际恐怖组织扩散。（3）要在处于中东核心地区的伊拉克扶植一个接受民主、自由价值观的亲美政权，作为民主改造中东的开端和样板。（4）控制伊拉克石油资源。（5）美国自以为有足够的实力发动这场战争并赢得胜利，国际社会将无可奈何地接受既成事实。

布什政府调整后的中东政策有如下几点值得注意：（1）将美历届政府在中东注意维持适度平衡、保持节制、争取民心的做法搁置一边，而将美霸道、强权、黩武的一面加以放大，推向极致。（2）美历届政府在中东都一直避免与伊斯兰教正面碰撞，而布什政府将反恐战争和“大中东民主改造计划”的矛头直指伊斯兰教。（3）布什政府对中东地区给予了空前的重视，实际上将全球安全战略的重心放在中东。

二、美在中东推行“整合政策”困难重重

伊拉克战争爆发后，国内有些学者对美霸权主义的强悍印象深刻，推断“中东将出现美国治下的和平”，“出现连片的亲美国家”。当然，也有人指出：美国发动伊拉克战争失道寡助，在伊拉克将面临许多难题，美国在中东推行“整合政策”将困难重重，目标难以实现。事态的发展证实了后者的预见。

（一）美国打赢了战争，招来各方严厉批评，也无法稳定伊拉克局势

1. 美国发动伊拉克战争遭到全世界绝大多数国家反对。阿拉伯国家联盟和不结盟运动态度明确，要求美立即停止战争；欧盟和北约没有表示支持；法国、德国、俄罗斯和中国坚决反对；伊拉克六个邻国中，

仅科威特因曾遭受伊拉克入侵，允许美军借道攻打伊拉克。

2. 战后伊拉克安全形势十分严峻，美军成为各种反美势力攻击的目标。萨达姆政权残余、伊斯兰势力、民众自发反美势力以及包括“基地组织”等从国外潜入的伊斯兰激进势力，以路边炸弹、自杀性爆炸等各种方式对占领者发动袭击，造成美军大量伤亡。2003年5月1日小布什宣布伊拉克主要战事结束以前，侵伊美军死亡人数为138人，到年底死亡人数上升为500多人，伤者数以千计。而到2007年年中，驻伊美军死亡人数升至3500人，伤者25000多人。

3. 伊拉克人民是这场战争的最大受害者。到2007年年中，已有65万人死于战乱，近220万人逃亡国外，200万人在国内流离失所。[①]

4. 美国为了打击萨达姆政权，在伊拉克扶植什叶派穆斯林和库尔德人，打压逊尼派穆斯林，加剧了伊拉克国内的宗教矛盾和民族矛盾。伊拉克什叶派、逊尼派和库尔德人三股势力间的原有力量平衡被打破，争斗至今还在继续。

5. 事实表明，美国为发动伊拉克战争提出的“理由”，全是编造的谎言。美国前国务卿鲍威尔坦言，他在联合国阐述发动伊拉克战争的理由时说的全是谎言。加上揭发出来的美军在伊拉克多起虐囚丑闻，使得美国信誉扫地，阿拉伯民众反美情绪高涨。根据美国民调公司2007年的调查，支持美国中东政策的人在沙特为8%，黎巴嫩为9%,阿联酋为15%，埃及为1%。[②]

（二）“整合政策”无助于巴勒斯坦问题的解决

“9・11”事件后，布什政府指责阿拉法特支持恐怖主义，拒绝与他来往，并纵容以色列长期将其围困在拉姆安拉官邸，最后阿拉法特在郁闷中死去。阿巴斯接替阿拉法特出任巴勒斯坦民族权力机构主席，力主在美国主导下与以谈判解决巴以矛盾。而美要求巴方停止袭击以色列并

① 《联合国难民署说伊拉克难民有400多万》,《光明日报》2007年6月7日。

② 徐迪生:《改善在阿拉伯国家的形象是美当务之急》,《光明日报》2007年6月23日。

解除巴激进派别武装，实行改革，接受美式民主、自由体制。实际上，布什政府注意力主要放在伊拉克问题上，对推动巴以和谈下力不多，且听任以色列“定点清除”巴激进派别领导人，致使巴以暴力冲突不断。这又使得主张和谈的法塔赫在巴民众中威信下降，而暴力抗以的哈马斯影响扩大。2006年1月，巴勒斯坦举行立法选举，哈马斯战胜法塔赫，获得组阁执政权。美、以拒绝承认哈马斯主导的政府，并对巴实行经济制裁，企图压垮哈马斯政府。哈马斯与法塔赫间的矛盾日益尖锐，多次爆发流血冲突，导致2007年6月14日阿巴斯决定解散哈马斯主导的联合政府，另组法塔赫主导的紧急政府，并宣布哈马斯为非法武装力量，应予以解散。法塔赫与哈马斯公开决裂。

（三）打压手段未能迫使伊朗、叙利亚屈服

由于伊朗坚持反美、反以色列立场，美一直视伊朗伊斯兰政权为美推行中东战略的一大障碍。美等西方国家担心伊朗发展核技术会导致制造核武器，伊朗强调有权和平利用核能。西方国家与伊朗就伊核问题谈判数年，无法取得共识。布什政府对伊朗更加强硬，将其从“无赖国家”升格为“邪恶轴心”和“暴政前哨”，极欲除之而后快。在推翻萨达姆政权后，国际媒体曾预言，美下一个军事打击目标可能是伊朗。但美在伊拉克陷入困境，无力再发动新的战争。美推翻了塔利班政权和萨达姆政权，灭掉了伊朗的两大宿敌，在伊拉克掌权的什叶派穆斯林又与伊朗有着传统的联系，布什政府的中东整合政策不仅未能压服伊朗，反而使得伊朗在中东的影响力扩大。

美对叙利亚的不满由来已久，因支持黎巴嫩真主党和巴勒斯坦激进组织，叙被美列入“支持恐怖主义国家”的黑名单。伊拉克战争后，美又指责叙支持伊斯兰反美武装力量并为他们进入伊拉克提供通道。美不仅对叙实行经济制裁，还利用黎巴嫩前总理哈里里遇刺身亡事件，迫使叙从黎巴嫩撤出全部军队和情报人员，结束在黎29年的军事存在。面对美咄咄逼人的压力，叙步步退让，避免矛盾激化，但始终未屈服于美。

（四）大中东民主改造计划受挫

布什政府出台的“大中东民主改造计划”旨在向中东国家推行美式民主和自由体制，并要在伊拉克树立一个样板。布什说，“在中东地区核心位置上建立自由的伊拉克将是全球民主革命的转折点”。然而这个样板迟迟立不起来，人们看到的只是冲突、爆炸、破坏、死伤和战乱。伊拉克的现实对美推行“大中东民主改造计划”反而起到了反面教材作用。

美的改造计划在中东无法推行。一是该计划的制定基于文明冲突论，针对伊斯兰教，不可避免地会受到穆斯林民众的抵制。二是该计划实际上要求地区国家接受美国的领导，执行符合美国利益的政策，公然干涉地区国家内政，只会引起反感。三是地区国家面临的问题是发展经济、摆脱贫困、改善民生，美式民主与自由缺乏社会基础，并非民众的迫切诉求。四是美国推行该计划主要是靠入侵、制裁、威胁和干涉等强力手段，完全背离民主与自由的理念。美国的行为教育了中东国家和人民：接受美式民主与自由的代价是丧失独立、主权、自由和尊严。伊拉克就是一个活生生的例子。

三、“中东整合政策”不得人心，布什政府被迫实行政策再调整

“9·11”事件后，美国在中东地区采取的最严重步骤是发动伊拉克战争。美国的如意算盘是先在伊拉克实现“民主化”，然后通过军事或非军事手段，对伊朗、叙利亚、苏丹等美国认定为反美并支持恐怖主义的国家实行政权更迭，对温和国家推行民主改造，从而使中东国家都听命于美国，并根除恐怖主义。中东将成为美国推行“全球民主革命”的样板和基地。如此美妙的构想，第一步就无法实现，伊拉克不仅没有实

现民主化，反而深陷战乱。伊拉克乱局破坏了地区的稳定，威胁了世界和平，也使美陷入中东困境，打乱了美国的战略步骤，迫使美长期将全球战略重心放在中东，影响了美全球谋霸战略的实施。伊拉克战争由布什总统的骄傲和政绩迅速变成美国国内外舆论批评、攻击的对象。2/3的美国国民要求美军撤出伊拉克，布什总统的支持率一度下降到28%。布什政府不得不再次调整其中东政策。

1. 收敛“单边主义”和黩武倾向，转而重视多边机制，发挥联合国作用，争取欧洲盟友和阿拉伯温和国家的支持和配合，强调通过外交手段解决地区热点问题。美国竭力推动联合国安理会通过1546号决议，承认美国主导组建的伊拉克临时过渡政府，规定在伊拉克政治过渡期间，联合国发挥领导作用。

2. 暂停推行“先发制人”、“政权更迭”战略，重点稳定伊拉克局势。2007年1月，布什政府宣布以增兵为主要内容的伊拉克“新政策”，使美驻伊军力增至16.8万人。同年9月13日布什政府宣布，伊拉克关键安全目标已经达到，美军可以从伊部分撤军。美仍将保持对伊拉克的军事占领；继续打击反美武装；大力争取逊尼派势力，促进教派和解；防范伊朗扩大在伊拉克的影响。

3. 搁置“大中东民主改造计划”。布什政府承认，在中东推行“民主”需要几代人的努力，从而放慢节奏、更换手法、收敛强制施压做派、采用柔性诱拉手段。布什政府积极修复与埃及、沙特等温和阿拉伯国家的关系，向海湾六国出售200亿美元的武器装备，向埃及提供120亿美元军援，争取他们对美政策的支持与配合。

4. 坚持反恐防扩散战略，孤立和遏制伊朗。布什政府要对伊朗动武，困难太多，决心难下，转而推动安理会通过新的制裁决议，压伊弃核。

5. 为推动巴以冲突的解决，布什提出“两国方案”，并在离任前召开安纳波利斯中东和会。

上述政策调整十分有限，根本不可能解除美国在中东的困境。国内外舆论普遍认定，发动伊拉克战争是布什政府最大的战略失误，美国因此从霸权的巅峰开始向下坠落。加上2008年爆发严重的金融和经济危机，布什总统在一片批评声中黯然下台，奥巴马在美内外交困之际，上台执政。

四、奥巴马总统的中东政策

发端于美国的金融危机引发全球经济衰退，以“金砖四国”为代表的新兴国家崛起。奥巴马出任总统后面临的是世界格局和国际秩序酝酿着新的变革：一是美国综合国力与小布什上台时相比相对下降，二是应对金融危机和经济衰退成为美国政府的工作重点，三是需要尽快摆脱因错误政策而陷入的中东困境。奥巴马审时度势，对其前任的外交政策进行大的调整，中东政策调整幅度最大。

1. 停止全球反恐战争。奥巴马政府放弃“全球反恐战争”的提法，重新定位反恐斗争。奥巴马政府仍然重视反恐，但不再像布什那样，把反恐置于安全战略的绝对优先地位、以军事打击为主，并全面铺开，而是在特定地区，以有限的力量，进行必要的军事行动。奥巴马政府将反恐重点从伊拉克转移到阿富汗，在从伊拉克撤军的同时增兵阿富汗。奥巴马在竞选总统时就批评布什错误地发动伊拉克战争，忽视了阿富汗，致使“基地组织”逍遥法外、塔利班势力卷土重来。奥巴马政府强调，反恐不能单纯依靠军事手段，而要实施“双轨战略”，在军事清剿的同时，“综合运用政治、经济和社会力量消除恐怖主义产生的土壤，并利用软实力劝阻世人远离极端主义”。[①]

2. 更加重视外交手段、政治交涉、接触和对话。“胡萝卜加大棒”、

---

① 《美国拟实施“双轨”反恐战略》，《人民日报》2009年8月8日。

软硬兼施原本是美国传统的对外手段。小布什迷信武力，频舞大棒，推行“先发制人”战略，实施“政权更迭”政策，接连发动两场战争，给中东地区和世界制造混乱，也使美国陷入困境，极大地损害了美国的形象。奥巴马政府强调要实施“巧实力”。国务卿希拉里·克林顿说，“巧实力意味着组合运用外交实力、经济实力、军事实力和法律手段”①。新政府多次表示愿与伊朗直接对话。奥巴马说，如果伊朗领导人松开紧握的拳头，美国将向它伸出外交之手。当然，新政府不会放弃强硬的一手，如增兵阿富汗、威胁对伊朗采取更严厉的制裁措施等。奥巴马还强调：“美国有权对那些准备破坏其目标的国家采取单方面的行动。”

3. 极力改善与阿拉伯温和国家和伊斯兰世界的关系。由于小布什政府的极端政策，使得美国在阿拉伯伊斯兰世界众叛亲离，四面楚歌。奥巴马出任总统才几天，就接受阿拉伯语电视台采访，自我批评说：对阿拉伯世界，美国经常采取指手画脚的方式，今后，要采取倾听的方式。②2009年6月4日，奥巴马访问埃及，在开罗大学演讲，强调美国要致力于寻求与伊斯兰国家关系的新开端。他说：“我来到这里是要在美国和伊斯兰世界之间寻求一种以共同利益和相互尊重为基点的新开端——基于美国和伊斯兰教并不相互排斥、不必相互竞争的真情”，“坚信我们同为人类的共同利益远比给我们造成隔阂的力量强大得多”。奥巴马还强调：“身为美国总统，我认为我的职责之一是随时驳斥对伊斯兰教的消极成见。”奥巴马政府不再公开将反恐矛头指向伊斯兰教，而强调美国要“与同样受到威胁的穆斯林社区结成伙伴”，“使极端分子在穆斯林社区受到孤立和丧失人心”。奥巴马政府不会停止宣传和推行美式民主和自由，但停止了强行实施“大中东民主改造计划”。奥巴马说：“民主不可能从外部强加给任何国家”，“每个国家都将谋求一条基于自身民族文化和历史传统的道路”。

---

① 希拉里：《美国欲建“灵巧势力”》，《新民晚报》2009年1月14日。

② 《对中东不再“指手画脚”》，《新民晚报》2009年1月28日。

4. 大力推动巴以和谈。奥巴马接过小布什的“两国方案”，积极推动巴以和谈，上任第三天便任命了一位中东特使。希拉里国务卿上任后的第二次出访就是去中东。奥巴马政府希望以启动巴以和谈为突破口，改善美国在阿拉伯伊斯兰世界的形象。

5. 制定“阿富汗—巴基斯坦战略”。奥巴马政府将反恐重点转移到阿富汗，大力推动巴基斯坦对美国在阿富汗军事行动的配合，加强打击巴基斯坦塔利班的力度，并为此制定了“阿富汗—巴基斯坦战略”。美国将阿富汗、巴基斯坦、中亚地区进一步与中东地区连在一起，视之为大中东地区。稳定阿富汗局势成为美国当务之急。

6. 宣布从伊拉克撤军计划，同时强调不会“放弃”伊拉克。奥巴马上任伊始宣布，美国将在2010年8月31日前，从伊拉克撤出大部分作战部队，留下3.5万—5万军力，负责培训伊拉克军队和进行一定规模的反恐战斗，2011年年底前撤出全部驻伊美军。

7. 对伊朗采取接触与制裁“双轨”战略。

8. 慎用单边主义，转向多边主义，努力争取各方支持和配合。奥巴马政府从布什政府中东政策失败的教训中认识到，单边主义既不得人心，也无法解决面临的难题。在阿富汗战争的问题上，美国要说服北约成员国增兵，需要巴基斯坦、俄罗斯及中亚国家的配合，还需要伊朗提供后勤运输通道；在伊朗核问题上，美国不仅需要英国、法国、德国的支持，也需要中国和俄罗斯的配合；随着美军的逐步撤出，没有伊拉克邻国的配合，伊拉克局势不可能保持稳定；巴以和谈，没有国际社会的支持和阿拉伯国家的认可，不可能取得成功；在反恐问题上，美国更是需要阿拉伯伊斯兰世界的理解和支持。必须指出的是，美国即使转向多边主义，前提仍然是在确保美国领导的情况下，要求各国支持和配合美国确定的政策。

奥巴马政府调整中东政策，是要缓和矛盾，稳定中东局势，改善与阿拉伯伊斯兰世界的关系，维持并加强美在中东的主导作用和霸权地位。然而，霸权主义决定了它不可能与其他国家平等相待、相互尊重，不干涉他国内政。此外，中东热点问题，如巴以冲突、伊朗核问题、伊拉克战争、阿富汗战争等都是冰冻三尺非一日之寒，矛盾错综复杂，涉及面广，解决起来难度很大。这些问题原本不是美国能够完全左右的，并均存在激化的可能。事态表明中东局势没有按照奥巴马政府的意愿走向稳定。

第一，阿富汗战争旷日持久。奥巴马政府制定的“阿富汗—巴基斯坦战略”核心目标是“破坏、瓦解、最终击败基地组织及其极端主义同伙——塔利班”。为此，美增兵阿富汗并要求欧洲盟国也向阿富汗增兵。美计划扩大阿富汗政府军和警察部队，要求巴基斯坦加强对塔利班的打击力度。美承认单靠武力不能解决问题，因此采取了一系列非军事手段，发展经济，收买人心，增强阿富汗政府的执政能力，极力分化瓦解塔利班。然而种种措施收效不大，美国在阿富汗面临的难题均难解决。

第二，巴以和谈难以启动。2009年，以色列举行大选，内塔尼亚胡出任总理，组成极右政府，不接受“两国方案”，拒绝停建犹太定居点，致使巴以和谈无法启动。同年9月，奥巴马总统在纽约与阿巴斯和内塔尼亚胡举行三方会谈，没有取得实质性进展。

第三，伊拉克局势进一步恶化。在美宣布撤军计划后，伊拉克暴力事件明显增多。伊拉克逊尼派的政治和军事精英都被推到美军的对立面，成为反美斗争的主力。他们与潜入的“基地组织”武装联手进行暴力反美斗争。什叶派穆斯林中许多人与伊朗关系密切，并具有强烈的反美情绪。尽管他们因美国的入侵壮大了力量，但并不接受美国的军事占领。萨德尔领导的迈赫迪民兵组织就是这股势力的代表。库尔德人在北部三省高度自治，拥有武装。三大势力间既有民族矛盾，又有教派冲突，还掺杂着党派分歧，关系十分复杂。三派都在为美军撤出后能占据有利地位、拥有最多利益而进行全方位的争夺。美国面临的是一个无解的难题：如何既按计划撤军，又维持伊拉克局势稳定，并确保美对伊拉克的控制。

第四，伊朗仍是美必须着重应对的国家。美历届政府对伊朗伊斯兰政权实行孤立、颠覆、制裁和威胁，无所不用其极，但都不能推翻伊朗政府，也不能改变其政策取向。小布什政府推翻了伊朗的两大宿敌：塔利班和萨达姆政权，使伊朗在中东坐大。伊朗积极发展核技术，使得美西方担心伊朗最终拥有核武器。奥巴马政府在对伊朗继续保持高压和制裁的同时，多次表示愿与伊朗恢复接触，改善关系。2009年3月20日，伊朗新年之际，奥巴马再次向伊朗喊话："虽然我们长期以来存在分歧，但我的政府正致力于通过外交途径解决我们面前的各种问题，寻求在美国、伊朗和国际社会之间建立建设性关系。"美、伊高官还首次就伊核问题进行了双边直接磋商。美对伊奉行接触与制裁"双轨战略"。

第五，改善美国在阿拉伯伊斯兰世界形象仍然任重道远。阿拉伯伊斯兰民众的反美情绪曾因小布什政府的中东政策而急增，2008年3月美国马里兰大学和佐格比民调中心对沙特、埃及等六个阿拉伯国家的调查结果显示：83%的人对美国持否定态度。2009年6月美国盖洛普公司公布的民调显示，在10个阿拉伯国家和地区中，奥巴马的支持率与小布什执政时的支持率相比，在埃及和沙特分别增加了17%和19%。即便如此，他在这两个国家的支持率也仅为29%和25%。[①]奥巴马政府要根本改善美国在阿拉伯伊斯兰世界的形象依然任重道远。阿拉伯国家对美国普遍存有戒心，但又有依赖和仰仗的一面，避免与美迎面碰撞。它们担心伊朗拥有核武器，又明确反对对伊朗实施军事打击，并拒绝加入孤立伊朗的"温和国家联盟"，同时公开反对以色列拥有核武器；它们批评美国偏袒以色列，又寄希望于美国促使以色列让步，解决巴勒斯坦问题；它们欢迎美军撤出伊拉克，又担心伊拉克爆发内战，威胁地区稳定。阿拉伯国家在重点处理对美关系的同时，开展全方位外交，重视与中国等亚洲国家发展关系。

第六，美与其他大国在中东既有合作、配合，也有矛盾和争夺。欧

① 《拉登攻击奥巴马中东之行》,《环球时报》2009年6月4日。

洲大国是美盟友，但在中东热点问题上与美也有矛盾和分歧。欧洲国家反对对伊朗使用武力；对以色列的态度比美严厉；在阿富汗问题上顾虑更多，不愿介入过深。欧洲国家在配合美国的同时，极力扩大自己在中东问题上的发言权和影响力。

随着国力的恢复，俄罗斯努力重返中东，与美国虽然也有利益交汇处，存在合作、配合的空间，但在利益和政策取向上存在不少矛盾和分歧，争夺的一面十分明显。

五、阿拉伯世界爆发大动乱，美国推行“新干涉主义”

2010年年底在突尼斯爆发群体性抗议浪潮，迫使总统本·阿里逃亡沙特。这股抗议浪潮在2011年迅速蔓延到几乎所有阿拉伯国家。对此，美国始料不及，担心大动荡危及美国在中东的主导地位和战略利益。为防止抗议浪潮转向反美和反以色列方向，美国极力将动乱引向反独裁、反暴政、争民主、要自由的民主运动，高调宣扬“阿拉伯之春”、“阿拉伯民主革命”，利用它所控制的国际舆论工具，抢先为阿拉伯民众抗议浪潮定性、定调。一时间，我国有些媒体也纷纷按照西方的调门报道阿拉伯世界的动乱。

随即，美国利用这次动乱推行“新干涉主义”，一方面，极力引导各国动荡的发展方向；另一方面，借机推翻对美不驯服的阿拉伯政权。

（一）放弃老朋友，逼压穆巴拉克下台

美国起初力保穆巴拉克，但随着埃及民众抗议活动越演越烈，美担心局势失控，转而逼压穆巴拉克辞职，将权力交给美信赖的埃及军方，以确保美对埃及的控制。

（二）默许军事镇压巴林抗议民众

在巴林，掌权的是逊尼派穆斯林，而占人口85%的民众是什叶派穆斯林，他们与伊朗和黎巴嫩真主党关系密切。什叶派民众的抗议活动引起沙特等海湾国家的担心，也令美国不安。于是美国默许沙特、阿联酋联手出兵镇压巴林抗议民众，平息抗议浪潮，防止伊朗的影响扩大。

（三）制造“也门模式”

“基地组织”在也门颇为活跃，萨利赫总统在反恐方面一直积极配合美国。但美国担心也门演变成部落势力割据、四分五裂、群龙无首的又一个索马里。因此，美国联手海合会国家逼萨利赫“交权”换取“豁免”，让副总统通过选举继任总统，萨利赫的亲信继续掌握实权，形成“也门模式”。

（四）击毙卡扎菲，形成“新干涉主义”的“利比亚模式”

在美国发动伊拉克战争、推翻萨达姆政权后，卡扎菲在美霸权的震慑下，已经向美西方认输服软，不仅交出发展大规模杀伤性武器的器械和资料，还对洛克比空难进行赔偿。但美、欧并不因此而放过这位桀骜不驯并极力在非洲扩大影响的“另类”领导人。它们利用利比亚因部落矛盾激化形成的动乱，夸大卡扎菲对反对派的镇压，对利比亚实行制裁，随后又利用联合国安理会1973号决议对利比亚发动空袭战，支持反政府武装扩大内战，最后击毙卡扎菲，制造了“新干涉主义”的利比亚模式。该模式内容如下：一是培植一支决心推翻政府并有挑起内战能力的反对派；二是得到地区国家的支持和联合国安理会的授权；三是盟国广泛加入军事行动，甚至愿打头阵；四是以支持民主、反对暴政、保护平民为旗号进行干涉，强行更迭政权。美国对此模式颇为得意，一些政要和媒体毫不掩饰继续推行该模式的意图。

（五）挑起叙利亚内战，逼压巴沙尔下台

2011年3月，在阿拉伯世界大规模抗议浪潮的影响下，叙利亚民众举行游行抗议，要求变革。巴沙尔政府采取镇压和怀柔两手，原本可以平息事态，但美国联手沙特、卡塔尔等海湾国家以及土耳其插手叙利亚事务，谴责叙政府，支持叙反对派，出钱出枪组建反政府武装，于当年7月挑起叙利亚内战，企图复制“利比亚模式”，推翻巴沙尔政权。小布什任总统时，就曾打压叙利亚，奥巴马要推翻巴沙尔政权，还有削弱伊朗的考量。在这方面，美与沙特等地区国家有着共同利益。2011年8月，奥巴马宣称：“巴沙尔失去执政的合法性，必须下台。”

奥巴马的“新干涉主义”出于利用“巧实力”的思路，但不管有多“新”，多“巧”，实质仍然是维护霸权利益、干涉别国内政、实行政权更迭、以大欺小、以强凌弱。效果如何呢？

阿拉伯世界并没有出现美国希望的“民主运动”、“颜色革命”，而是动荡不安、社会撕裂、经济衰退，以及伊斯兰势力迅速扩张。西方首先变调，悲叹“阿拉伯之春”变成“阿拉伯之冬”。

美国放弃穆巴拉克使得与美结盟的国家领导人深感寒心，他们感慨地说：“当美国的朋友比当美国的敌人更加危险。”沙特等国领导人对美戒心增强。

“也门模式”并未给也门带来稳定。各派势力之间、部落之间争斗不断，而“基地组织”武装在南部地区十分活跃。

卡扎菲被击毙后，利比亚原有格局被打破，部落间矛盾激化，伊斯兰势力崛起，世俗力量极力掌控政局，各色民兵组织鱼龙混杂、各自为政，出现无政府混战局面。2012年9月15日，美国驻班加西领馆遭到袭击，美国驻利比亚大使等四人被击毙。美国国务卿希拉里惊呼：“在一个我们帮助实现解放的国家，在一个我们帮助避免被摧毁的城市，怎么会发生这样的事情？”[①]其实答案十分简明：美国的中东政策不得民心。“利比亚模式”给利比亚人民带来无穷的灾难，并给中东人民及国际社会提供了一个极其恶劣、必须避免的负面案例。

叙利亚内战持续四年多，造成25万人死亡，400万难民逃往国外，700万难民在国内流离失所。巴沙尔仍在执政，仅守住人口最密集的

① 《反美潮突起令美国错愕》，《环球时报》2012年9月14日。

25%的国土。“伊斯兰国”和“基地组织”属下的“支持阵线”占地割据。民众生活在水深火热之中。这就是当下难民潮冲击欧洲的重要根源。

俄罗斯积极重返中东，反对美国的“新干涉主义”，不仅在安理会多次否决了西方支持的有关叙利亚的提案，而且继续向叙利亚政府提供武器，并在地中海举行大规模军事演习，显示力量。俄美在中东地区的博弈加剧。

六、美全球战略重心向亚太转移，减少对中东的投入，再次调整其中东政策

美国发动阿富汗战争和伊拉克战争，成本高昂，代价惨重，在国际上产生极大的负面影响，使得美国从霸权的巅峰向下坠落。2008年爆发的金融危机和经济危机又对美国经济形成巨大的冲击。美国国内矛盾增多，奥巴马的支持率不断下降。加上新兴经济体群体性崛起，美国国力相对减弱已是不争的事实，霸权地位受到越来越多的挑战，维持霸权日益力不从心，经常顾此失彼。2011年，美国提出“亚太再平衡战略”，全球战略重心向亚太转移，重点应对中国的崛起。

中东局势也发生变化。阿拉伯世界总体趋稳，局部动乱，乱中有治。大动荡中，伊斯兰势力一度在埃及和突尼斯执政，2014年，塞西在军队和世俗势力支持下，当选埃及总统，突尼斯世俗势力也在大选中获胜，两国已开启走向稳定和发展的进程。利比亚、叙利亚和也门仍处于战乱之中，伊拉克局势也不稳定。其他阿拉伯国家在不同程度地采取了一些变革措施后，平息了民众的抗议浪潮，恢复了社会的稳定和发展。但中东地区仍存在许多不稳定因素：世俗势力与宗教势力争夺执政权；以伊朗为首的什叶派国家与由沙特牵头的逊尼派国家间的争斗加剧，这既是地缘冲突，也包含有教派矛盾；极端恐怖势力猖獗，尤其是“伊斯

兰国”危害极大。此外，两大老热点，巴勒斯坦问题和伊朗核问题仍影响地区稳定。

在这种形势下，奥巴马政府再次调整中东政策。政策调整的主要思路是：放缓推行“新干涉主义”，避乱求稳；突出外交和政治手段，减少军事介入；使用“巧实力”，利用地区矛盾，在各种势力间玩弄平衡，使之相互牵制；极力维持美在地区的主导地位。

（一）不对叙利亚发动直接军事打击

2011年8月奥巴马宣布巴沙尔必须下台后，我国许多学者预测：巴沙尔下台只是时间早晚问题。这是“习惯思维”在起作用。他们认为，美国是世界上唯一超级大国，没有想干而干不成的事。萨达姆被绞死，卡扎菲被击毙，巴沙尔也在劫难逃。然而，巴沙尔坚持下来了。原因很多，最重要的是，美国没有对叙利亚发动直接军事打击。这固然与中国、俄罗斯行使否决，使得美西方无法得到联合国安理会对叙动武的授权有关，但根本原因是美国全球战略重心向亚太转移，实行“亚太再平衡战略”，不愿、也无力在中东再发动新的战争。2013年8月，有人别有用心地制造了叙利亚化武危机，美扬言要对叙发动军事打击，但最终还是接受了俄罗斯提出的“化武换和平”方案。2014年，巴沙尔总统任期届满，有人预言，美国不会容忍巴沙尔连选连任，巴沙尔再次参选会成为美国发动军事打击的口实。结果是巴沙尔再次高票连任，美国也无可奈何。[①]美国接受了中国提出的政治解决叙利亚危机的主张，但仍坚持巴沙尔必须下台，致使政治解决无法实现。

（二）推动巴以恢复和谈，但和谈再次以失败告终

2013年7月29日，在美国的积极推动下，巴勒斯坦与以色列重启和平谈判，并制定九个月内达成协议的时间表。然而，阿拉伯世界身处大变局，无力给巴勒斯坦强大的支持；巴方内部分裂，不能一致对外；美国继续偏袒以色列，力量对比明显对巴方不利。以方态度强硬，要价

① 《巴沙尔连任激发全球舆论战》，《环球时报》2014年6月6日。

越来越高，要求巴方承认以色列是犹太人国家，同意以色列军队驻扎在巴勒斯坦与约旦边界。巴方无法接受。2014年4月24日，以方宣布中止和谈。7月哈马斯与以色列在加沙爆发军事冲突，冲突延续50天，造成巴方2133人死亡，11000人受伤，10万人无家可归。而以方仅死亡68人。这实际上是一次血腥杀戮！[①]奥巴马政府对以的强硬态度也有不满，但出于国内外的种种原因，不敢改变偏袒以色列的传统既定政策。巴勒斯坦问题得不到公正的解决，巴以间的军事冲突难以避免，阿拉伯伊斯兰民众因此而产生的反美、反以情绪，随时都有可能激烈爆发。

（三）打击“伊斯兰国”不力

“伊斯兰国”在伊拉克和叙利亚攻城略地，宣布立国后，近两个月美国没有采取行动。直到该组织的极端行为引起美国国内舆论的不安和国际社会的强烈关注，美国才组建反恐联盟，对“伊斯兰国”发动空袭。奥巴马宣称，“伊斯兰国”是美国面临的“最大威胁”。美同时宣布不派地面部队参战。美支持伊拉克政府军和库尔德武装打击“伊斯兰国”，但拒绝与叙利亚政府联手，并坚持要巴沙尔下台。2015年5月，美拨款5亿美元培训叙“温和反对派”武装，计划每年培训5400名武装人员，以对“伊斯兰国”发动地面打击。直到9月底，美仅培训出六十余人的队伍，派往叙国内后，大部分被极端势力击毙和俘虏。[②]该计划已经失败。空袭虽在一定程度上削弱了“伊斯兰国”武装力量，但无法遏制其继续扩张。国际舆论普遍认为，美国领导的反恐联盟对“伊斯兰国”的空袭收效甚微。反恐联盟的其他成员国各有盘算，并不出力。“伊斯兰国”资金来源主要是走私石油，走私渠道主要在土耳其。

（四）与伊朗就伊朗核问题达成全面协议

2013年6月，哈桑·鲁哈尼当选伊朗总统，调整外交政策，向美国示好。美及时回应，9月23日，奥巴马在联大讲话，在重申不容许伊

① 安惠侯：《中东剧变趋势分析》，《阿拉伯世界研究》2015年1月第一期。

② 《美承认训练叙叛军遭重挫》，《参考消息》2015年9月18日。

朗研制核弹的同时，表示："我们不谋求政权更迭，尊重伊朗人民和平利用核能的权利。"两国关系开始松动。11月24日，有关六国与伊朗就伊朗核问题达成初步协议，并确定在2014年7月20日前达成最终协议。后将达成最终协议的期限延至11月24日，又再次延至2015年6月30日。经过13年的较量和博弈，伊朗核问题全面协议终于在2015年7月14达成。这是因为美、伊两国都有此需要，国际社会也乐观其成。对美国来说，该协议使得伊朗至少在今后十年内不可能制造核武器，从而避免了美国因伊朗发展核武器而不得不对伊朗发动军事打击。此外，协议的达成也使得少有亮点的奥巴马外交取得一项重大成绩。对伊朗而言，协议将使西方解除对伊的制裁，改善伊与西方的关系，有利于伊朗恢复经济发展，改善民生，从而巩固伊斯兰政权。对地区和世界而言，该协议意味着拔出了一场潜在战争的引信，总体上有利于和平、合作和发展。[①]然而，以色列极力反对该协议，沙特等海湾国家对此心怀疑虑，担心伊朗的地区影响进一步扩大。协议的签订并不等于伊核问题已经解决，美伊关系虽然全面改善，美伊间的结构性矛盾仍然存在，博弈还将继续。

（五）注意利用矛盾，玩弄平衡

美国并不十分担心"伊斯兰国"对美国本土的威胁，不急于歼灭这股恐怖势力，认为该组织可以削弱巴沙尔政权，而巴沙尔政权也会遏制"伊斯兰国"的扩张。双方斗下去，两败俱伤，符合美国的利益。

伊朗为首的什叶派国家集团与沙特牵头的逊尼派国家集团争斗加剧，美一方面与伊朗达成伊核全面协议，松动双边关系；另一方面重申要保护海湾国家的安全，并向它们出售先进武器，使双方继续争斗，相互牵制，同时避免局势失控。

（六）美、俄围绕叙利亚危机和打击"伊斯兰国"博弈加剧

2015年8月，俄罗斯提出成立由联合国主导、叙利亚政府参与的新

① 安惠侯:《伊核协议对中国意味什么》,《浙江日报》2015年7月28日。

的反恐联盟打击“伊斯兰国”的倡议。9月，西方媒体纷纷报道俄罗斯对巴沙尔政权的军事援助增加，俄在叙军事存在加强。9月5日，美国务卿克里向俄外长表达了美国对俄加强在叙军事集结的担忧。8日，美白宫发言人进一步表示，俄罗斯的有关行动会进一步恶化叙利亚局势，导致更多人死亡，会令难民潮进一步扩大，甚至会有与在叙利亚作战的反IS的美军及盟友发生军事对抗的风险。对此，俄外交部发言人回应：我们从不隐瞒与叙利亚的军事技术合作。这样做是根据已签订的合同，并完全符合国际法。如果叙方为进一步打击恐怖组织向我们提出新的要求，我们会在国际法和俄罗斯法律的基础上考虑满足。11日，奥巴马表示，俄罗斯现在奉行的支持巴沙尔的战略是个重大错误。这种支持注定失败。是巴沙尔投下炸弹，毁灭了一连串城市，并在逊尼派和什叶派之间制造了冲突，这吸引了来自整个地区的圣战者。15日，普京强调，“伊斯兰国”恐怖组织的活动已经远远超出伊拉克和叙利亚，他们实施大规模杀戮，没有叙利亚政府军的积极参与，就无法把恐怖主义从该国以及整个地区根除。美国向叙反对派提供武器使叙冲突持续不断，而这些武器落到了恐怖分子手中。如果俄不支持叙利亚，该国局势将比利比亚还要混乱，难民人数会更多。[①]19日，克里在与英外交大臣会谈时表示，如果俄军像宣传的那样，在叙利亚的重点是打击“伊斯兰国”而非支持巴沙尔当局，奥巴马政府表示欢迎。美国可以接受一个和平解决叙利亚问题的方案，而巴沙尔在过渡期里可以不下台，对巴沙尔下台的具体时间可以商量。[②]美态度有了变化。30日开始俄战机在叙政府军的配合下对叙境内的“伊斯兰国”军事目标进行了多次空袭。

打击“伊斯兰国”与政治解决叙危机紧密相关。不实现政治解决，叙政府军不可能全力以赴打击“伊斯兰国”；不遏制“伊斯兰国”，即使实现政治解决，也无法稳定叙利亚局势。叙利亚政府仍在联合国代表

---

① 《普京为军援叙利亚辩护》，《环球时报》2015年9月17日。

② 《俄出兵叙利亚，美软化立场》，《环球时报》2015年9月21日。

叙利亚，具有合法性。巴沙尔事实上已成为叙政府及军队的旗帜和象征，如果执意要求巴沙尔下台，叙政府和军队难以保持团结和战斗力，叙利亚很可能沦为第二个利比亚。

俄罗斯积极插手叙利亚危机的背景如下：一是，美国主导的反恐联盟空袭“伊斯兰国”一年多时间，收效甚微。国际社会多有批评和质疑。二是，中东难民潮冲击欧洲，难民主要来自叙利亚。国际舆论普遍认为，是美国的中东政策制造了叙利亚等国的战乱，制造了难民潮，而让欧洲国家承担后果，同时呼吁尽快解决叙利亚危机。三是，“伊斯兰国”发展下去，不仅会危及巴沙尔政权，还会损害俄在叙利益；极端宗教势力还将向俄罗斯高加索地区蔓延，对俄安全构成现实威胁。四是，美西方在乌克兰问题上对俄制裁、施压、孤立，俄有必要在中东显示其影响和能量，以应对美西方的打压。

如何应对俄罗斯的介入，美国面临两种选择：一是，认真吸取过往在中东发动或挑起战争并客观上促成“伊斯兰国”崛起的教训，从地区和平和发展的大局出发，支持叙利亚危机政治解决，支持组建新的国际反恐联盟，与俄罗斯协调配合打击“伊斯兰国”。这实际上也符合美国的利益。二是，从霸权私利出发，不顾地区和世界民众对和平与稳定的期盼，千方百计地阻挠和破坏打击“伊斯兰国”与促成叙危机政治解决的努力，从而进一步恶化叙乱局，制造更多的难民。局势如何发展在很大程度上取决于美国的决断。

结　语

自“9·11”事件以来，不论是小布什掌权，还是奥巴马执政，美国的中东政策都是要维护美国的霸权、美国的利益，打压不服从美国的国家和势力，为此，不惜动用经济制裁和军事打击等各种手段，给中东地区制造了无穷的灾难。

美国虽多次调整其中东政策，但往往只是策略上的调整和手法上的变化，维护霸权、确保主导地位的本质不变。美全球战略重心向亚太转移后，美减少对中东地区的投入，但由于中东战略地位的重要，美仍努力保持对中东事务的主导，不会放弃中东。

奥巴马当下的中东政策，如暂缓推行“新干涉主义”，避乱求稳，有利于减少新热点的爆发；伊朗核问题达成全面协议，减少了美国与伊朗间爆发军事冲突的可能性，这有利于地区的和平和发展。但美国打击“伊斯兰国”不力，坚持要巴沙尔下台，对利比亚局势无动于衷等做派又不利于地区的和平与稳定。

地区国家，尤其是阿拉伯国家，从切身经历出发，对美国的不信任感增强，不满情绪上升，独立自主性发展，外交多元化明显，“向东看”趋势日益鲜明，对我国提出的“一带一路”构想热情欢迎，与中国合作共赢的积极性高涨。

奥巴马政府中东反恐政策述评

刘中民*

在反恐问题上，奥巴马就任美国总统以来一直面临着十分严峻的挑战，并突出表现为美国既要继续推进全球反恐斗争，尤其是要严惩发动“9·11”事件的“基地”组织，同时，还要收拾布什政府“反恐战争”留下的伊拉克与阿富汗战争残局，改变美国因反恐战争不断受损的国际形象，特别是改变和重塑美国与伊斯兰世界的关系，进而最大限度地减少反恐斗争对美国全球战略的掣肘。这也恰如2011年6月出台的美国《国家反恐战略》的开篇所言，奥巴马试图“将反恐斗争置于既不主导美国人民的生活，也不影响美国更广泛利益的背景之下”。

因此，奥巴马一直试图改变布什执政时期全球反恐战争（war against terror）主导美国安全与外交战略的不利局面，使反恐政策成为美国安全与外交战略的一部分，进而将更多的战略资源投入到应对经济危机、防范新兴大国崛起等重建美国领导地位的全球战略之中，但又要收到可以彰显的反恐效果。用奥巴马自己的话说，美国应进行“在道德上更容易被接受、更加集中、更加灵巧、更加有效的反恐战役”，进而实现“打击、瓦解直至最终战胜‘基地’组织及其分支机构和支持者，以确保美国公民和美国利益安全”这一反恐战略目标。

---

* 刘中民，上海外国语大学中东研究所所长、教授。

近几年来，奥巴马对美国的反恐战略进行了全面的调整，而如何调整针对中东的反恐政策自然构成了反恐战略调整的重点。因为无论是走出阿富汗和伊拉克反恐战争的泥沼，还是重塑美国与伊斯兰世界的关系，都是奥巴马面对的棘手难题。为此，奥巴马在调整中东战略的同时，制定并实施了一系列有别于布什政府的反恐政策。但美国国内和国际舆论多认为，奥巴马除取得击毙本·拉登、削弱“基地”组织能力、美国本土安全保障相对增强等反恐成果外，美国所面临的反恐形势依然不容乐观。甚至有评价认为，奥巴马的反恐政策仍然是近十年来反恐战争政策的延续，尽管取得了部分成功，但美国所面临的反恐问题的挑战依然如故。在奥巴马取得总统连任之际，本文拟在宏观考察奥巴马反恐战略的基础上，从政策理念、反恐重点和反恐手段等方面分析和评估奥巴马政府中东反恐政策的调整及其效果。

一、奥巴马政府中东反恐战略的演变

在奥巴马2008年取得总统大选胜利之际，布什政府中东政策的沉重遗产即反恐优先与和平进程被边缘化的恶性互动，构成了奥巴马中东政策和反恐政策面临的严峻挑战。

首先，反恐作为布什政府中东战略的优先议题，尤其是在阿富汗战争后转而发动伊拉克战争，而后又深陷泥潭、无法撤足，导致中东和平进程被严重边缘化，其简单逻辑关系即美国中东战略的反恐优先及其战略方向的错误排斥和弱化了和平议题。

其次，受美国国内强大的犹太院外集团，以及美国视以色列为中东战略资产的战略定位影响，偏袒以色列构成了美国难以摆脱的战略僵化。其重要的消极后果是不仅导致美国的中东战略丧失了灵活性，而且刺激了反美、反以宗教极端主义和国际恐怖主义的滋生蔓延，同时也限制了除以色列以外的其他中东力量与美国的反恐合作。

2008年底加沙战事的爆发和塔利班势力与“基地”组织的卷土重来，使得推进国际反恐与中东和平进程，无可避免地成为奥巴马政府中东战略的主要议题。摆脱布什政府反恐与和平两大议题的矛盾紧张关系，建立和维持和平与反恐之间的兼容、平衡关系，进而实现美国中东战略的“回归平衡”（Restoring the Balance），无疑成为奥巴马政府面临的严峻考验。

在此背景下，新总统需要“启动多样性的政策（multiple policies）以应对严峻的挑战，但他很快就会发现时不待我的紧迫”。“美国新总统的中东政策必须重新区分优先次序并调整其方向（reprioritize and reorient）”，必须“超越伊拉克”。

基于当时的复杂局面，奥巴马政府并没有很快提出新的国家反恐战略，而是在整个中东战略之下进行反恐战略调整。其内容包括：首先，放弃“先发制人”与“政权改造”的强力反恐政策，代之以加强中东国家的反恐能力与制度建设。美国反恐问题专家丹尼尔·拜曼、史蒂文·西蒙建议：“应将反恐纳入整体的中东战略，反恐不应再度充当美国中东政策的主驱动轮（driver）”；新政府反恐的重点应是加强地区反恐能力建设，强化“失败国家”的制度建设。在此背景下，奥巴马政府放弃了“全球反恐战争”的提法，他强调：“伊拉克事件提醒美国在有可能的情况下，应选择通过外交手段和建立国际共识的方式解决我们的问题。”

其次，对中东民主化采取更加务实的政策，“重新掌握道德制高点”。理查德·哈斯等人认为布什“民主改造”中东的政策造成了严重的消极后果，他们发出了在中东“校正政治改革议程”的呼吁，“在民主问题上，新总统需要在美国利益与价值观方面寻求可持续的平衡（sustainable balance）。考虑到该地区的不稳定性，美国应该采取支持长期的、渐进性的民主化进程的政策”，美国应将民主化的希望“寄托于年轻一代”。他们认为，新总统面临的两项紧迫事宜是：关闭关塔那摩湾监狱，将解决巴勒斯坦问题作为美国中东政策的优先议题。而更为长期的任务是建立“一个全新的、更为包容的、和平的中东新秩序”。奥巴马认为，尽管推动民主仍然是美国中东战略的重要议题，但包括美国在内的任何“一个国家不能也不应该将一种政治系统强加于另一个国家”。

最后，美国应重建反恐合作的多边国际框架。约瑟夫·奈认为，美国的单边主义政策已经将其“软实力”浪费殆尽，并提出三点建议以恢复美国的软实力：做出政策调整，在伊拉克寻找一个政治解决的方案；做出更大的努力，促进中东和平进程；与盟友和国际组织进行更紧密的合作。奥巴马高级反恐顾问约翰·布伦南指出，美国政府必须从根本上对打击恐怖主义的斗争重新定义，用一场集各方面国家实力于一体以击溃敌人的战役替代“反恐战争”；华盛顿必须将军事打击与更加持久的经济、外交和文化手段等“软实力”结合起来。

在具体的策略方面，奥巴马政府反恐政策的最大变化突出体现在反恐中心从伊拉克向阿富汗和巴基斯坦的“东移”。2009年3月，奥巴马提出了将反恐重心东移的“阿巴新战略”，其核心内容是：向阿富汗增兵2.1万人，训练和增加阿富汗军警，推动阿富汗全国和解；加强对阿富汗的经济援助与合作，将巴基斯坦纳入美国的阿富汗战略；放弃单边主义，采取国际合作的多边主义；设定明确标准衡量新战略的进度及其效果等。通过实施“阿巴新战略”，美国将反恐重心集中于“基地”组织和塔利班势力活动猖獗的阿巴边界地区，并在加强军事打击的同时，支持阿政府与塔利班进行接触和谈判。总之，相对于小布什时期，反恐在美国中东战略中的地位呈相对下降的态势，其主要内容是从伊拉克撤军、与伊朗对话、启动和平进程、修复与伊斯兰世界的关系，其中心目标是重建美国在中东地区的形象。

直至2011年6月29日，奥巴马政府才发布《国家反恐战略》，这是“9·11”事件后继美国于2003年和2006年发布的两份《抗击恐怖主义国家战略》（National Strategy for Combating Terrorism）之后的第三份反恐文件。它既是对奥巴马执政以来反恐政策的总结，同时也是因本·拉登被击毙、美国从伊拉克和阿富汗撤军、西亚北非变局等形势变化的产物。该报告的内容主要包括：第一，明确界定美国面临的恐怖主义威胁。报告指出，“美国最突出的安全威胁一直是来自‘基地’组织及其分支机构和支持者”。报告具体强调了三个层次的内容：首先，尽管本·拉登被击毙是美国反恐的“战略里程碑”，但“这并不意味着‘基地’组织的终结”，该组织“仍将集中力量伺机攻击美国及其海外利益”。其次，“基地”组织网络在继续拓展，其分支已经扩展到了中东、非洲、中亚和东南亚地区，其共同目标是“通过攻击美国和其他西方国家的地区利益甚至美国本土，推进‘基地’组织的地区和全球议程”。最后，“基地”组织不断利用通信技术的进步，宣扬其意识形态，“鼓动其追随者以它的名义发动对美国的恐怖袭击”，有些追随者甚至是美国公民。因此，美国本土受到恐怖袭击的危险在增大，“美国仍然处于与‘基地’组织的战争中”。基于上述认识，报告将美国反恐战略的目标确定为“打击、瓦解直至最终战胜‘基地’组织及其分支机构和支持者，以确保美国公民和美国利益的安全”。

第二，确立美国反恐斗争的指导原则。（1）坚守美国的核心价值观（Adhering to U.S.Core Values）；（2）构建安全伙伴关系（Building Security Partnerships）；（3）适当运用各种反恐手段和能力（Applying Counterterrorism Tools and Capabilities Appropriately）；（4）构建弹性文化（Building a Culture of Resilience），建立有效的防御体系和应对机制。

第三，明确美国反恐战略的总体目标。（1）保护美国人民、国土和国家利益；（2）瓦解、削弱和击败“基地”组织及其分支和拥护者；（3）阻止恐怖主义分子发展、获取和使用大规模杀伤性武器；（4）根除恐怖主义的避风港（safehavens）；（5）建立持久的反恐伙伴关系和能力；（6）削弱“基地”组织、分支和拥护者之间的联系；（7）消除“基地”组织的暴力极端主义意识形态及其影响力；（8）切断恐怖主义的活动手段。

第四，明确美国反恐的重点区域和领域。报告按重要性列出了九个重点关注区域和对象，以制定针对各“基地”组织及其分支和追随者的反恐对策。它们分别是：美国本土、南亚、阿拉伯半岛、东非、欧洲、伊拉克、马格里布和萨赫勒地区（即北非地区）、东南亚、中亚。此外，报告还将“基地”组织的意识形态、理念和信息等的传播列入了重点关注领域。

二、奥巴马政府中东反恐政策的主要变化

（一）总体反恐战略的变化

奥巴马政府中东反恐政策的总体原则是既要通过战略收缩，尤其是通过将反恐重点东移至阿富汗和巴基斯坦，增强反恐实效，又要改善美国在中东的国际形象，重塑美国与伊斯兰国家的关系。因此，奥巴马改变了布什政府反恐扩大化的做法，将打击“基地”组织的中东分支尤其是阿拉伯半岛分支和马格里布分支作为美反恐战略的重点，并致力于改善与伊斯兰国家的关系。首先，奥巴马特别强调美国反恐斗争的对象为信奉“暴力极端主义”的“基地”组织，美国的反恐斗争既不是针对伊斯兰教的战争，也不是针对伊斯兰世界的战争。在2009年6月访问埃及时，奥巴马特别强调指出，“美国目前没有，也不会和伊斯兰世界开战”。又如，美国《国家反恐战略》报告更加明确地指出，“美国谨慎地使用‘战争’术语描述与‘基地’组织的残酷斗争”，但美国“并非处于与伊斯兰教的战争之中，我们只是处在与特定的组织即‘基地’组织的战争中”。报告尽管也强调了真主党、哈马斯等组织的威胁，但更加集中强调“基地”组织的威胁。这与小布什政府将“恐怖分子—恐怖主义—支持恐怖主义国家—大规模杀伤性武器扩散国—邪恶轴心—暴政前哨”确定为反恐战争“打击链条”，进而与导致美国反恐目标泛化、反恐战争扩大化的做法形成了鲜明的区别。

其次，力图改变美国因反恐战争不断恶化的国际形象，淡化美国与

伊斯兰国家关系的“文明冲突”色彩，致力于通过政治、经济、外交和文化等多种手段，消除中东地区的反美主义根源，重塑美国与伊斯兰世界的关系。奥巴马特别强调美国中东战略的整体性以及重塑美国与伊斯兰世界关系的重要性。他指出：“如果我们将这一地区视为一个整体，并向阿拉伯伊斯兰世界发出一个信息：我们将在相互尊重和互利的基础上建立一种新的伙伴关系，我们就将获得重大进展。”在开罗大学的演讲中，他特别强调要“在美国和伊斯兰世界之间寻求一种全新的开端，这种开端建立在彼此的利益和相互的尊敬之上”，“美国和伊斯兰世界是相互交叠的，遵循着共同的价值观：正义和发展的价值观、宽容和人类尊严的价值观”，“我们必须学会倾听彼此、互相学习、相互尊重；我们必须寻求共识”。

在总体上，奥巴马做出的重大战略调整是结束伊拉克战争，将反恐战争的重点从伊拉克转移至阿富汗和巴基斯坦；通过重启中东和平进程，关闭关塔那摩监狱甚至启动与伊朗的对话等手段改善美国在中东的国际形象；利用“阿拉伯之春”，通过支持阿拉伯民众和反对派的抗议浪潮，继续改善美国在中东的国际形象。但事实上，美国在推动中东和平进程以及与伊朗对话方面均无建树，关闭关塔那摩监狱的承诺至今也未能兑现；中东伊斯兰国家反美主义持续高涨的现实表明，改善美国与伊斯兰国家关系的目标也远未得到实现。

（二）反恐重点区域和对象的变化

中东地区仍是美国全球反恐的重点区域，但美国反恐的对象更加明确化，主要锁定在与“基地”组织关系密切的重点区域和组织，以及主要的“支持恐怖主义国家”，旨在锁定反恐重点，增强反恐实效。

在2011年美国《国家反恐战略》报告强调的九大重点区域中，直接属于中东的有三大区域，包括：（1）阿拉伯半岛。美国在该地区面临两大威胁，一是“基地”组织阿拉伯半岛分支的直接进攻，二是该区域的大量资金流向“基地”组织及其分支和拥护者。美国将与沙特阿拉伯、阿联酋、科威特、巴林、阿曼以及也门等国加强合作，增强其政府管控力度，降低“基地”组织在该区域的影响力。（2）伊拉克。伊拉克的“基地”组织分支是美国在该区域的主要打击对象。美国应致力于增强伊拉克安全部队的反恐能力，支持伊政府解决军队腐败和法律体制问题，并鼓励当地团体共同反恐。（3）马格里布地区。马格里布“基地”组织分支植根于阿尔及利亚，近来不断向南部的撒哈拉地区和马里北部转移，利用地区不稳定局势招募、培训武装人员，获取武器，制造多起恐怖事件，严重损害美国和西方国家的利益。美国将扩大与阿尔及利亚、毛里塔尼亚、马里和尼日尔等国的合作，制定近期计划和长远战略，铲除该区域的恐怖势力。当然，其他重点区域如南亚、东非、中亚以及作为重要反恐领域的“基地”组织意识形态传播，也都与中东有重要关系。

在奥巴马执政以来，美国国务院历年发布的年度报告即《关于恐怖主义的国家报告》（Country Reports on Terrorism）中，基本上都将中东、北非（即中国的中东概念所包括的西亚北非地区）作为一个区域加以考察。在2012年7月发布的年度报告中，针对中东地区恐怖主义的宏观形势分析主要集中强调了以下几点内容：第一，恐怖主义利用地区形势动荡增强自身影响力，并特别强调了利比亚武器流散，特别是便携式防空武器（Man-Portable Air Defense System）落入恐怖组织之手导致的安全威胁。第二，强调了“基地”组织在中东的三个主要分支，即阿拉伯半岛分支、伊拉克分支和马格里布分支以及黎巴嫩真主党的威胁。第三，强调了地区国家如伊拉克、阿尔及利亚、沙特、以色列和巴勒斯坦当局反恐能力的增强。

在2012年的年度报告中，古巴、伊朗、苏丹、叙利亚被指定为全球四大“支持恐怖主义国家”，其中三个国家为中东国家。报告称伊朗为头号“支持恐怖主义国家”，并特别强调伊朗对伊拉克什叶派武装、巴勒斯坦哈马斯组织以及巴基斯坦恐怖组织的支持，强调伊朗“伊斯兰革命卫队圣城旅”对叙利亚的渗透；强调“支持恐怖主义”已成为伊朗外交政策的工具，其影响范围甚至波及美国本土，策划刺杀美国驻沙特大使为最好例证；报告还谴责伊朗将恐怖联盟的触角延伸至加勒比和拉美地区。这在很大程度上是对伊朗核问题谈判陷入僵局、美国加大对伊朗制裁力度等政治现实的反映。报告也对叙利亚支持境外恐怖组织的做法予以了分析。其中不难看出，以上内容在很大程度上出于美国对伊朗和叙利亚施压，为可能采取的军事干预抢占道义制高点的考虑。

（三）反恐具体手段的变化

在反恐手段上，除强调反恐合作、综合运用多种手段、支持地区国家增强反恐能力建设等举措外，奥巴马政府在中东反恐手段的重大变化突出表现为改变布什政府反恐战争和政权更迭等战争手段，转而选择更加灵活、机动的反恐手段，尤其是将无人机打击和特种部队定点清除等作为主要反恐手段，以增强反恐的实战效果。

奥巴马政府的具体反恐手段日益从布什政府的大规模反恐战争转向低烈度的所谓“秘密战争”，以应对“基地”组织的非对称性消耗战。用奥巴马首席反恐顾问约翰·布伦南的话来说，美国需要的不是“锤子”，而是“手术刀”。据英国《泰晤士报》和美国《纽约时报》报道，2008年底奥巴马当选总统时，布什政府用于打击恐怖组织的特种部队在不到60个国家执行秘密任务；如今美国已经在70多个国家部署了特种作战部队，随时准备对恐怖分子发动攻击，其人数超过13000人，总预算已接近90亿美元。利用无人机进行定点清除也已成为奥巴马政府的主要反恐手段。美国目前在非洲、阿拉伯半岛和也门秘密修建了无人机基地，重点打击索马里和也门的“基地”组织。

三、对奥巴马政府中东反恐政策的若干评估

奥巴马中东反恐政策的效果可谓喜忧参半，表现为美国在具体的反

恐收效方面取得了一定的成果，但美国所面临的恐怖主义威胁依然严峻。更为重要的是，美国与伊斯兰国家的关系并未得到改善，阿拉伯伊斯兰世界的反美主义仍然根深蒂固。

奥巴马中东反恐相对成功之处主要体现在：

第一，美国本土安全相对得到了较好的保障。当前美国本土面临的大规模恐怖主义威胁得到了较好的控制，其面临的威胁主要是与“基地”组织有密切关系的“独狼”，他们或接受境外“基地”分支组织的培训，或通过网络等接受“基地”组织的意识形态，但他们试图发起的恐怖袭击多属未遂事件，进而使美国本土未发生重大恐怖袭击事件。

第二，击毙本·拉登等一批恐怖主义领导人物，是美反恐斗争取得的重大政治胜利。继2011年5月本·拉登被击毙后，2011年6月，1998年美国驻肯尼亚、坦桑尼亚大使馆爆炸案的策划者、东非“基地”组织的重要成员哈兰·法祖尔（Harun Fazul）在索马里被击毙；8月，“基地”组织二号人物阿提亚·阿布杜·拉赫曼（Atiya Abdul Rahman）在巴基斯坦被击毙；9月，“基地”组织阿拉伯半岛分支的重要人物安瓦尔·奥拉基（Anwar al-Aulaqi）在也门被击毙。这些也是小布什政府大规模“反恐战争”未能取得的实质效果。

第三，奥巴马结束伊拉克战争，反恐重心东移的战略取得了相对成功。结束伊拉克战争符合美国的全球战略利益，使美国基本上摆脱了伊拉克的反恐战争泥潭，美军撤出后的伊拉克并未陷入严重失控局面；增兵阿富汗、加强与巴基斯坦的反恐合作，在本质上是对奥巴马政府将“基地”组织作为反恐重点这一战略的具体落实。虽然在执行过程中出现了诸多问题，但本·拉登被击毙等重大反恐成果的取得正是这一战略的结果。

当然，奥巴马的中东反恐战略并未能改变美反恐战略治标不治本的本质，美国在中东面临的恐怖主义威胁并没有得到根本改变，美国与伊斯兰世界的对立也未能得到缓解，甚至在近来大有冲突持续加深的态势。具体原因主要包括：

第一，奥巴马政府在推动中东和平进程方面有始无终，未能有效地解决巴以和平尤其是巴勒斯坦建国问题；在伊朗问题上，在不能打开僵局后又转向布什政府制裁和高压的老路。美在中东和平进程与伊朗核问题上的毫无建树，使美在中东的战略困境未能得到改变。

第二，美国对中东变局后恐怖主义将日趋衰落的过度乐观判断，使美国的中东政策存在着较大的误判，尤其是忽视了“基地”组织的反弹能力和意识形态的社会动员能力，而美国在“阿拉伯之春”过程中的双重标准，也进一步加深了中东地区反美主义浪潮的反弹。

第三，在反恐实践中，美国违反国际法，运用越境打击、无人机轰炸等“秘密战争”手段，造成了大量无辜平民的伤亡，招致了中东伊斯兰国家和穆斯林民众的强烈反对；而驻阿富汗士兵虐杀平民、焚烧古兰经事件和亵渎伊斯兰先知的电影事件等都进一步加剧了穆斯林民众的反美、仇美情绪。

中东变局发生以来，有利于恐怖主义发展的土壤并未随之消失。首先，中东地区形势的总体动荡有利于恐怖主义的新发展。阿拉伯国家经济困难的加剧和民生问题的突出，为恐怖主义滋生提供了更肥沃的社会土壤。其次，伊斯兰势力地位的总体上升态势有利于伊斯兰极端势力和恐怖组织的发展。“基地”组织阿拉伯半岛分支和马格里布分支等恐怖组织、圣战萨拉菲派等伊斯兰激进势力活动日趋猖獗。再次，反恐在美国中东战略中的地位下降和作为美国反恐盟友的部分阿拉伯国家政权的倒台，弱化了国际反恐合作，在某种程度上减轻了恐怖势力面临的国际反恐压力。最后，阿拉伯国家的动荡尤其是利比亚战争，导致非法武器扩散问题泛滥，有利于恐怖组织获取先进的武器装备并发起大规模恐怖袭击。

总体来看，中东变局发生以来，“基地”组织的发展具有如下三个方面的特征：

第一，中东变局促使“基地”组织积极进行意识形态和策略调整。最初，国际舆论尤其是西方智库多认为，以和平抗议为主要形式，以世俗民主制度为主要政治目标的“阿拉伯之春”，在某种程度上削弱了“基地”组织宣传的以“圣战”方式建立伊斯兰国家的这一核心意识形态的吸引力；“基地”组织的处境十分尴尬，主要以发表声明的方式支持阿拉伯民众推翻“专制统治者”的抗议浪潮。但随着阿拉伯国家转型陷入困境以及利比亚、也门、叙利亚局势陷入动荡，国际社会的认识开始发生变化，有观点认为阿拉伯国家的经济困难和社会动荡，乃至“阿拉伯之春”的失败，将使“基地”组织的意识形态重获吸引力，并导致国际恐怖主义的反弹。事实上，“基地”组织对“阿拉伯之春”的应对经历了从被动应对到主动塑造的过程。“基地”组织认为，“阿拉伯之春”的目标是推翻“阿拉伯独裁者”，而“基地”组织的“近敌”是“阿拉伯独裁者”，“远敌”是西方和美国，并号称打击“近敌”和“远敌”都是穆斯林的神圣责任，试图将“阿拉伯之春”导向“基地”组织的意识形态轨道。

第二，马格里布“基地”组织的发展十分迅速。北非马格里布地区是中东剧变的重灾区，该地区的突尼斯、埃及和利比亚相继发生政权更迭，尤其是利比亚战争导致混乱局势和武器流散，有利于伊斯兰马格里布“基地”组织（Al Qaeda in the Islamic Maghreb，AQIM）的发展壮大。阿尔及利亚伊斯兰马格里布“基地”组织是基地组织在非洲的传统力量，而索马里“伊斯兰青年运动”（Shabaab）、利比亚伊斯兰战斗团（Libyan Islamic Fighting Group，LIFG）、尼日利亚“博科圣地”组织（Boko Haram）在中东变局后的发展十分迅速，与伊斯兰马格里布“基地”组织的联系日趋密切，并大有向撒哈拉以南非洲蔓延的态势。2011年“博科圣地”组织多次在尼日利亚、马里、乍得、毛里塔尼亚等地发动恐怖袭击，甚至卷入了2012年的马里政变；索马里“伊斯兰青年运动”则在东非地区的索马里、埃塞俄比亚、肯尼亚活动猖獗，其目标是在三国交界地区建立“东非伊斯兰酋长国”。

第三，“基地”组织阿拉伯半岛分支活动猖獗。2009年1月，沙特阿拉伯和也门的“基地”组织分支合并为“基地”组织阿拉伯半岛分支

（Al Qaeda Arab Peninsula，AQAP），主要在也门南部活动。自2011年也门局势陷入动荡以来，“基地”组织阿拉伯半岛分支趁机占领了也门南部多座城市，其势力范围逐渐扩展。2011年5月28日，“基地”组织阿拉伯半岛分支曾一度占领也门南部阿比扬省省会津吉巴尔市，并宣布该市为“基地”组织在也门建立的“伊斯兰酋长国”的首都。也门官方称目前在南部阿比扬省、舍卜瓦省、贝达省、拉哈吉省和哈达拉毛省活动的“基地”组织武装人员仅有数百人，但也有资料称也门境内的“基地”组织武装人员保守估计有3000至5000人。此外“基地”组织阿拉伯半岛分支与索马里“伊斯兰青年运动”的联系在不断增强。

因此，在奥巴马的第二任期内，反恐仍将是美国中东战略面临的严峻挑战，并对美国的战略东移构成掣肘。

（本文原载于《国际观察》2013年12月）

美国应该重新认识拉美

徐世澄*

2013年4月17日，美国国务卿克里在美国国会听证会上说，“西半球是我们的后院，对我们至关重要”①。他的这一言论在媒体公布后，立即招致拉美一些国家的强烈反对。玻利维亚总统莫拉莱斯宣布驱逐美国国际开发署驻玻的代表，他说：“（美国）可能认为时至今日它还能在政治和经济上操纵拉美，殊不知那早已成为历史。”②由于拉美国家外交独立性的增强和美国在拉美影响力的下降，同年11月18日，克里在美洲国家组织致辞中又不得不承认：“纵观美国历史，历任总统都强调门罗主义，并选择了相似的外交政策。然而今天，我们做出了不同的选择。门罗主义时代已经终结。”克里表示，美国正在探索并致力于发展一种新型关系，美国不再遵从门罗主义，不再宣布在何时以何种方式干预美洲国家事务，而是所有国家都平等相待，分担责任，美国将遵守美洲国家作为合作伙伴共同做出的决定，以推进共同的价值观和利益。③然而，尽管克里声称将不再干涉拉美事务，但就在当天的演讲中，克里

* 徐世澄，中国国际问题研究基金会拉丁美洲研究中心研究员、中国社会科学院荣誉学部委员、拉丁美洲研究所研究员。

① http://www.contrainjerencia.com/?p=65899.

② http://www.contrainjerencia.com/?p=65928.

③ http://www.el-nacional.com/mundo/John-Kerry-Termino-Doctrina-Monroe_0_302969971.html.

再次对古巴进行了抨击。

奥巴马政府主管外交的高官高调表示放弃“门罗主义”并不意味着美国会主动放弃其在西半球的领导地位，只是表明美国将适度调整其对拉美的政策和策略。美国外交关系协会拉美研究负责人朱莉娅·施威格撰文指出，迄今为止，奥巴马实际上“一直在延续其前任的拉美政策”。有评论指出，如果说奥巴马对拉美政策有所调整，变的只是利益实现的形式，不变的永远是美国的利益。

美国一向把拉丁美洲视作自己的“后院”。拉丁美洲在美国的全球战略中占有重要地位。曾任美国参议院外交委员会委员、约翰·霍普金斯大学巴西研究中心副主任玛格丽特·戴利·海斯在《拉丁美洲和美国国家利益：美国外交政策的基础》一书中写道，“从经济上说，拉丁美洲对美国是重要的，由于该地区力量迅速发展，它对美国将越来越重要”，“拉丁美洲在政治上对美国极为重要……，在衡量美国在世界上的力量和影响时，保持美国在西半球的优势是重要的”。她还认为，“美国的国家利益是要在西半球存在稳定的、友好的和繁荣的国家，使商品和劳务能在地区内外自由流动，并不许任何敌对外国在拉丁美洲施加影响”。[①]

美国一直把拉丁美洲视为自己传统的势力范围和它称霸世界的战略后方。拉丁美洲是美国南面的屏障，中美洲和加勒比地区，特别是巴拿马运河，是美国西海岸与欧洲之间的主要通道，对美国具有十分重要的战略意义。1982年2月24日，里根总统在美洲国家组织常设理事会上提出“加勒比盆地倡议”时声称：“加勒比地区对美国来说，是极端重要的战略和商业干线。美国近一半的贸易，三分之二的进口石油，一半以上的进口战略矿物是经过巴拿马运河或墨西哥湾运进来的。”[②]

① Margaret Daly Hayes,Latin America and the U.S. National Interest: A Basis for U.S. Foreign Policy, Westview Press, 1984, pp. 5-6.

② Sergio Bitary Carlos Moneta, Politica Economica de EE.UU. en America Latina, Documentos de la Administracion Reagan, GEL, Buenos Aires, 1984, pp.278-290.

拉丁美洲是美国重要的原料供应地、出口市场和投资场所。美国是拉美第一大贸易伙伴。1996年，美国出口总额占拉美的48.7%，进口总额占拉美的41.4%。[①]2000年美国贸易总额占拉美的53%，2013年下降到35%，但美国依然是拉美最大的贸易伙伴。2014年美拉贸易额达8441亿美元，比上一年增加2.5%。[②]美国是拉美最大的投资国。1997年，美国占当年拉美吸收外国直接投资的36.5%[③]，2000年这一比重下降到16%，2012年又回升到24.5%。[④]2000年美国对拉美的直接投资累计为2665.76亿美元，2011年增加到8311.51亿美元。对美国来说，在拉丁美洲，美国有重要的经济利益需要保护。[⑤]在军事方面，美国在巴拿马等多国共设有76个军事基地。2008年4月美国海军宣布重建美国第四舰队，负责美国海军在加勒比和拉丁美洲地区的行动。

自1823年美国总统门罗提出“美洲是美洲人的美洲”即“美洲是美国人的美洲”的“门罗宣言”起，也可以说从拉美独立国家建立时起，美国历届政府对拉美的基本方针和政策是干涉、扩张和称霸。美国历届政府对拉美政策的主要目标是：视拉美为禁脔，企图独自在政治、经济、军事等方面控制并称霸拉美，排除外来干涉、侵略和威胁，尽力保持拉美的稳定，来为美国的政治、经济、军事和安全利益服务。为达到这一目的，美国历届总统对拉美先后炮制、鼓吹和执行了“天定命运论”、“胡萝卜加大棒政策”、“金元外交”、“睦邻政策”、“争取进步联盟”、“约翰逊主义”、“低姿态”、“新方针”、“人权外交”、“低烈度战

---

① SEL A., Dynamics of the External Relations of Latin America and The Caribbean, Ediciones Corregidor, 1998, p. 278.

② http://www.eleconomista.es/espana/noticias/6472488/02/15/El-comercio-entre-EEUU-y-Latinoamerica-aumento-un-25-por-ciento-en-2014-un-nuevo-record.html#.Kku8Gm6oGKutvsm.

③ Alvaro Carderon y Michael Mortimore, La inversion extranjeraen America Latina, CEPAL, 1998, p. 207;《拉丁美洲研究》1999年第5期，第60页。

④ http://www.sela.org/attach/258/EDOCS/SRed/2013/10/T023600005423-0-America_Latina_y_el_Caribe_y_Estados_Unidos._La_Evolucion_reciente_de_las_relaciones_bilaterales_SP.SRREEUALC.DT_N%C2%B02-13.pdf.

⑤ 同上。

争”、“加勒比地区倡议”、“美洲倡议”、“美洲自由贸易区”、“新伙伴关系”、“民主共同体”等一系列方针、政策。

美国在拉美的霸权地位经历了一个由弱至盛、由盛至衰的过程。由“门罗宣言”衍生的门罗主义是美国称霸拉美的理论和思想基础。然而，在19世纪前半期，由于美国国内局势尚不稳定，经济实力还不够强大，美国还缺乏在拉美地区称霸的实力，更谈不上称霸世界。但是，到了19世纪末20世纪初，美国成为头号经济强国，美国资本主义已经进入帝国主义阶段，其实力大大增强，而欧洲列强在拉美地区的势力和影响明显削弱。第一次世界大战，特别是第二次世界大战给美国提供了一个排挤英、德、法、日等国在拉美势力的绝好机会，美国在拉美的政治和经济势力和影响逐渐扩大，对拉美国家的干涉也日益频繁。

二战后至20世纪50年代末，是美国在拉美地区称霸的鼎盛时期。1959年古巴革命的胜利标志着美国在拉美的霸权地位开始受到挑战。20世纪六七十年代拉美反帝、反殖、反霸斗争的高涨，拉美国家独立性的增强，与美国矛盾的加深，使美国在拉美的霸权地位呈下降趋势。另一方面，从60年代起，特别是在60年代末80年代初，随着苏联经济实力特别是军事实力的膨胀，苏联上升为另一个超级大国，其加紧在拉美扩张势力和影响，同美国进行激烈的争夺，对美国在拉美的霸权地位形成强大冲击。

拉丁美洲是美国霸权主义与强权政治的试验场。当代美国在世界各地所采取的霸权主义和强权政治的各种形式和手段，在它的“后院”拉丁美洲，都曾做过试验：如直接武装入侵（1989年入侵巴拿马）；利用雇佣军间接进行入侵（1961年对古巴的吉隆滩入侵）；打着美洲国家组织或联合国的旗号干涉拉美国家内政（1965年打着美洲国家组织的旗号干涉多米尼加）；由美国出钱，通过“选举”或军事政变，扶植代理人上台；建立军事政治集团；通过中央情报局，干涉拉美各国内政；以维护“人权”、促进“民主”、反恐、扫毒等为名干涉拉美国家内政；通过经济或军事援助、贷款、投资、贸易和建立跨国公司或通过贸易禁运、经济封锁和制裁等手段施加经济压力，干涉内政；通过电台、电视台、电影、书报、因特网等传媒及交流渠道，进行意识形态和文化渗透，推行美国的价值观甚至进行颠覆性宣传；制造所谓“合法”的理由，如“保护美国侨民安全和利益”、“反对共产主义的干涉”来为自己的干涉行为辩护，等等。

20世纪八九十年代，美国在拉美大肆推行以“华盛顿共识”为标记的新自由主义。八十年代末、九十年代初东欧剧变，华约解体，苏联解体，以美苏对抗为特点的冷战结束，美国成为世界唯一的超级大国，美国霸权主义野心也随之不断膨胀，以宣扬“人道主义干涉”、“人权高于主权”为主要特征的“新干涉主义”即新霸权主义正式出笼。1989年老布什总统任内美国对巴拿马的悍然入侵就是一个典型的例子。

克林顿政府（1993—2001年）对拉美的政策，已由战后美国历届政府执行的以美援为主、维持美国为盟主的泛美政治军事同盟以对付苏联对西半球威胁的政策，转为执行关于建立一个以贸易为轴心、美国占主导地位的泛美经济政治联盟或美洲经济集团的政策，其对拉美政策的重点已从安全转向经济，主要手段由援助转向贸易。克林顿政府对拉美政策的目标主要有两个，一是建立以美国为主导的美洲自由贸易区，二是建立西半球“民主共同体”。1994年1月1日，美、加、墨三国签订的北美自由贸易协定经三国国会批准后正式生效。1994年12月，在克林顿倡议下，美洲国家（不包括古巴）在美国迈阿密举行了第一次美洲国家首脑会议，会议宣布要在2005年建立一个拥有8.5亿人口、13万亿美元国内生产总值的世界最大的自由贸易区——美洲自由贸易区。美国想以此来同欧盟和亚洲经济圈抗衡。1998年4月，克林顿和加拿大、拉美各国首脑又在智利首都圣地亚哥举行了第二次美洲国家首脑会议，会议宣布正式启动有关建立美洲自由贸易区的谈判。但克林顿在其第一任期（1993—1997年）忙于应付欧洲和亚洲的事务，在一定程度上冷落了拉美。在第二任期（1997—2001年）内，他着手修补同拉美的关系，多次出访拉美国家，在一定程度上，美拉关系有所改善。

2001年1月小布什入主白宫后，在其第一任期（2001—2005年）开始时，美国对拉美的政策作了较大的调整，对拉美比较重视。布什于2001年4月参加了在魁北克召开的第三次美洲首脑会议，会议达成协议决定，美洲国家（除古巴外）将于2005年1月初步完成关于建立美洲自由贸易区协议的谈判，于2005年12月底以前使协议生效。他声称，美国将同拉美国家一起，共同开创一个“美洲世纪”。“9·11”事件后，美国对拉美一度比较忽视。随后，出于反恐斗争的需要，美国又加强了对拉美的控制。布什提出要建立“一个繁荣、自由和民主的西半球”。布什认为，拉美必须继续进行以市场经济为导向的新自由主义的经济改革。

小布什政府在2002年4月委内瑞拉所发生的企图推翻查韦斯政府的未遂政变中，扮演了一个极不光彩的角色，其明目张胆地支持查韦斯的反对派策动政变。布什政府对古巴继续采取强硬政策，美国国务院自2002年起，在历年所公布的《全球恐怖主义形势报告》中，无端指责古巴为“支持恐怖主义的国家”，并加强了对古巴的经济封锁和制裁。布什的第二任期（2005—2009年）在政治上，继续在拉美推行所谓的“民主”、“自由”和“人权”；在经济贸易方面，继续实施其建立美洲自由贸易区的既定目标；在外交和军事方面，继续以反恐、安全和扫毒为名，竭力控制拉美国家。

但是，21世纪以来，即从小布什一直到奥巴马政府（2009—　），美国对拉美的控制力不断下降，美国对拉美国家的指挥棒屡屡失灵，种种情况表明，拉丁美洲不再是美国的“后院”。

其标志之一是，大多数拉美国家不再唯美国马首是瞻，它们反对美国在2003年3月20日发动对伊拉克的战争，要求美国尽快从伊拉克撤军。当时拉美国家在联合国安理会的两个非常务理事国成员智利和墨西哥不支持美国等三国的提案，反对对伊拉克动武。在联合国等国际组织中，拉美国家还一致反对美国对古巴的封锁。标志之二是，美国提出的建立美洲自由贸易区的倡议告吹。在2005年11月4日至5日在阿根廷马德普拉塔举行的第四次美洲国家首脑会议上，在委内瑞拉、巴西、阿根廷、乌拉圭等国的强烈反对下，美国重新启动美洲自由贸易区谈判的努力遭到失败，使美国的如意算盘落空。标志之三是，在古巴和委内瑞拉的倡议下，2004年12月在古巴成立了美洲玻利瓦尔替代计划组织，后玻利维亚、尼加拉瓜、安提瓜和巴布达、多米尼克、厄瓜多尔、圣文森特和格林纳丁斯等国也纷纷加入。2009年该组织更名为“美洲玻利瓦尔联盟”。标志之四是，2004年12月南美洲12国宣布成立南美洲国家共同体。2008年5月，在南美洲国家共同体基础上，南美洲国家联盟正式宣告成立。标志之五是，2009年6月3日，在洪都拉斯举行的第39届美洲国家组织大会通过决议，同意废除该组织于1962年通过的驱逐古巴的决议。20世纪六七十年代，在美国的打压下，拉美国家纷纷同古巴断交，只有墨西哥一国同古巴保持外交关系。而如今，拉美的形势已发生了根本性变化，古巴在拉美已不再孤立，到2009年，古巴已经同所有的拉美加勒比国家建立或恢复了外交关系。标志之六是，2011年12月2日至3日，首届拉美和加勒比共同体峰会在委内瑞拉首都加拉加斯召开，拉美及加勒比地区的33个国家总统、政府首脑或代表出席会议，会议通过了《加拉加斯宣言》等22个文件，正式宣告拉共体成立。拉共体的成立是拉美和加勒比地区一体化进程中的重要里程碑，是该地区现代史上具有历史意义的大事，标志着拉美加勒比33国将作为一个整体说话。

正如2013年5月24日科雷亚在再次就任厄瓜多尔总统的演说中所说的：拉丁美洲现在已不再是任何政府的后院了！[①]

美国应该认识到，自20世纪90年代末起，拉美的政治经济形势发生了很大的变化。在政治方面，拉美的左翼力量不断壮大，中左政权越来越增加。1999年2月2日，通过选举获胜的委内瑞拉第五共和国运动

① http://www.rebelion.org/noticia.php?id=168676.

领导人查韦斯（1999—2013年）[1]正式就任总统后，拉美一些左派政党或组织纷纷在本国的大选中接连获胜。查韦斯的上台标志着拉美新左派的崛起。随后陆续上台执政的有：巴西劳工党卢拉·达席尔瓦（2003—2010年）和迪尔玛·罗塞夫（2011—　），阿根廷正义党内斯托尔·基什内尔（2003—2007年）和克里斯蒂娜·费尔南德斯（2007—2015年），乌拉圭广泛阵线领导人塔瓦雷·巴斯克斯（2004—2009年，2015—　）和何塞·穆希卡（2010—2015年），玻利维亚社会主义运动和印第安人古柯种植农协会领导人埃沃·莫拉莱斯（2006—　），智利社会党米歇尔·巴切莱特（2006—2010年，2014—　），厄瓜多尔左派组织主权祖国联盟主席拉斐尔·科雷亚（2007—　），尼加拉瓜桑地诺民族解放阵线领导人丹尼尔·奥尔特加（2007—　），萨尔瓦多左翼"法拉本多·马蒂"民族解放阵线毛里西奥·富内斯（2009—2014年）和该阵线的萨尔瓦多·桑切斯·塞伦（2014—　），秘鲁民族主义党奥良塔·乌马拉（2011—　），委内瑞拉统一社会主义党马杜罗（2013—　）等。到21世纪头十年，左派或中左派通过选举上台掌权的拉美国家已有十多个。[2]美国《纽约时报》一篇文章惊呼，"拉美已有3/4的国家的政权掌握在左翼领导人手中"；俄罗斯《真理报》也认为美国在拉美的忠实盟国越来越少，只剩下二三个国家了。美国前助理国务卿赖克声称："南美洲大部分地区存在着一种左派分子和民众主义分子的联盟。这是美国不得不面对的政治现实。我们最大的挑战是如何对付古巴—委内瑞拉轴心。"

社会主义的古巴经历了东欧剧变和苏联解体的严峻考验，坚持社会主义道路。2011年4月，古共召开六大，劳尔·卡斯特罗接替菲德尔·卡斯特罗，当选为古共中央第一书记，古巴正在"更新"经济社会模式。

---

① 括号内的年份是指执政时间，下同。

② 由于对左派定义的不同，对拉美究竟哪些是左派掌权的国家，看法也不尽相同，这里所提到的是普遍认为是左派掌权的拉美国家。

与世界其他地区相比，拉美的政局相对比较稳定，地区政治体制相对巩固，地区国家发展理念务实，求稳定、促变革、谋发展的政治主张已成为地区主流。2014年1月29日，在古巴首都哈瓦那举行的第二次拉共体首脑会议一致通过决议，宣布拉美加勒比地区为“和平区”。

在经济方面，进入21世纪，特别是2004年至2012年，拉美经济发展速度比较快，成为仅次于亚洲的经济发展较快的地区，年均增长为4.3%。但是，近二三年来，由于受到国际金融危机的影响，经济增长速度有所下降，2013年降低到2.7%，2014年进一步降为1.1%，2015年预计增长0.9%。

在社会方面，拉美国家在发展经济的同时注重与社会发展相协调，注重解决贫富差异悬殊问题，实施了一系列扶贫计划。1990年至2013年拉美的贫困人口（日收入0至4美元）逐渐减少，贫困率从占总人口的48.4%下降到27.9%，2013年贫困人口为1.66亿人。同期，赤贫率从22.6%下降到11.7%，2013年拉美赤贫人口为6800万人。2014年拉美贫困率与2013年持平，赤贫率上升到12%。拉美目前贫困人口1.67亿，赤贫人口7100万。近年来，拉美的失业人口下降，城市公开失业率从2009年的8.4%下降到2012年的6.4%。最低工资逐渐提高，2012年拉美16个国家的最低工资增加了3.5%。与此同时，随着经济的发展，拉美中产阶级（日收入10至50美元）人数增加。最近十年，拉美中产阶级人数增长了50%，据世行最新统计，拉美中产阶级已占人口总数的32%，超过贫困人口。

正如墨西哥总统培尼亚2015年5月6日在墨西哥《金融家报》发表文章称，“拉美地区是一个充满活力、多元化、具有发展潜力的地区。我们有着丰富的自然资源和人力资源，我们的国家是很多全球最有创造力的企业和工业的家园。近年来拉美地区已经在推动社会进步和经济增长方面发挥了决定性作用。在过去十年，5000万人脱离了贫困，推动了拉美中产阶级的发展。从2000年以来，拉美地区人均收入增长25%，极端贫困人口几乎减半。”①

在对外关系方面，拉美国家已从单向依附趋于独立自主。自20世纪90年代后期以来，拉美国家的外交日趋独立，拉美的国际地位逐渐提升，美国在拉美的影响力进一步下降；拉美地区一体化合作成为拉美国家外交的优先目标，并取得一定进展；南方共同市场、南美洲国家联盟、美洲玻利瓦尔联盟、太平洋联盟、拉美和加勒比国家共同体等组织先后成立；拉美国家大力推动外交多元化，积极发展与欧盟、俄罗斯、包括中国在内的亚太地区、中东和非洲等区域外国家和地区的关系。多边外交也成为拉美国家特别是巴西、墨西哥等大国提升国际地位、参与全球治理的外交手段。拉美国家在联合国、二十国集团、七十七国集团、世界贸易组织、联合国气候变化会议、国际货币基金组织、金砖国家等国际组织中发挥着越来越重要的作用。

20世纪90年代以来，拉美同中国的政治关系全面、健康、持续地发展。中国已与拉美和加勒比地区的21个国家建立外交关系。中国已与巴西、委内瑞拉、墨西哥、阿根廷、智利、秘鲁、哥斯达黎加等七国建立了战略伙伴关系。双方高层往来密切。进入21世纪以来，中国与拉美的关系走上新的台阶。中国对拉美开展全方位、多层次的外交，经济外交在中国对拉美关系中更加突出。中国同拉美各国的政治关系全面、健康、持续地发展，双方高层交往更加频繁，政治互信日益加深，经贸、科技、文教等领域合作不断深入，在国际事务中相互支持、密切配合。双方关系呈现全方位、多层次、宽领域发展的新局面。2015年1月8日至9日，中国—拉共体论坛首届部长级会议在北京成功召开。

美国应该看到，今天的拉美已经与二三十年前的拉美大不相同。美国在拉美所奉行的干涉主义政策，在反恐、人权、民主、自由方面所采取的双重标准，受到越来越多的指责；在经济方面，美国推行的以“华盛顿共识”为标志的新自由主义经济政策在拉美失灵并遭到强烈反对；

① http://china.huanqiu.com/News/mofcom/2015-05/6379045.html.

在外交方面，美国在全世界以及在拉美地区推行的霸权主义和单边主义受到越来越多人的谴责。

就美国对拉美的政策，无论在美国本国还是在拉美国家，有着各种不同的看法。不少评论认为，美国政府缺乏对拉美的政策。阿根廷公共政策研究中心主任赫纳罗·阿里亚加认为，“布什政府没有制定对拉美的政策，但却面临一大堆问题”，“布什政府越是缺乏对拉美的政策，他在拉美面临的问题越多；问题越多，越严重，政策的缺乏越明显”。美国国际关系研究中心美洲研究计划主任劳拉·卡里森认为，“9·11”事件后，在美国的外交政策中，拉美被置于次要地位。近年来，随着拉美中左翼政府的一个个涌现，反对美国对外政策和美国所推行的新自由主义政策的拉美国家越来越多。美国学者亚伯拉罕·洛温索尔认为，“事实上，华盛顿已不再制定对拉美的政策，也不能制定‘对拉美的政策’了”。美国“泛美对话”组织主席彼得·哈基姆认为，“‘9·11’事件之后，事实上华盛顿对拉美失去了兴趣。从那时候起，美国只是对拉美出现特别严重或紧急的局势时才偶然地、有限地加以关注。在整个拉美地区，对美国政策的支持减少。在拉美各国政府内外，很少有人把美国看成可信赖的伙伴。美拉关系严重恶化，其原因是华盛顿没有起领导作用，在许多尖锐的事务上立场过于僵硬”。

2009年1月奥巴马上台后，为扭转布什执政时期美拉关系日益疏远的局面，重塑美国在美洲的领导地位，就美国对拉美的政策进行了调整，采取了一些改善美拉关系的措施。同年4月17日，在特立尼达和多巴哥举行的第五次美洲首脑会议开幕式上，奥巴马表示美国将在互相尊重、基于共同利益和共同价值观的基础上，同拉美国家建立“平等伙伴关系”，为双边关系掀开新的一页。他承诺美国要以“一个新方向和一个新视角”看待本大陆，表示要开启与古巴关系的“新开端”，力图改善与拉美左派政府的关系。峰会期间，奥巴马与委内瑞拉、厄瓜多尔和玻利维亚三国左翼总统握手并举行会晤。奥巴马任内，美国继续把贸易、扫毒、反恐和移民作为美拉关系的重点议题。

然而，奥巴马上台后，由于在国内忙于应对国际金融危机，解决美国国内的经济问题，对外他需要结束伊拉克战争、打赢阿富汗战争，关注中东、伊朗、欧盟、俄罗斯、中国和亚太地区，关注销毁核武器、应付气候变化等问题，因此，奥巴马难以顾得上与拉美的关系。另外，在美国看来，拉美地区政局相对稳定，对美国的安全并不构成严重威胁。而拉美一些国家则指责美国干涉它们的内政：古巴谴责美国长期以来，一直对它进行经济封锁；委内瑞拉、玻利维亚和厄瓜多尔等左派执政的国家曾先后因美国干涉该国内政，驱逐美驻该国的大使或其他外交官以及派出机构代表。

奥巴马执政以来，拉美国家在与美国的关系方面，呈现出更大的自主性和独立性。在政治上，拉美国家极力抵制美国的控制、干涉，并转向加强内部团结，解决本地区内部分歧；在全球和地区议题上，绝大多数拉美国家不再一味附和、顺应美国的政策倡议，而是坚持符合本地区现实情况和利益的政策立场。近些年来，在利比亚、叙利亚、伊朗、巴勒斯坦等国的问题上，拉美一些国家与美国的立场不尽相同。2013年，美国“棱镜门”窃听事件被曝光后，不仅激化了美国与拉美左派的巴西、厄瓜多尔、玻利维亚、委内瑞拉、尼加拉瓜、阿根廷等国的矛盾，也伤害了美国与哥伦比亚、墨西哥、智利等国的关系。委内瑞拉、玻利维亚、尼加拉瓜三国一度宣布要为斯诺登提供政治避难。

在拉美地区内的热点问题上，拉美国家强调地区内部团结，主张通过协商、对话解决问题，拒绝美国的插手、干预。在2009年的洪都拉斯军事政变、2012年的巴拉圭前总统卢戈被该国议会罢免等诸多事件上，拉美国家加强内部的协调团结，与美国的立场针锋相对。2012年4月14日至15日在哥伦比亚卡塔赫纳举行了第六次美洲国家首脑会议。由于美国和部分拉美国家在扫毒、接纳古巴与会、马岛问题等敏感问题上存在着重大分歧，峰会在没有发表一个共同宣言的情况下宣告结束。许多拉美国家领导人表示，如果下届美洲首脑会议再不邀请古巴参加，他们将拒绝出席。

2014年12月17日，美国总统奥巴马和古巴国务委员会主席劳尔·卡斯特罗在各自的首都同时宣布美国与古巴开启两国关系正常化进程，受到国际社会的极大关注。自2015年1月以来，美古两国代表团已经举行了三次对话，就两国重开使馆和恢复外交关系等问题举行了会谈。2015年4月11日，奥巴马和劳尔·卡斯特罗在巴拿马城举行的第七届美洲国家首脑会议期间举行了长达80分钟的会晤。这是半个世纪以来，美古两国领导人的首次正式会晤，具有历史意义，被认为是古美关系发展的里程碑。奥巴马对劳尔说，“冷战已经结束”，“我们翻过了历史的一页，开启了两国关系的新时代”。劳尔表示，两国虽仍存在分歧，但双方都同意互相尊重对方观点，“我们愿意谈任何事情，但一切都需要耐心，而且要非常耐心”，“我们尊重我们之间的分歧”。美国宣布重启与古巴的关系，在一定程度上改善和缓和了与拉美的关系。古美修好，得到拉美各国政府和人民的欢迎。在这次巴拿马美洲峰会上，与会的拉美不少国家领导人都对古美关系的改善表示欢迎和祝贺。

促使奥巴马下决心与古巴关系正常化的主要原因是：第一，奥巴马认识到，美国对古巴的封锁和制裁没有奏效，承认美国对古巴的政策遭到失败；美国对古巴采取的长期敌视政策，不仅没有达到颠覆古巴政权的目的，反而使自身陷入较为被动的局面；自1992年起到2014年，联合国大会已经连续23年就终止美国对古巴封锁的议案进行表决，世界上绝大多数国家都投赞成票，只有美国和以色列等二三个国家投反对票，这说明美国对古巴的封锁政策是多么不得人心。第二，奥巴马想通过与古修好，恢复关系，赢得国内外的好评，为自己的政治生涯留下印记，成为其重要的政治遗产。第三，奥巴马想通过与古巴关系正常化，改善与拉美国家的关系，平息因对古巴封锁所引起的拉美国家普遍的不满，以恢复美国在西半球的领导地位。第四，奥巴马不想失去古巴这个市场。美古之所以没能很快重开使馆和复交，主要障碍在于美国仍没有将古巴从支恐国家的名单中剔除。5月12日，劳尔·卡斯特罗称，这个问题有望在5月29日得到解决。[①]

古美交恶已有半个多世纪，“冰冻三尺非一日之寒”，古美关系的解冻和正常化并非易事，目前美国共和党在国会两院均占优势，要废除对古巴封锁的有关法令，阻力还很大。在奥巴马任期届满前，古美两国复交和重开使馆的可能性比较大，但是，要使两国关系完全正常化，美国必须取消对古巴的封锁，要解决这个问题，需要废除《托里切利法》、《赫尔姆斯—伯顿法》等法，而废除这些法律，必须经过国会批准。古美双方关系正常化的道路将是一个漫长而又艰难的过程。正如劳尔·卡斯特罗在巴拿马美洲峰会的讲话中所说，“直至今天，美国对古巴的经济、贸易和金融封锁依然在加强，给古巴人民造成了损失和物资匮乏，是古巴经济发展的主要障碍。”

但是，值得注意的是，在与古巴修好的同时，美国又与委内瑞拉交恶。这说明，美国对拉美政策的实质并没有改变。美国对拉美一贯奉行“胡萝卜加大棒”、“一手拿剑，一手拿橄榄枝”的两手政策。评论认为，目前美国在向古巴伸橄榄枝的同时，对委内瑞拉挥舞大棒。美国在拉美的主要敌人已从古巴转移到委内瑞拉。美国对拉美左翼政权采取分化瓦解政策。

委内瑞拉与美国关系一向比较密切。美国是委内瑞拉最大的投资国和贸易伙伴。委内瑞拉从美国进口大部分工业品和高科技产品。作为西半球最大的原油生产国，委内瑞拉是美国的主要原油供应国之一，其生产的原油的一半以上出口美国，每天向美国出口100多万桶原油。地理上，委内瑞拉离美国近，能源出口的运输方便，运输成本也低。委内瑞拉在美国有8个炼油厂，1.4万个加油站。委内瑞拉对保障美国原油的正常供应起着重要作用。因此，委美双方互有所需。

1999年至2013年3月查韦斯执政期间，以及2013年4月马杜罗继

---

① http://www.infolatam.com/2015/05/12/cuba-y-estados-unidos-ultiman-acciones-diplomaticas-para-abrir-embajadas-a-fines-de-mayo/.

任委内瑞拉总统后，委内瑞拉奉行维护国家主权、独立自由的外交方针，敢于同美国对抗，批评美国的霸权主义政策，因而引起美国的不快；委内瑞拉石油等部门国有化，触犯了美国的利益，引起美国的不满；委内瑞拉积极发展同美国宿敌古巴的关系，同卡斯特罗关系密切；委内瑞拉与古巴等拉美左翼国家建立美洲玻利瓦尔联盟组织，反对美国倡议的美洲自由贸易区；委内瑞拉面对美国的强大压力，发展同伊朗等欧佩克国家的关系；委内瑞拉积极发展同中国、俄罗斯等国家的关系。美国对查韦斯政府抗拒美国的政策十分不满，因而对其采取敌视态度。查韦斯和马杜罗在委内瑞拉实施“21世纪社会主义”和玻利瓦尔革命，在内外政策方面进行了重大改革，触犯了美国的战略利益，美国把委内瑞拉政府视为“眼中钉”、“肉中刺”，千方百计企图搞垮委内瑞拉政府。在美国看来，委内瑞拉是对美国利益的威胁，美国不能容忍委内瑞拉成为美洲的“第二个古巴”，不能容忍在拉美出现一个反美的“左翼轴心”。2015年3月9日，奥巴马签署一项法令，认为该国局势对美国的外交和安全构成“非同寻常和特别的威胁”，宣布美委关系“处于紧急状态”。该法令还确定对七名委内瑞拉高官实施制裁。4月9日，奥巴马在出席峰会前接受埃菲社记者采访时承认，委内瑞拉不是美国的威胁。奥巴马说：“我们不相信委内瑞拉会是美国的威胁。”委要求奥巴马取消这一法令，并在国内外征集了1300万个签名，要求“奥巴马立即撤销行政令”。美国对委内瑞拉挥舞大棒的强硬制裁在美洲峰会上遭到拉美许多国家领导人的同声谴责。在峰会期间，奥巴马与委内瑞拉总统马杜罗也进行了不到10分钟的交谈，两国关系多少有所缓和，但是，奥巴马并没有取消这一法令。

由于美国反对在巴拿马峰会最后宣言中写上委内瑞拉提出的要求美取消对委制裁、阿根廷提出的支持阿根廷收复马岛等内容，使峰会的《巴拿马宣言》最终未能出台，这表明美拉之间仍然存在巨大分歧。有拉美媒体称，美国希望借助此次峰会“重返拉美”的外交目标受到挫折。再加上奥巴马之前曾宣布的希望在峰会前或峰会期间与古巴共同宣布“恢复外交关系”、“互设大使馆”的承诺并没有实现，所以使很多人对美国表示失望。但也有舆论认为，在这次峰会上，奥巴马基本达到了预期目标：与古巴关系缓和速度加快，连劳尔在峰会讲话中，都表达了对奥巴马的信任，称“不应因过去美国对古政策而指责奥巴马”，美古关系出现重大转机。在峰会期间，奥巴马与巴西总统罗塞夫举行会谈，商定罗塞夫2015年6月底访美，因2013年斯诺登揭露美监听罗塞夫电子邮箱和电话，罗塞夫推迟对美访问的僵局得以解决，两国关系得到改善。

值得一提的是，在出席峰会前，奥巴马出访了加勒比岛国牙买加，在牙买加与加勒比共同体国家领导人举行圆桌会议，提出愿意在贸易、融资援助、能源供应方面给予优惠待遇。然后，奥巴马又在巴拿马出席峰会期间，与中美洲一体化体系成员国元首会晤，承诺与中美洲各国加大经贸合作和在共同打击贩毒、走私、偷渡、洗钱等方面进行合作。同时美国计划斥资2000万美元，资助“中美洲—加勒比地区清洁能源机制”和加强与中美洲国家在能源安全、可再生能源融资机制、技术、经济转型等方面的合作。峰会期间，奥巴马还与墨西哥、哥伦比亚总统互动。奥巴马在峰会前后的“全方位”外交攻势，尤其是在美古关系缓和上的努力，在一定程度上获得拉美国家的积极反馈。巴西总统罗塞夫称奥巴马极具“勇气”，推动古美关系改善“开启美洲新时代”。加勒比国家更是希望美国发挥更重要作用，为中小国家提供更多经济利益，美国加快了“重返”拉美的步伐。

应该看到，在今后的一段时间内，拉美地区仍然不会是美国对外战略关注的重点区域，但美国对该地区的重视程度将有所提升。美国在拉美关注的重点是墨西哥和中美洲、巴西和太平洋联盟成员国。拉美各国对美国态度也存在差异，拉美太平洋沿岸国家，特别是以墨西哥、智利、秘鲁和哥伦比亚为代表的太平洋联盟国家，外交较为务实，对美关系友好，被美国视为在拉美的主要盟友。美国希望太平洋沿岸的一些拉美国家能够助推其重返亚太战略，通过美国倡导的跨太平洋经济伙伴关系协议（TPP），美国想把墨西哥、秘鲁、智利等国纳入其主导的亚太经济体系，因此对这些国家组成的太平洋联盟予以积极支持。与此同时，美国还推动墨西哥等拉美国家一起参与跨大西洋贸易与投资伙伴协定（TTIP）谈判，以及承诺推动哥伦比亚加入北约，以进一步巩固与墨、哥两国的关系。

尽管美国建立包括整个美洲地区的美洲自由贸易区的计划遭到了失败，但是，迄今为止，美国已同11个拉美国家签署了自由贸易协议（墨西哥、智利、哥伦比亚、秘鲁、巴拿马、中美洲五国和多米尼加共和国）。在处理同拉美左翼国家关系上，奥巴马以实用主义态度主动缓和关系。虽然十多年来，巴西一直由左翼劳工党执政，但奥巴马政府依然将巴西视为发展与南美国家关系的重点。

美国和拉丁美洲关系发生了根本性的变化，不少拉美国家不再对美国“言听计从”，美国对拉美的指挥棒已屡屡失灵。拉美国家对美国的离心倾向日益明显，拉美国家的对外关系越来越多元化，巴西、墨西哥、阿根廷等拉美大国在国际上的影响和作用明显加强，这迫使美国不得不重视拉美。但是，在拉美地区，美国的影响还是主要的，美国仍将是拉美多数国家外交的重点。美国将会继续以反恐安全为名，加强对拉美的控制。美国仍将以军援和经援、签订双边或多边自由贸易协定等为诱饵，拉拢一些拉美国家，改善同另一些拉美国家的关系；与此同时，美国又会以种种借口，打击那些对美国不顺从的国家。美国同拉美多数国家在反恐、扫毒和经贸方面的合作会有所发展，美拉关系有可能得到一定的改善。但美拉之间在反恐、扫毒、贸易、移民等问题上仍将存在矛盾，美拉之间控制与反控制的斗争将会继续下去，美拉关系“脱而不离、斗而不破”的复杂局面将长期存在。

拉美学者阿尔弗莱多·塞拉诺在一篇题为“美国为什么不喜欢拉美”的评论中说：“今天的拉丁美洲与20世纪最后几十年的拉丁美洲大

不相同了，是另一个拉丁美洲了。”[①]评论认为，美国之所以不喜欢拉美，是由于以下原因：（1）2015年年初，中国决定在今后十年对拉美投资2500亿美元；（2）2014年在巴西举行的金砖国家峰会决定成立金砖开发银行和建立储备基金，拉美国家将参与其中；（3）拉共体继续巩固，逐步摆脱对美国和美洲国家组织的依赖；（4）南美洲国家联盟2015年将建立一个地区仲裁机构处理外国直接投资出现的冲突，而不必通过世行的国际分歧处理中心；（5）美国建立美洲自由贸易区的美梦在十年前就被查韦斯在阿根廷马德普拉塔破除；（6）美洲玻利瓦尔联盟的建立；（7）南方电视台的建立；（8）拉美贸易和投资关系更加多元化，对中心国家依赖减少；（9）加勒比石油组织的成立；（10）尼加拉瓜运河的兴建。评论最后说，“拉美所经历的时代变化与美国想恢复在一个越来越多极世界的单极霸权地位的愿望是格格不入的。在这个不断发生地缘经济和地缘政治过渡的世界，拉美正在选择自己的道路和新的朋友”。

---

① http://www.telesurtv.net/bloggers/Estados-Unidos-no-gustar-esta-America-Latina-20150410-0002.html.

编后记

本书作者多为我国著名的美国问题研究专家、学者及外交官，他们从不同角度，分析、解读了美国的对内对外政策的源起、具体内容，以及未来的趋势，并以世界的和平发展为主题提出各自的建议。

在本书编写过程中，得到了环球网的大力支持，环球网特别顾问马世琨作出了辛勤的努力。在此，谨向他表示深切的谢意。